Beck-Rechtsberater

Guter Umgang für Eltern und Kinder

dtv

Beck-Rechtsberater

Guter Umgang für Eltern und Kinder

Ein Ratgeber bei Trennung und Scheidung

Von Dr. Isabell Lütkehaus
und Thomas Matthäus

1. Auflage

www.dtv.de
www.beck.de

Originalausgabe

dtv Verlagsgesellschaft mbH & Co. KG,
Tumblingerstraße 21, 80337 München
© 2018. Redaktionelle Verantwortung: Verlag C.H. Beck oHG
Druck und Bindung: Druckerei C.H. Beck, Nördlingen
(Adresse der Druckerei: Wilhelmstraße 9, 80801 München)
Satz: ottomedien, Darmstadt
Umschlaggestaltung: Design Concept Krön, Puchheim
unter Verwendung eines Fotos von © Rido-fotolia.com
ISBN 978-3-423-51227-5 (dtv)
ISBN 978-3-406-72179-3 (C. H. Beck)

9 783406 721793

Vorwort

Dieses Buch widmet sich dem Thema „Umgang" auf zweierlei Weise. Erstens richten wir unseren Fokus auf die rechtlichen Rahmenbedingungen, die für getrenntlebende Eltern wesentlich sind, damit sie miteinander einen guten Umgang ihres Kindes organisieren können. Und zweitens nehmen wir in den Blick, was es braucht, um mit sich selbst, Expartnern, dritten Beteiligten und nicht zuletzt den Kindern so umzugehen, dass die Zeit nach einer Trennung gut gemeistert werden kann, mit oder ohne Hilfe.

Auch wenn in den letzten Jahren andere Konstellationen „aufholen": In der Mehrzahl der Fälle leben die Kinder nach einer Trennung bei der Mutter und bekommen Umgang zum Vater. Diese Tatsache spiegelt die Mehrzahl unserer Fallbeispiele wider. Schauen Sie deshalb an diesen Stellen im Buch auf Ihre persönliche Situation und passen Sie die Beispiele entsprechend für Sie an.

Wir haben auch darauf verzichtet, den Text zu „gendern" und bleiben in der Regel bei der männlichen Form. Dies ist nicht als politisches Statement zu verstehen, sondern schlicht der Einfachheit und vor allem einer besseren Lesbarkeit geschuldet. Als Autoren sind wir uns der Macht von Sprache naturgemäß sehr bewusst und wünschten uns eine lesbare Form, in der sich die Gleichstellung von Frauen und Männern im geschriebenen Wort manifestiert.

Wenn wir vom „Kind" sprechen, meinen wir entweder tatsächlich *ein* Kind oder auch mehrere Kinder- auch an diesen Stellen bitten wir Sie zu schauen, wie Sie es passend auf Ihre persönliche Situation übertragen können.

Berlin, im Juni 2018   *Dr. Isabell Lütkehaus und Thomas Matthäus*

Inhaltsübersicht

Inhaltsverzeichnis

4. Kapitel

Einige Hinweise zum Start

Der Umgang mit uns selbst und anderen zeigt uns, wer wir sind und wie es uns geht. Sind wir voller Freude und Optimismus dann strahlen wir das aus und unsere Umgebung spiegelt uns in der Regel – früher oder später – unsere inneren Zustände. Gehen Sie mit einem Lächeln zur Wohnungstür, vor der der Vater Ihrer Tochter steht, weil er die Tochter zum Umgang abholen will, klappt die Übergabe eher reibungslos und Ihre Tochter kann entspannt in den Umgang gehen. Stehen Ihnen Kummer oder Ärger im Gesicht, fängt Ihre Tochter bei der Übergabe vielleicht an zu weinen und der Vater macht Ihnen Vorwürfe, weil Sie vergessen haben, das Kuscheltier mit in den Rucksack zu packen.

In diesem Buch haben wir uns bemüht, möglichst viele Fragen zum Umgang zu beantworten, die uns Eltern nach einer Trennung oder Scheidung stellen und welche sich über die Dauer fast zweier Jahrzehnte beruflicher Praxis im Bereich „Umgang" nicht sehr verändert haben. Bei unseren Recherchen haben wir festgestellt, dass es zwar einige Fachbücher zum Thema gibt, jedoch keinen umfassenden Ratgeber für Eltern.

Nutzen Sie dieses Buch als Informationsquelle, Ratgeber und Inspiration dafür, das Leben als Eltern für Ihre Kinder und mit ihnen so gut zu meistern, dass Sie sich Ihre Freude und Ihren Optimismus erhalten oder wiedergewinnen. Und mit einem Lächeln im Gesicht den Vater Ihrer Tochter an der Wohnungstür treffen können, von dem wir hoffen, dass ihm die Gesetze der Resonanz bekannt sind, auf dass Ihre Tochter einen guten Umgang genießen kann.

I. Zum Aufbau dieses Buches

Ratgeber

Der Aufbau unseres Buches ist dreidimensional: Einleitende Abschnitte, die wesentliche Informationen zum Thema vermitteln, wechseln mit Fallbeispielen (reale, anonymisierte Fälle oder Falltypen aus der Praxis) und einer Frage-Antwort-Szenerie ab, ergänzt von einem Lexikon der Fachbegriffe sowie einer Übersicht zu den Beteiligten an Umgangsverfahren. Alle im Fließtext dargestellten Fachbegriffe werden im Lexikon verständlich erklärt und die beteiligten Institutionen im 6. Kapitel dargestellt.

Informationen

Rechtliche oder praktische Informationen rund um das Thema Umgang leiten viele Kapitel ein. Hier berücksichtigen wir die aktuelle Rechtslage und etwaige, erkennbare Trends in der Rechtsprechung. Naturgemäß können wir hier nur allgemein informieren und keine individuelle Rechtsberatung ersetzen. Ergänzt wird dieser theoretische Teil durch alltagsnahe praktische Informationen, die wir im Rahmen unserer jahrzehntelangen Arbeit mit Trennungspaaren sammeln konnten und die uns über den Einzelfall hinaus hilfreich erscheinen.

Fragen

Die eine oder andere (rechtliche) Umgangsregelung mag sich zwar über Jahre und Jahrzehnte verändern, doch haben wir festgestellt, dass es sehr viele Fragen gibt, die Eltern uns bereits vor knapp 20 Jahren gestellt haben und die uns heute weiterhin gestellt werden. Dazu kam, dass wir immer wieder nach hilfreicher Lektüre zum „Umgang" gefragt wurden, so dass wir beschlossen haben, selbst dieses Buch zu schreiben. Unsere Aufgabe bestand also unter anderem darin, die sich häufig wiederholenden Fragen zu sammeln, aufzuschreiben und zu überlegen, auf welche Weise wir sie so beantworten können, dass unsere Leser etwas davon haben. Demzufolge haben wir diese Fragen unverfälscht in unser Buch übernommen, also in dem Wortlaut, in dem sie uns gestellt wurden. Anschließend haben wir die Fragen geordnet und daraus ist ein Herzstück dieses Buches entstanden.

Dabei haben wir festgestellt, dass diese Fragen in vier unterschiedliche Bereiche zielen. „Was soll ich meinem Kind über die Trennung sagen?" ist zum Beispiel in erster Linie eine pädagogische Frage. „Muss ich mein Kind zum Umgang mit dem Vater geben, obwohl er keinen Unterhalt zahlt?" zielt auf einen rechtlichen Aspekt. Psychologische Aspekte stehen im Vordergrund bei der Frage: „Soll ich als Vater mit allen Mitteln um mein Kind kämpfen?" Und die Frage: „An wen wende ich mich, wenn ich eine Beratung in Sachen Umgang brauche?" ist vor allem praktischer Natur. Auf der Grundlage der aktuellen Rechtslage fokussiert dieses Buch die pädagogischen, psychologischen und praktischen Fragen zu allen Aspekten des Umgangs. Unser Ziel ist es, dass Sie umfassend informiert werden über alle wesentlichen Aspekte zum Umgang und, das ist für uns das Wichtigste, dass Sie nach der Lektüre in der Lage sind, zum Wohl ihrer Kinder und zum eigenen Wohl, mit Blick auf die besonderen Herausforderungen nach einer Trennung, gestärkt zu handeln.

Interviews, Umgangsberichte und Zitate

Besondere Freude bereitet es uns, dass wir in der glücklichen Lage sind, einige interessante Interviews zu spezifischen Umgangsfragen, die wir mit Betroffenen und Fachleuten führen durften, ergänzen zu können. Zahlreiche Umgangsberichte von Eltern und Kindern fließen nicht nur als praktische Informationen sowie als anonymisierte Beispielfälle ein, sondern wesentliche Aspekte dieser Berichte werden an unterschiedlichen Stellen zur Veranschaulichung eines Sachverhaltes zitiert.

II. Eine Übersicht über die Kapitel

1. Trennungen / Familie / Alleinerziehend und Patchwork

Nicht nur in Berlin, sondern überall in der westlichen Welt hat sich die Lebensrealität von Familien in den letzten Jahrzehnten rasch geändert. Während es in den Nachkriegsjahren noch eher die Ausnahme war, dass Eltern sich trennten, erzählen uns heutzutage Eltern, dass in der Klasse ihrer Kinder fast alle Eltern getrennt sind und die Neuigkeit für ihre Kinder zwar sehr traurig, aber nicht schockierend war. Die Kinder sähen bei anderen Familien, dass das Leben nach der Trennung der Eltern weitergehe, manchmal sogar gut oder besser als vorher.

Aktuelle Studien zeigen, dass es immer mehr Trennungen und Scheidungen von Paaren gibt zu immer früheren Zeitpunkten. Oft sind die Kinder noch sehr klein, häufiger gehen Paare bereits in der Schwangerschaft auseinander. Dies hat unterschiedliche Gründe, die wir hier nicht ausführlich erhellen wollen. Einen Hinweis darauf liefert uns die Emotionalisierungsthese von Rosemarie Nave-Herz, auf die wir im ersten Kapitel kurz eingehen.

Jedes vierte Kind wächst in Deutschland entweder bei einem alleinerziehenden Elternteil oder in einer Patchworkfamilie auf. So bezeichnet man neu zusammengesetzte Stieffamilien, bei denen Kinder mit einem Stiefelternteil leben und mindestens noch einem Halb- oder Stiefgeschwisterkind. Auch wenn diese Form der Lebensgemeinschaft von der Ausnahme zur Realität wird, kann sie im Alltag recht komplex sein und viel Belastbarkeit, Offenheit, Flexibilität, Anpassungsfähigkeit auf Seiten der Kinder und Organisationstalent, gute Kommunikation und Kooperation sowie ständige Kompromissbereitschaft auf Seiten der Eltern fordern.

Eine Trennung bedeutet zunächst fast immer einen dramatischen Einschnitt in das bisherige Leben als Familie, der gemeistert werden will; später können die Beteiligten aus dieser Krise heraus auch die Chancen für einen Neuanfang als Familie wahrnehmen. Diesem

Komplex „Trennung" und „Familie" widmen wir uns im → 1. Kapitel.

2. Elternwohl

Dem Vorteil, dass heutzutage Trennungen nicht mehr stigmatisieren und alleinerziehende Elternschaft als Familienmodell gesellschaftlich anerkannt ist, steht gegenüber, dass das Drama des Einzelnen, weil es ebenso regelmäßig vorkommt, unterschätzt wird, und somit auch die zahlreichen und oft schwer belastenden Konsequenzen, die aus einer Trennung folgen. Besonders in Großstädten aufgrund der dort dominierenden Familienstrukturen fehlt häufig eine Unterstützung durch das Umfeld. Über die Folgen einer Trennung für die Eltern und wie sie damit gut zurechtkommen sprechen wir im → 2. Kapitel.

3. Kindeswohl

Neben den Eltern, für die eine Trennung viel Veränderung bedeutet, erleben Kinder jeden Alters ein Auseinandergehen ihrer Eltern als tiefen Einschnitt in ihr Leben. Vertrautes geht verloren, der gewohnte Familienalltag findet nicht mehr statt, Verlustängste und Sorgen wachsen. Einige wesentliche Maßnahmen können dazu beitragen, dass die Bedürfnisse der Kinder weiter erfüllt werden, dass sie Trennungen gut überstehen und zu ausgeglichenen Menschen heranwachsen. Diesem zentralen Thema widmen wir uns im → 3. Kapitel.

4. Familie bleiben: Umgangsmodell als Fundament

Ob alleinerziehend oder gemeinsam erziehend oder parallel erziehend – die Familie kann erhalten bleiben. Durch unseren Ratgeber unterstützen wir Eltern und Kinder dabei, einen guten Weg als gemeinsame Familie in neuer Form zu finden. Das passende Umgangsmodell, → 4. Kapitel, stellt hierfür ein ganz wesentliches Fundament dar, es bietet die Basis für wertvolle familiäre Kontakte und gemeinsame Erlebnisse, organisiert den Alltag der Beteiligten und ermöglicht es den Eltern, in gutem Kontakt mit den Kindern zu stehen und weiterhin für deren Bedürfnisse sorgen zu können.

Fundierte Erfahrungswerte aus Jahrzehnten der Trennungsmediation sowie des Begleiteten Umgangs teilen wir an dieser Stelle mit unseren Lesern; wir geben rechtliche und praktische Informationen sowie andere Hilfestellungen und unterstützen somit Paare dabei, auch nach einer Trennung gute Eltern zu bleiben und einen für alle Beteiligten passenden neuen Weg als Familie zu finden. Dabei unterscheiden wir nicht zwischen verheirateten und nichtverheirateten Paaren, da dies für den Umgang weder rechtlich noch praktisch einen wesentlichen Unterschied macht. Umgangsmodelle besprechen wir im → 4. Kapitel und Unterstützungsangebote zur Gestaltung des Umgangs stellen wir anschließend im → 5. Kapitel vor.

5. Fachbegriffe und Beteiligte

Zentrale Fachbegriffe, die uns auch im Buch begleiten, erläutern wir im → 6. Kapitel und im → 7. Kapitel stellen wir typische Beteiligte eines Umgangsverfahrens oder eines gerichtlichen Verfahrens vor.

6. Muster und Checklisten

Neben wesentlichen Informationen, die Ihnen helfen, sich im Dschungel rechtlicher Bestimmungen und pädagogischer bzw. psychologischer Ambivalenzen gut zurechtfinden, bietet unser Ratgeber – und damit entsprechen wir einem oft geäußerten Wunsch von Eltern – eine Fülle praktischer Informationen und Unterstützung in Form von Checklisten, Mustern von Umgangsvereinbarungen und Übersichten zu Anlaufstellen zur Beratung. All das, neben einigen Umgangsberichten von Eltern, aus denen wir im Buch zitieren, finden Sie im → 8. Kapitel, damit abgerundet wird, dass wir Ihnen wichtige analoge und digitale Quellen zu den zentralen Themen dieses Buches und als Anregung zu spezifischen Themen darüber hinaus zur Verfügung stellen.

1. Kapitel

Familie im Wandel

Was ist Familie? Mama, Papa und Kind, die glücklich unter einem Dach leben? Und vielleicht noch im weiteren Sinne Großeltern, Tanten und Onkel, Cousins? Was ist mit Paten, Au-pair, WG-Mitbewohnern?

I. Familienbegriff

Wenn wir auf die „Familie schauen, dann sehen wir, dass sich in den letzten Jahrzehnten vieles geändert hat. Nicht nur in der Großstadt, in ganz Deutschland nimmt die Pluralität der Lebensformen weiter zu, es gibt gleichgeschlechtliche Paare, die Kinder großziehen, es gibt Pflegeeltern und weiter zunehmend Patchworkfamilien und immer mehr Eltern, die ihre gemeinsamen Kinder nicht mehr unter einem Dach großziehen. Also gemeinsam und doch getrennt, manche auf kooperative Weise, manche in paralleler Elternschaft. Manche alleinerziehend, weil der andere Elternteil nicht vor Ort sein kann oder will.

Nach der klassischen Definition ist die Familie eine **freiwillig** begründete **Lebensgemeinschaft** von meist **mehreren Generationen,** die – außer bei den Eltern – auf Verwandtschaft beruht; sie hat biologische und soziale Funktionen. Gerade der Aspekt der Verwandtschaft hat sich in den letzten Jahrzehnten gewandelt. So kennen wir heute viele Menschen, die in Lebensgemeinschaften zusammenleben, die nicht miteinander verwandt sind, und gleichzeitig steigt auch die gesellschaftliche Anerkennung, als Frau oder Mann, mit einem Kind alleine zu leben. Zunehmend spielen im Leben eines Kindes deshalb eben nichtverwandte Personen eine größere Rolle als früher – neue Partner der Eltern beispielsweise, wie auch Freunde, Paten, WG-Mitbewohner.

Über den ehemaligen Fußballtrainer des FC Bayern München, Louis van Gaal, können wir spekulieren, dass er mit seiner Familie in einem klassischen Setting (Vater, Mutter, Kinder) lebt. Van Gaal hat in einem Interview ein paar Anekdoten aus seinem Familienleben erzählt. Mit Blick auf unser Thema „Umgang" ist interessant, dass van Gaal auch erzählt hat, er lasse sich von seinen Töchtern siezen. Das hört sich mit Blick auf aktuelle westeuropäische gesellschaftliche Werte bezüglich des miteinander Umgehens anachronistisch an, während in den Feuilletons gleichzeitig darüber debattiert wird, wie wir heute darunter leiden, dass uns unsere Kinder keinen Respekt mehr entgegenbringen, weil wir sie zu kleinen Tyrannen erzogen hätten. Dieser Logik folgend müsste eine Anrede eines 16-jährigen Sohnes an seine Eltern mit „Hey Leute" bereits als Zeichen hoher Wertschätzung zu interpretieren sein.

Fakt ist, dass wir im Jahr 2018 in Deutschland und Teilen Europas in Gesellschaften leben, die eine Vielfalt von Lebensmodellen und damit auch Umgangsformen für das Miteinander beherbergen, die (meistens) friedlich nebeneinander existieren.

Die Vorstellung davon, was wir mit „Familie" meinen, hat sich im Laufe der Zeit **verändert** und wird sich bestimmt weiter verändern, das ist ein natürlicher Vorgang im Rahmen menschlicher Weiterentwicklung. So beziehen sich manche Fachleute heute gar nicht mehr auf klassische Definitionen von Familie, sondern bieten eher Interpretationsspielräume an.

Eine interessante Prämisse, wenn wir den Fokus auf eine Definition von Familie richten, ist: Haben sich Familien(modelle) in den letzten Jahren tatsächlich so stark verändert und tun es weiterhin oder ändert sich gerade unsere Wahrnehmung, die unseren Blick dafür erweitert bzw. fokussiert, dass bestimmte Familienmodelle doch gar nicht so neu sind, wie wir dachten? Dass es bestimmte Familienmodelle schon „immer" gegeben hat, nur unser Blick beziehungsweise der Blick der Historiker oder Soziologen andere Prozesse und Umstände unserer Lebensweise priorisiert hat?

Anja Steinbach hat für die Bundeszentrale für politische Bildung im Jahr 2017 einen Essay veröffentlicht, der den Wandel von Familienstrukturen – und unseren Blick darauf – untersucht. Sie räumt in diesem Essay, aus dem wir wesentliche Inhalte hier zusammenfassen wollen, mit einigen Klischees über unser Bild von Familie auf.

Lassen Sie uns damit beginnen: Wenn wir über unser Bild von Familie sprechen, dann oft mit dem Verweis auf frühere Bilder von Familie. Die Vorstellung zum Beispiel, dass in der Vergangenheit mehrere Generationen unter einem Dach friedlich zusammenlebten und sich gegenseitig unterstützten, entspricht laut Steinbach überhaupt nicht der Realität. Denn die Lebenserwartung der Älteren habe damals gar nicht ausgereicht, das Älterwerden der Kinder oder gar der Enkel erleben zu können. Die Autoren können an dieser Stelle behaupten, dass sie dies im Geschichtsunterricht der 80er Jahre nicht so gelernt haben. Wir können uns noch gut an die Texte erinnern, in denen von den über mehrere Generationen zusammenlebenden Großfamilien am Ende des 19. Jahrhunderts die Rede ist, die vor allem aus ökonomischen Zwängen heraus zusammenlebten.

Von den 50er und 60er Jahren des 20. Jahrhunderts sprechen Sozialwissenschaftler oft als der Zeit des „Golden Age of Marriage". Denn in diesen zwei Jahrzehnten dominierte als Familienmodell in weiten Teilen des westlichen Europas und Nordamerikas das Modell: Heterosexuelles, verheiratetes Paar mit einem Kind. Seitdem würden wir, laut Steinbach, immer wieder vor allem dieses Modell als Folie für unser Bild von Familie nehmen und dabei zwei Dinge außer Acht lassen: Erstens dominierte dieses Modell lediglich 20 Jahre, was mit Blick auf menschliche und gesellschaftliche Entwicklung eine sehr kurze Zeitspanne darstellt. Zweitens würden wir dabei vergessen, dass es (fast) alle Familienformen, die wir heute untersuchen können, schon immer gegeben hat.

Wie erwähnt „hüten" sich viele Sozialwissenschaftler im Jahr 2018 vor einer allzu starren Definition von „Familie". Steinbach stellt uns stattdessen **drei Kernelemente**, die Familien heute definieren und von nichtfamilialen Lebensformen unterscheiden, vor:

Das **erste** Kernelement, welches übrigens in allen Gesellschaften zu allen Zeiten Gültigkeit besitzt, ist die **biologisch-soziale Doppelnatur** von Familie. Das biologisch meint hier den schlichten Fakt, dass Familien die Funktion erfüllen, Kinder zu gebären und aufzuziehen. Das Soziale meint, dass die Kinder erzogen werden, dass sie ihre physischen und emotionalen Bedürfnisse innerhalb der Familie befriedigen können, dass sie Schutz und Fürsorge finden. Innerhalb einer Familie ist auch Raum für die Bedürfnisse der Eltern und auch für Eltern stellt die Familie somit einen Schutzraum dar.

Das **zweite** Kernelement benennt die **Generationendifferenzierung**: Zu einer Familie zählen wir immer mindestens zwei Generationen. Eine Familie kann natürlich auch aus drei oder vier Generationen bestehen. Dabei ist der Begriff der Kernfamilie geprägt worden, der sich auf die Einheit Eltern-Kind bezieht. Weitere Generationen, zu denen dann Großeltern und Urgroßeltern gehören können, werden mit dem Begriff „Mehrgenerationen-Familie" erfasst.

Das **dritte** Kernelement beschreibt das besondere Verhältnis der Familienmitglieder untereinander: Sie stehen in einem **Kooperations-** und **Solidaritätsverhältnis**. Außerdem sind sie durch eine spezielle **Rollenstruktur** charakterisiert. So werden zum Beispiel an den Vater bestimmte Verhaltenserwartungen gestellt und an die Enkelin ebenso. Diese Erwartungen variieren nach Kultur und Zeit. Doch sind diese Erwartungen immer mit den Kooperations- und Solidaritätsbeziehungen innerhalb der Familie verknüpft.

Dieses dritte Kernelement lässt sich gut beobachten, wenn eine Familie sich von außen bedroht fühlt. Eben noch lagen die Familienmitglieder in einem heftigen Streit auf offener Straße, als eine fremde Person von außen sich einmischt und den Großvater auffordert, nicht so laut zu schreien und seine 13-jährige Enkelin nicht mit Schimpfworten zu beleidigen. Haben Sie eine solche Situation schon einmal erlebt? Sofort nach dem „Angriff" von außen beendet die Familie ihren Streit, schließt sich deutlich als verschworene Gemeinschaft zusammen und richtet ihre Aufmerksamkeit gemeinsam auf den Eindringling, der nun unter Umständen mit einer Flut von Schimpfworten und Sätzen wie: „Was geht Dich das an?", „Kümmere Dich um Deine Angelegenheiten!" bedacht wird. Und auch der Hund der Familie knurrt oder bellt die Stimme von außen an. Die Familie solidarisiert sich und kooperiert untereinander.

Zusammengefasst können wir sagen: Um von Familie zu sprechen, braucht es mindestens eine **Generationenbeziehung**, deren Angehörige sich auf eine besondere Weise verbunden fühlen und Leistungen füreinander erbringen. Daraus folgt, dass die Ehe, das Zusammenleben und die simple biologische Verbundenheit keine relevanten Kriterien mehr sind, um bestimmte Lebensformen als Familie zu definieren. Denn neben der oben beschriebenen Kernfamilie, mit verheirateten oder nicht verheirateten Partnern, gibt es darüber hinaus eine große Vielfalt von Lebensformen, die heute als Familie definiert werden: Einelternfamilien, Stieffamilien, gleichgeschlechtliche Familien, Adoptivfamilien und Pflegefamilien. Alleinstehende und auch Paare ohne Kinder – egal ob verheiratet oder nicht – werden entsprechend nicht als Familien bezeichnet.

Schauen wir uns mit Frau Steinbach soziohistorische Untersuchungen an, stellen wir fest, dass es vor einigen hundert Jahren eigentlich alle Familienformen, die wir heute kennen, bereits schon gab: Im 18. und 19. Jahrhundert gab es eheliche und nichteheliche Partnerschaften, es gab Einelternfamilien, Stieffamilien und Pflegefamilien. Gründe dafür waren einmal die geringere Lebenserwartung der Menschen und der Fakt, dass aus wirtschaftlichen Gründen verstorbene Partner schnell ersetzt werden mussten. Kurz: Ökonomische Gründe führten zu diesen Zeiten folgerichtig zu einer Vielfalt von Lebensformen.

Und was ist der entscheidende Unterschied zum Jahr 2018?

Um noch einmal mit Frau Steinbach zu sprechen: Der größte Unterschied zwischen vergangenen und heutigen Familienformen liegt nicht in ihrem Vorkommen begründet. Der größte Unterschied ist, dass die meisten Menschen im westlichen Europa heute freiwillig darüber entscheiden, ob sie eine Familie gründen wollen oder nicht und nicht mehr aus ökonomischen Zwängen heraus zu dieser Entscheidung getrieben werden.

Auch für die Ehe gilt: Die Menschen heiraten nicht, weil es Ehebeschränkungen gibt, sondern weil sie nicht heiraten wollen. Die Einelternfamilien und auch Stieffamilien entstehen nicht mehr, weil Menschen früh versterben, sondern als logische Folge von Trennungen und Scheidungen und Folgepartnerschaften.

Ergänzt werden soll an dieser Stelle noch, dass seit relativ kurzer Zeit zwei Familienformen anerkannt werden, die es vorher so nicht gab: Familien mit gleichgeschlechtlichen Eltern (Regenbogenfamilien) sowie Familien mit Kindern, die durch künstliche Befruchtung gezeugt werden (Inseminationsfamilien).

Waren es noch vor hundert Jahren also noch vor allem ökonomische Herausforderungen, die das Familienleben prägten, sind es heute vor allem unsere eigenen Ansprüche und Erwartungen, die das Leben in einer Familie zu einer komplexen Angelegenheit machen. Die Frage „Wie will ich leben?" können wir uns erst stellen, seit die ökonomischen Bedingungen so gut sind, dass wir uns darüber immer weniger Gedanken machen müssen und uns zunehmend unseren emotionalen Bedürfnissen widmen können.

Die Soziologin Rosemarie Nave-Herz hat dazu eine These formuliert, die unter dem Begriff **„Emotionalisierungsthese"** prominent geworden ist. Diese These begründet die mangelnde Stabilität von Ehen damit, dass romantische Liebe und emotionale Motive wichtig geworden sind, eine Ehe (oder überhaupt Paarbeziehung) einzugehen. Gleichzeitig steigen die Ansprüche an den Partner und die Toleranz für bestimmte Verhaltensweisen sinkt. So führt der Fortschritt, nicht aus ökonomischen Zwängen heraus verheiratet beziehungsweise in einer Beziehung sein zu müssen dazu, dass Beziehungen viel öfter aufgelöst werden als in der Vergangenheit. Denn wenn der romantische Blick der ersten Monate der nüchternen Betrachtung des Partners weicht, führt dieser Prozess zu einer deutlich höheren Trennungsrate von Paaren als noch vor 30 Jahren, auch wenn das Paar Kinder hat oder betreut.

Wir wissen nicht, ob Herr van Gaal sich auch von seiner Frau und seinen Freunden siezen lässt. Es ist auch nicht bekannt, ob die Töchter van Gaals tatsächlich mehr über Respekt gelernt haben als im Vergleich der Sohn, der seine Eltern mit „Hey Leute" ansprechen darf. Wahr ist jedoch, dass sich die Trennungen von Eltern und der daraus folgende ständige Wandel von Familienmodellen quer durch die Gesellschaft ziehen. Sozialer Status sowie Umgangsformen innerhalb der Familien sind dabei unerheblich. Was erheblich ist und unserer Aufmerksamkeit bedarf, sind die Folgen für die Kinder nach einer Trennung und die Belastungen für die Eltern im Trennungsprozess.

II. Trennung: Chancen und Risiken

Nicht nur in Hamburg, Berlin oder München, sondern überall in der westlichen Welt hat sich die Lebensrealität von Familien in den letzten Jahrzehnten rasch geändert. In der Grundschulklasse der schwäbischen Jugend der Co-Autorin in den siebziger Jahren gab es eine alleinerziehende Mutter, die als Außenseiterin galt. Diese Mutter wirkte sozial benachteiligt, musste gegen ihren Wunsch arbeiten gehen und daher kam ihre Tochter oft zu Familie der Co-Autorin zum Mittagessen. Heutzutage erzählen uns Eltern, die wegen ihrer Trennung in unsere Sprechstunden kommen, dass in der Klasse ihrer Kinder fast alle Eltern getrennt sind. Die Kinder wachsen im Austausch darüber miteinander auf. Sie sehen, dass es anderen Familien ähnlich geht wie der eigenen Familie. Obwohl eine Trennung und das daraus oftmals resultierende Leben als alleinerziehender Elternteil nicht mehr unbedingt zu einer sozialen Stigmatisierung und Außenseiterposition führen, bleibt die Trennung eine große Herausforderung für das zukünftige Leben als Familie.

III. Umgangsmodell als Fundament

Ein wesentlicher Baustein für das neue Familienmodell stellt ein für alle Beteiligten passendes und gut im Alltag praktikables Umgangsmodell dar, das die Bedürfnisse der Kinder erfüllt und gleichzeitig von den Eltern gut getragen werden kann. Auf diese Weise können alle Beteiligten auch nach der Trennung weiterhin als Familie leben.

Als kleinen „Vorgeschmack" auf das → 4. Kapitel, in dem wir diverse Umgangsmodelle vorstellen und als Beispiel für eine Familie, die ihre Trennung gut gemeistert hat, präsentieren wir hier ein erstes Interview zu dieser Thematik.

Interview mit Mava S., Berlin

Wie beschreiben Sie Ihr heutiges Umgangsmodell?

Wir leben getrennt seit unsere Tochter anderthalb Jahre alt ist. Damals war mir nicht klar, ob und wenn ja, wie der Vater in Beziehung zu unserem Kind sein möchte. Er hat sie eher sporadisch mit gepackter Versorgungstasche für 2–3 Stunden gesehen und sich mir gegenüber immer wieder als unzuverlässig erwiesen. Vier Jahre später sind wir beim 50/50 Modell angekommen. Er kümmert sich inzwischen so gut um unsere Tochter, dass sie voller Freude zu ihm geht. Und auch ich kann mich inzwischen auf seine Unterstützung verlassen, nur die finanzielle Verantwortung trage ich nach wie vor alleine. Dass unser gemeinsames Elternsein inzwischen so gut funktioniert ist das Ergebnis harter Arbeit.

Wir begreifen uns als eine Familie, auch wenn wir Eltern kein Paar mehr sind. Das heißt, dass wir regelmäßig Zeit zu dritt verbringen und uns als Eltern gegenseitig unterstützen. Unsere Tochter lebt an festen Wochentagen beim Vater beziehungsweise bei mir. Neben ganz klaren Abmachungen gestalten wir den Umgang auch flexibel. Wenn es einem Elternteil gesundheitlich nicht gut geht, beruflich oder privat etwas Besonderes ansteht oder unsere Tochter krank ist, besteht keiner von uns darauf, an den Abmachungen festzuhalten, sondern wir versuchen dem anderen Elternteil möglichst gut den Rücken frei zu halten. Wir Eltern stehen im ständigen Kontakt miteinander, wir sprechen uns mindestens einmal täglich. So haben wir ein gutes Gefühl davon, was gerade bei unserer Tochter ansteht. Wir unterstützen unsere Tochter auch dabei im Kontakt mit dem anderen Elternteil zu sein, bei dem sie gerade nicht ist. Sei es durch Telefonanrufe oder sei es, dass man gemeinsam etwas für den anderen bastelt. Unsere Wohnungen liegen nicht weit voneinander entfernt, so dass das Lebensumfeld des Kindes immer dasselbe ist, egal bei wem sie gerade wohnt.

Es scheint, als hätten wir ein Modell gefunden, dass für uns alle stimmig ist. Unsere Tochter äußert schon manchmal, dass sie sich wünscht, dass wir alle zusammenwohnen. Sie hat aber akzeptiert, dass wir das nicht wollen. Oft erzählt sie begeistert davon, was sie mit dem anderen Elternteil erlebt hat. Obwohl sie bei dem Vater eine andere Sprache spricht, eine andere Kultur lebt und andere Regeln gelten, schaffen wir so viele Überschneidungen, dass sie ihr Leben zwischen zwei Haushalten trotzdem als eine Welt erlebt. Dazu gehört, dass wir die jeweiligen Feiertage immer als Familie feiern, auch wenn ein Elternteil keinen Zugang zu der entsprechenden Tradition hat. Und wir gehen immer gemeinsam zu den Kitafeiern und ihre Freunde sind natürlich in beiden Haushalten willkommen.

Was die Verantwortlichkeiten rund um die Kindessorge angeht, wissen wir beide inzwischen ziemlich gut, wer was übernimmt. Und nehmen es so, wie es ist, auch hin. Natürlich haben wir oft nicht dieselbe Meinung und streiten uns auch immer wieder mal. Dennoch ist unsere Familienkonstellation stabil und harmonisch. Zu diesem Punkt zu kommen hat uns viel Mühe, Zeit und Kraft gekostet. Gerade in den ersten Jahren nach der Trennung war überhaupt nicht klar, in welcher Beziehung wir als Eltern zueinanderstehen oder der Vater mit dem Kind steht und unsere Tage waren gespickt mit Frust, Enttäuschungen, Überforderung, Unsicherheit und sogar Misstrauen.

Worin liegt Ihrer Ansicht und Erfahrung nach der Schlüssel für diese positive Entwicklung?
Zum einen die ganz grundlegende Erkenntnis von uns beiden, dass wir über das Kind für immer miteinander verbunden sind. Daran kann man nichts mehr ändern. Aber es liegt an uns. Wir haben uns auch in den schwersten Zeiten, in denen man dem anderen am liebsten nie wiedersehen würde oder für den unmöglichsten Menschen auf der Welt hält, immer an unsere goldene Regel gehalten: Niemals schlecht vor dem Kind über den anderen reden. Dadurch haben wir selber auch immer wieder das Augenmerk auf den guten Eigenschaften des andern gehalten. Es liegt an uns, wie wir unser Miteinander als Eltern gestalten. Und das soll möglichst angenehm sein.

Dann beiderseits der unendliche Wille, das Beste für unsere Tochter möglich zu machen. Dafür mussten wir oft unsere Bedürfnisse hintenanstellen und auch immer wieder mal den eigenen Stolz unter den Teppich kehren. Trotz tiefer Verletzungen haben wir immer wieder die Mauern runtergerissen und sind aufeinander zugegangen. Für das Wohl unserer Tochter. Wir haben nicht aufgehört, miteinander zu kommunizieren. Da wir glauben, dass sie uns beide braucht und das Recht hat uns beide lieben zu dürfen. Geholfen hat uns beiden außerdem unsere spirituelle Praxis, jeweils ganz anders, aber ähnlich in dem Verständnis, das Beste aus dem zu machen, was das Leben anbietet und daran zu wachsen.

15

Außerdem vertraue ich darauf, dass unsere Tochter so stark ist, innerhalb unseres unkonventionellen Familienmodells gut für sich zu sorgen und im Bedarfsfall ihre Bedürfnisse lautstark mitteilt.

Betrachtet man unsere Familie von außen, ist es naheliegend sich zu fragen, was das verbindende Element ist. Ich rede deutsch mit unserer Tochter, der Vater ausschließlich hebräisch, als Eltern sprechen wir miteinander Englisch. Über den Vater ist unsere Tochter mit der jüdischen Religion und den kulturellen Traditionen Israels verbunden. Sie gehen gemeinsam zu den Feiertagen in die Synagoge, sie bekommt seine alltägliche Praxis ganz selbstverständlich mit und entsprechend bekommt sie jüdisch geprägte Werte von ihm vermittelt. Unsere Tochter mag den Geschmack der Gerichte des Nahen Ostens und wenn sie hebräisch spricht, gestikuliert sie temperamentvoll und leidenschaftlich. Bei mir wiederum bekommt sie meine alltägliche spirituelle Yogapraxis mit und ich vermittle meine Wertehaltung und Weltsicht. Zudem zelebrieren wir die christlichen Feiertage Ostern und Weihnachten, da dies für mich Bestandteil unserer kulturellen Tradition ist und ich diese mit Freude weitergebe. Nicht nur ist das Essen, das bei mir auf den Tisch kommt völlig anders, sondern natürlich dazu auch die deutschen Tischmanieren und Umgangsformen im Allgemeinen. Die Deutsche und der Jude – oft scherzen wir, dass wir ein Friedensbaby gemacht haben.

Der Kindsvater und ich bleiben flexibel und in ständigem Austausch, so dass wir unser Umgangsmodell immer wieder an das anpassen, was gerade gebraucht wird. Hier reagieren wir vor allem auf die Bedürfnisse unserer Tochter, die inzwischen sehr gut äußern kann, was sie braucht. Beispielsweise fordern sie vor allem die Übergaben. Wir haben die Wechsel somit größtmöglich reduziert, zudem die Wechsel hauptsächlich in die Kita verlegt, so dass sie nicht direkt von den Armen des einen in die Arme des anderen Elternteils wechseln muss oder wir verbinden den Wechsel mit einem Familienessen oder einem kleinen gemeinsamen Ausflug, um den Übergang fließender zu gestalten.

Was haben Sie aus dieser Erfahrung für sich gelernt?

Manchmal sind die Rahmenbedingungen für ein gemeinsames Elternsein alles andere als ideal. Auch wenn man denkt: „Das kann ja wohl nicht wahr sein?!" ist es genau so wahr. Das gemeinsame Elternsein wirklich nachhaltig gut gestalten kann nur funktionieren, wenn man alle Hoffnungen und Erwartungen, dass der andere endlich mehr so ist, wie man ihn sich wünscht, loslässt. Erst wenn man diesen harten Prozess hinter sich hat und den anderen so annimmt wie er nun mal ist, kann man ernsthaft anfangen zu gestalten. Ich werde nie aufhören, ehrlich und direkt zu artikulieren, was ich brauche und mir wünsche. Ob der Kindsvater meine Erwartungen erfüllt, liegt nicht in meiner Macht. Es liegt aber sehr wohl in meiner Macht, ob ich mich ständig darüber ärgere oder ich es einfach hinnehme. Und mir in dem Wissen, dass der Vater manche meiner Bedürfnisse im Elternsein nie erfüllen wird, diese gegebenenfalls durch andere Strategien abdecke. Und mich stattdessen an dem erfreue, was der Vater in unsere Familie einbringt.

Im Endeffekt ist es dieselbe bedingungslose Akzeptanz wie gegenüber dem gemeinsamen Kind. Die eigenen Kinder nerven ja auch manchmal schrecklich oder haben Macken, die man sich wegwünscht. Dennoch ist völlig klar, dass man sich damit arrangieren muss und man würde niemals zweifeln, dass man irgendwie für immer zusammengehört.

2. Kapitel

Elternwohl

I. Bedeutung der Trennung für die Eltern

Die neue Lebenssituation nach der Trennung ist mit zahlreichen Herausforderungen verbunden. Auf Paarebene sind Verletzungen entstanden, die heilen müssen, Einsamkeit und schlechtes Gewissen gegenüber dem Kind sowie Ängste, ihm zu schaden und es weniger zu sehen, den guten Kontakt zu verlieren. Der verlassene Elternteil ist oft zutiefst verletzt und enttäuscht, macht sich persönliche und materielle Sorgen über die eigene Zukunft und die der Kinder sowie trauert der Idee der gemeinsamen Familiengemeinschaft nach. Den Elternteil, von dem die Trennung ausging, plagen häufig Selbstvorwürfe und ein schlechtes Gewissen gegenüber dem ehemaligen Partner und insbesondere den „verlassenen" Kindern. Zieht ein Elternteil aus der bisherigen gemeinsamen Wohnung, entstehen zusätzliche Kosten, eine bezahlbare und kindgerechte neue Wohnung, idealerweise in der Nähe, muss gefunden und eingerichtet werden, zusätzliche Fixkosten entstehen und gleichzeitig wird der regelmäßige Kontakt zu den Kindern sowie deren Betreuung komplizierter. Der zurückbleibende Elternteil lebt weiter in einer Wohnung mit Erinnerungen an die Zeit als Familie unter einem Dach, zwischen Lücken, wo der andere Möbel und Erinnerungsstücke mitgenommen hat, und höheren Kosten für eine jetzt vielleicht zu teure Wohnung. Vielleicht besteht eine Herausforderung des hauptbetreuenden Elternteils darin, neben der Aufgabe mit eigener Trauer,

Enttäuschung und Ängsten umgehen zu müssen, den Kindern immer wieder die neue Situation zu erklären, sie zu trösten und Zuversicht auszustrahlen. Aus der Tatsache, dass eine Trennung in weiten Teilen Deutschlands mittlerweile keinen gesellschaftlichen Makel mehr bedeutet ist nicht zu schließen, dass der Vorgang selbst emotional leicht zu verarbeiten sei. Eine Trennung bedeutet für die Expartner und insbesondere den Partner, der gegen seinen Willen getrennt wurde, einen dramatischen und tiefen Lebenseinschnitt, der Kummer und Schmerzen erzeugt, Ängste und Fragen aufwirft und vor ganz neue Herausforderungen stellt. Vor dem Hintergrund der Emotionalisierungsthese von Rosemarie Nave-Herz leuchtet dies ein. Denn gerade, weil das Thema Beziehung und Partnerschaft emotional sehr bedeutsam ist – denken Sie zum Beispiel an die Hochkonjunktur der Partnervermittlungen – dann verstehen wir, dass das Ende einer Partnerschaft starke emotionale Verwerfungen nach sich ziehen kann.

Die Trennung als Paar und damit als Familie „unter einem Dach" bedeutet für alle Beteiligte den Übergang in eine neue Lebenssituation, zahlreiche Dinge des Alltags, die bisher wie nebenher auf Zuruf funktionierten, bedürfen jetzt gründlicher Organisation, voriger Absprachen und zusätzlicher Planung.

Aus den Erzählungen vieler Paare hören wir, dass die ersten beiden Jahre nach der Trennung die schwierigsten seien. Die persönliche Enttäuschung, sowie Wut, Hass und Liebeskummer sind noch sehr frisch, die organisatorische Umstellung in eine Familie mit gegebenenfalls zwei Wohnsitzen enorm, es ergeben sich im Alltag Betreuungslücken, die es zu überbrücken gilt und gleichzeitig entsteht ein finanzieller Mehrbedarf, den man irgendwie decken muss. Auch für den Partner, der gegangen ist, möglicherweise um einer neuen Liebe nachzugehen, folgen aus der Trennung viele belastende Momente. Typische Begleiterscheinungen einer Trennung sind:

- Selbstvorwürfe, schlechtes Gewissen und Schuldgefühle gegenüber dem ehemaligen Partner sowie den Kindern,
- Unverständnis und Vorwürfe aus dem Umfeld,
- die Sorge, durch die räumliche Trennung den regelmäßigen Kontakt und die Nähe zu den Kindern zu verlieren,

– Angst, der ehemalige Partner lässt die Enttäuschung über das Ende der Liebesbeziehung an den Kindern aus beziehungsweise rächt sich, in dem er die Kinder vorenthält und den Kontakt erschwert.

Eltern leisten den enormen Spagat, ihre Kinder aus dem Paarkonflikt herauszuhalten, gleichzeitig aber authentisch zu bleiben. Das Wohlbefinden und Selbstwertgefühl von Kindern, auch für ihr weiteres Leben, hängt stark davon ab, dass es Eltern im neuen Familienmodell gelingt, weiterhin ihre psychischen und körperlichen Bedürfnisse ausreichend zu befriedigen, zugleich sich selbst aber nicht zu überfordern. Das Verhalten der Eltern nach der Trennung ist also wesentlich relevant für das weitere Leben der Kinder.

Wenn im Flugzeug akuter Druckverlust angezeigt wird, werden Sie aufgefordert, sich selbst als erstes mit der Sauerstoffmaske zu versorgen, ehe sie Ihre Kinder unterstützen, sich diese Maske anzulegen. Denn Sie nützen ihren Kindern nicht, wenn Sie selbst aus falscher Prioritätensetzung ohnmächtig werden und ihnen dann nicht mehr helfen können. Denken Sie an dieses Beispiel, wenn das schlechte Gewissen Sie plagt, weil Sie etwas für sich tun, sich dabei egoistisch vorkommen und ständig daran denken, dass Sie jetzt nicht ausgehen dürfen mit einer Freundin, weil ihre Kinder Sie ständig brauchen, drei Monate nach der Trennung von Ihrem Mann. Das ist kein Aufruf zur Vernachlässigung der Kinder, sondern unser Appell gründet auf der schlichten Wahrheit, dass Ihre Kinder vor allem als Vorbild von Ihnen lernen, wie Jesper Juul sich ausgedrückt hat. Dazu gehört, dass Sie Ihre eigenen Bedürfnisse ernst nehmen und ihnen Geltung verschaffen, auch oder gerade in schwierigen Trennungssituationen. Was nützt den Kindern eine gestresste, von Schuldgefühlen geplagte Mutter, die sich zähneknirschend um die Bedürfnisse ihrer Kinder kümmert und dabei das eigene Leben vergisst? Was lernen die Kinder daraus? Auch hier gilt: Qualität immer vor Quantität! Lieber eine halbe Stunde liebevoller Zuwendung als drei Stunden angestrengten Zusammenseins aus einem Pflichtgefühl heraus.

II. Bedürfnisse der Eltern

Nehmen Sie sich die Zeit, sich einmal die Liste einiger der wichtigsten menschlichen Grundbedürfnisse (ohne Anspruch auf Vollständigkeit und ewige Haltbarkeit) zu vergegenwärtigen, die wir hier aus unterschiedlichen Quellen zusammengetragen haben:

- **Körperliche Bedürfnisse,** atmen, trinken, essen, schlafen, gesund sein
- **Bedürfnis nach Autonomie,** also das Bedürfnis nach Selbstbestimmung und Freiheit beispielsweise
- **Bedürfnis nach Integrität,** also das Bedürfnis, mit sich selbst im Einklang zu sein, mit wesentlichen eigenen Werten bspw.
- **Bedürfnis nach Sicherheit,** also sich sicher zu fühlen, eine Privatsphäre zu haben
- **Geistige Bedürfnisse,** dazu gehören der Wunsch nach Harmonie, Freude, Lachen zu können, ästhetische Bedürfnisse
- **Bedürfnis nach Verbundenheit,** sie wollen Nähe spüren, Liebe, Wertschätzung, wollen Freundschaften pflegen, Sexualität leben, mit anderen Menschen zusammenarbeiten
- **Bedürfnis nach Entspannung,** sie brauchen Ruhe, müssen sich ausruhen, erholen können
- **Bedürfnis nach Entwicklung,** sie wollen beruflichen Erfolg, Kreativität ausdrücken, sich bilden, Kompetenzen erwerben, etwas Sinnvolles tun, sich engagieren.

Wenn wir hier einmal kurz innehalten und mit nüchternem Blick auf Trennungen schauen, dann sehen wir sie im Verlauf menschlichen Lebens erst einmal als völlig natürliche Vorgänge, die stetig und ständig stattfinden. Denn so wie wir uns verändern und entwickeln – auch mit Blick auf unsere Bedürfnisse –, werden diese Prozesse auch von Trennungsprozessen begleitet. Wir trennen uns von unserem ersten Kuscheltier, von Freunden aus dem Kindergarten, aus der Schule. Wir trennen uns von Gewohnheiten, Wohnorten, Meinungen, Haltungen, Gegenständen – und eben auch Menschen. Manche Trennungen erleben wir als nicht sehr bewusst, sie passieren einfach. Andere Trennungen erzeugen eine große emotionale Resonanz in uns.

Als Eltern, die sich trennen, haben wir vielleicht darüber gelesen oder gehört, welche schlimmen Folgen die Trennung für unsere Kinder haben könnte. Wahrscheinlich denken wir nicht an erster Stelle daran, welche Chancen und Potentiale eine Trennung beinhaltet. Genau darum soll es an dieser Stelle eben auch gehen: Mit unserer Haltung, auch die Potentiale einer Trennung zu beachten, laden wir Sie dazu ein, sich mutig die aus der Trennung resultierenden Möglichkeiten anzusehen. Wenn Trennungen der Unterstützung schauen wir uns ausführlicher im → 5. Kapitel an.

Das bedeutet nicht, dass wir Sie dazu ermuntern, sich ihre Trennung schön zu reden. Eine elterliche Trennung bleibt für alle Beteiligten eine krisenhafte Situation, die viel Energie fordert. Häufig bekommen Sie das Gefühl, mit dieser Situation auch überfordert zu sein. Die emotionalen und strukturellen Belastungen an Sie und ihre Kinder sind real und nicht wegzudenken.

III. Trennungsphasen

Trennungen verlaufen in der Regel in mehreren Phasen. Die meisten Fachleute sprechen heute von **vier** Phasen:

- **Erste Phase: Ich will die Trennung nicht wahrhaben!**
  In dieser Phase wollen Sie (vor allem, wenn Sie der Verlassene sind) nicht anerkennen, dass sich gerade grundlegend etwas in Ihrem Leben ändert. Viele Betroffene sprechen von dieser Zeit als einer Phase, in der sie wie betäubt durch ihr Leben gestolpert sind. Achten Sie in dieser Zeit gut auf ihre eigenen Bedürfnisse und seien Sie nicht zu streng zu ihren Kindern. Sie alle miteinander brauchen in dieser Zeit Streicheleinheiten, körperlich und emotional, Verwöhnstunden – oder Verwöhntage und besonders schöne Dinge, die Sie zum Beispiel am Wochenende tun können.

- **Zweite Phase: Trauer**
  Wenn Sie über das Ende der Beziehung zu trauern beginnen, haben Sie die Trennung als Tatsache anerkannt und akzeptiert. Das

kann sehr wehtun und Sie erleben vielleicht ganze Tage voll düsterer Stimmung, wollen sich zurückziehen. Betroffene erleben sich in dieser Zeit oft wie erstarrt. Schaffen Sie sich in ihrem Alltag Auszeiten und trauen Sie sich, Freunde um Unterstützung zu bitten – auch für so banale Dinge wie Einkaufen gehen. Und werden Sie nicht nervös, wenn diese Phase einige Monate dauert. Trauer braucht ihre Zeit. Versuchen Sie, diese Zeit sehr bewusst zu durchleben, dann steigt die Chance, am Ende gestärkt und mit guten Ideen für ihre Zukunft aus der Trennung hervorzugehen.

- **Dritte Phase: Wut**
  Wütend zu sein ist in unserer Gesellschaft oftmals eine nicht sehr geschätzte Emotion. Dabei ist bewusst erlebte Wut und ihr Ausdruck sehr wichtig für die eigene psychische Gesundheit. Und nicht umsonst hat die Natur uns mit diesem Grundgefühl ausgestattet. Stehen Sie also zu Ihrer Wut und verdrängen Sie auch nicht Ihre eventuell auftauchenden Rachegefühle dem Expartner gegenüber. Spüren Sie die durch die Wut freigesetzte Energie und glauben Sie daran, dass diese Energie Ihr Potential für Ihr zukünftiges Leben sein kann.
  Versuchen Sie, konstruktiv mit dieser Energie umzugehen: Treiben Sie Sport, renovieren Sie Ihre Wohnung. Lassen Sie sich nicht entmutigen, wenn die Wut sie immer wieder überfällt und sie dachten, es wäre jetzt vorbei mit der Wut – denn diese Phase verläuft schubweise.

- **Vierte Phase: Akzeptanz**
  In dem Moment, wo Sie die Trennung und alle ihre Umstände hinnehmen, treten Sie in die vierte und letzte Phase ein. Die Möglichkeit einer neuen Familienstruktur nimmt Gestalt an. Sie spüren, dass sie friedlich werden und Lust bekommen, Ihren Alltag so zu gestalten, wie Sie sich das vorstellen. Vielleicht treffen Sie sich in dieser Zeit mit Menschen, denen Ähnliches widerfahren ist. Typischerweise kaufen Sie sich Ratgeber zum Thema Trennung und Umgang oder andere Trennungsliteratur. Sie lernen Ihre Autonomie wieder zu schätzen. Verzweifeln Sie nicht, wenn diese Phase Sie über Monate oder sogar Jahre beschäftigt.

Denn um diese Phase gut zu bewältigen, müssen Sie lernen loszulassen. Ihren Expartner, alte Gewohnheiten, alte Rollen, alte Ideen vom sogenannten guten Leben...

Unabhängig davon, in welcher Phase der Trennung Sie sich gerade befinden, gibt es eine Vielzahl von Herausforderungen, die das Leben jetzt an Sie heranträgt, damit Sie sie meistern können. Denn das Leben nimmt keine „Rücksicht" auf Ihre besondere Situation und will weitergelebt werden. Manches Mal werden Sie vielleicht denken, dass Sie vor der Fülle an Herausforderungen wie vor einem zu hohen Berg kapitulieren müssen und nicht mehr weiterwissen. In dieser Situation hilft das Prinzip der **kleinen Schritte** weiter und die Gewissheit, dass Sie sich auch **Pausen** gönnen dürfen. Eine Etappe auf den Berg stellt die Orientierung im Gelände dar, der Plan, wo es hingehen soll, eine Idee, an welchen Stellen sich Stolpersteine befinden könnten. In diesem Sinne haben wir die wichtigsten Herausforderungen für Sie zusammengefasst und stellen sie Ihnen hier vor:

IV. Finanzielle Situation

Trennungen sind teuer, nun müssen zwei Haushalte finanziert werden, daher führen sie häufig zumindest vorübergehenden zu einer deutlichen Verschlechterung der finanziellen Situation aller Beteiligten. Dies kann bedeuten, dass beide materielle Sorgen haben und finanziellen Druck, und vielleicht auch mehr arbeiten müssen, um die Engpässe aufzufangen.

V. Betreuungsengpässe

Durch den Auszug eines Elternteils können Betreuungsengpässe entstehen, was bisher so nebenher funktionierte, weil der andere einfach da war, muss nun minutiös organisiert werden. Mehrarbeit aufgrund erhöhter Kosten kann erforderlich sein, wodurch jeder Elternteil gerade in der schwierigen Trennungsphase noch weniger Zeit für das Kind hat.

VI. Elternebene etablieren

Aus dem ehemaligen Liebespaar werden nun in erster Linie gemeinsame Eltern. Diese Ebene ist in dieser alleinstehenden Form neu und muss erst behutsam aufgebaut werden. Es gelten hier andere Regelungen für Kooperation und Kommunikation, gleichzeitig wirken Themen und Streitpunkte aus der Paargeschichte fort und wiederholen sich Muster auf der neu zu gestaltenden Ebene. Da das gemeinsame Leben als Familie unter einem Dach in den meisten Fällen mit der Trennung endet, entsteht eine neue Gemeinsamkeit mit anderen Grenzen und einer neu zu definierenden Form von Privatheit. Diese braucht ein Fundament mit klaren Vereinbarungen, die erst noch zu verhandeln sind. Beispielsweise möchten manche Elternteile nach der Trennung nicht, dass der ehemalige Partner die nun alleinige Wohnung betritt, andere Eltern geben sich gegenseitig Schlüssel und finden es gut, wenn man schnell etwas Vergessenes holen kann. Einige Eltern planen für einmal die Woche eine gemeinsame Unternehmung, beispielsweise ein Familienessen, andere brauchen nach der Trennung erst einmal größtmögliche Distanz und fordern daher eine Übergabe der Kinder nur in der Kita oder Schule. An dieser Stelle ist es wichtig, seine eigene Leistungsfähigkeit zu erkennen und Grenzen zu setzen. Gemeinsame Weihnachten auch nach der Trennung sind eine schöne Idee, wenn sie für beide Eltern angenehm sind und harmonisch verlaufen, sie sind schädlich für alle Beteiligten, wenn die Nähe für einen unerträglich ist, es zu schweren Spannungen, Tränen und Streit unterm Weihnachtsbaum kommt.

VII. Praktikabilität im Alltag

Regelungen sind nur gut und sinnvoll, wenn sie den Herausforderungen des Alltags standhalten. Umgangsmodelle müssen praktikabel sein, für alle Beteiligten und ganz besonders für diejenigen, die sie alltäglich durch ihren unermüdlichen Beitrag überhaupt erst möglichen machen. Da die Situation nach der Trennung für alle Beteiligten neu ist, durch Mehrarbeit und Betreuungslücken Herausforderungen entstehen, die nicht vorhersehbar sind, kann es sinnvoll zu sein, eine vorübergehende Regelung zu finden, diese für drei Monate auszuprobieren und sich danach zusammenzusetzen und offen und ehrlich die Erfahrungen zu besprechen.

VIII. Selbstfürsorge: Hilfe annehmen und Entlastungen finden

Trotz der heutigen Häufigkeit von Trennungen sollten Eltern diesen persönlichen Umbruch sehr ernst nehmen und sich gegebenenfalls Hilfe suchen. Entweder gemeinsam als (ehemaliges) Paar durch eine Paar-Trennungstherapie, wo die Geschichte des Paares und die Trennung besprochen werden und zu einem versöhnlichen Abschluss geführt werden, oder durch Erziehungsberatung beim Jugendamt → 5. und 7. Kapitel oder Erziehungsberatungsstellen → 7. Kapitel, um Ratschläge für die Zeit nach der Trennung als Eltern zu erhalten. Auch für den einzelnen Elternteil kann eine unterstützende Therapie oder ein Coaching für die Umbruchphase sehr hilfreich sein.

Burnout und Erschöpfungsdepressionen treten häufig bei alleinerziehenden Eltern auf. Hohe Ansprüche ans Elternsein, berufliche Herausforderungen und finanzielle Sorgen führen zu extremen und häufig länger andauernden Belastungen. Zusätzlich versuchen Eltern gegenüber den Kindern, das belastende Trennungserlebnis durch besonderes Verwöhnen und zahlreiche schöne Veranstaltungen zu kompensieren, was zu zusätzlichem hohem Einsatz führt. Gerade nach einer Trennung ist es daher besonders wichtig, Hilfe von außen in Anspruch zu nehmen, beispielsweise im Hinblick auf die Betreuung der Kinder. Großeltern, Patentanten, vielleicht auch Nachbarn, Freunde, wenn möglich und denkbar Au-pair und Babysitter können wertvolle Entlastung bedeuten.

Katrin F., Bremen:

Als mein Exmann und ich uns vor zwölf Jahren trennten, waren unsere beiden Söhne sechs und drei Jahre alt. Wir hatten uns zwar vor der Trennung, jedenfalls aus meiner Sicht, schon sehr weit auseinandergelebt, aber ich habe meinen Exmann immer als liebevollen und sehr engagierten Vater erlebt. Und mir war klar, dass er genauso an den Kindern hing wie ich. Da die Trennung von mir ausging, hatte ich ihm gegenüber ein schlechtes Gewissen und wollte ihm auf keinen Fall noch mehr wehtun. Die Trennung war ja schlimm genug und mehr wollte ich nicht. Nie im Leben wäre ich auf die Idee gekommen, ihm „die Kinder wegzunehmen". Hinzu kam, dass wir beide Schuldgefühle unseren Kindern gegenüber hatten, weil wir das Gefühl hatten, ihre Kindheit extrem zu belasten, indem wir die Familie kaputtmachen. Wir wollten nun alles so gut wie möglich hinbekommen. Es war völlig klar, dass wir jeden Rat annahmen, den uns verschiedene Psychologen, die uns in durch die schwere Trennungszeit halfen, gaben.

Jedem Elternteil sei empfohlen, gerade in dieser sehr herausfordernden Lebenssituation den Blick nicht nur auf das Kind, sondern auch sich selbst zu richten. Es ist nun ganz besonders wichtig, auch die eigenen Bedürfnisse zu sehen und gut für sich zu sorgen; Entlastung zu suchen, Hilfe zu fordern und Unterstützungsangebote anzunehmen. Dies ist nicht egoistisch, sondern unterstützt auch die Fähigkeiten, emotional stabiler Elternteil und verlässlicher Ansprechpartner für die Kinder zu sein, Kraft zu tanken, Orientierung zu finden und dadurch Sicherheit zu bieten und gut auf die Bedürfnisse der Kinder eingehen zu können.

Gerade in der krisenhaften Situation während und nach einer Trennung ist es besonders wichtig, die eigenen Bedürfnisse nicht zu sehr zu vernachlässigen. Deshalb ist es so wichtig, die eigenen Bedürfnisse gut zu kennen, sie ordnen zu können und den Mut aufzubringen, sie nicht zu verleugnen. Gelingt Ihnen das, werden Sie mit Sicherheit auch mehr Verständnis und Energie für die Bedürfnisse Ihrer Kinder aufbringen können – aus dem Grund, weil sie Ihre eigenen Bedürfnisse ernst nehmen.

Schauen Sie also, welche Bedürfnisse Ihnen in Ihrer individuellen Situation jetzt besonders wichtig sind. Das kann individuell sehr unterschiedlich sein. Der eine geht gern ins Kino, die nächste besucht einen Kochkurs. Der eine trifft sich gern mit seinen Freunden zum Austausch, die andere braucht eher Zeit zur Rückzug, zur Meditation.

Schauen Sie auch nach Ihren Kraftquellen in dieser Zeit. Erinnern Sie sich daran, was Ihnen in anderen Krisenzeiten geholfen hat. Ihr Glaube (an Gott)? Körperliches Training? Spieleabende mit Freunden? Wanderungen im Gebirge?

Erst wenn Sie sich wirklich ohne schlechtes Gewissen erlauben, Ihre eigenen Bedürfnisse wahrzunehmen um dann zu überlegen und abzuwägen, wie sie damit umgehen, können Sie den speziellen Bedürfnissen Ihrer Kinder nach einer Trennung wirklich gerecht werden.

3. Kapitel

Kindeswohl

Kindeswohl ist kein klar definierter und für alle Zeiten feststehender Begriff und hierzu gibt es bereits zahlreiche Erläuterungen. Wir richten unseren Blick konkret darauf, wie das Kindeswohl im Rahmen einer Trennung geschützt werden kann. Und gehen davon aus, dass es einem Kind dann gut geht, wenn trotz der Trennung seine zentralen Bedürfnisse so umfassend wie möglich erfüllt sind.

Kinder glücklich aufwachsen zu lassen ist aufgrund unserer Recherchen und Erfahrungen weniger eine Frage des Familienmodells als vielmehr der Art und Weise, wie mit ihnen umgegangen wird. Es geht darum, ihre Bedürfnisse wahrzunehmen und zu erfüllen, egal innerhalb welcher Konstellation des Zusammenwirkens als Familie.

I. Bedürfnisse

Was sind die grundlegenden Bedürfnisse von Kindern? Hierzu wollen wir Ihnen drei hilfreiche Darstellungen präsentieren.

1. Die sieben Grundbedürfnisse von Kindern nach T. Berry Brazelton und Stanley I. Greenspan

Die Amerikaner T. Berry Brazelton (Kinderarzt) und Stanley I. Greenspan, (Kinderpsychiater) stellen sieben Grundbedürfnisse von Kindern zusammen. An erste Stelle stellen die Beiden das Bedürfnis nach beständigen liebevollen Beziehungen. Eine weitere Kernaussage ist, dass Kinder zumindest eine erwachsene Bezugsperson benötigen, zu der sie sich zugehörig und von der sie sich angenommen und geliebt fühlen.

Das sind die sieben Grundbedürfnisse nach Brazelton und Greenspan:

– Das Bedürfnis nach beständigen liebevollen Beziehungen.
– Das Bedürfnis nach körperlicher Unversehrtheit und Sicherheit.
– Das Bedürfnis nach individuellen Erfahrungen.
– Das Bedürfnis nach entwicklungsgerechten Erfahrungen.
– Das Bedürfnis nach Grenzen und Struktur.
– Das Bedürfnis nach stabilen und unterstützenden Gemeinschaften.
– Das Bedürfnis nach einer sicheren Zukunft für die Menschheit.

2. Drei zentrale Grundbedürfnisse nach Remo Largo

Der Schweizer Professor für Kinderheilkunde, Remo Largo stellt dar, dass ein Kind sich dann am besten entwickelt, also sein Wohlbefinden und Selbstwertgefühl dann konstant gut sind, wenn seine psychischen und körperlichen Bedürfnisse ausreichend befriedigt werden. Er unterscheidet drei zentrale Grundbedürfnisse von Kindern und meint, dass je nach Alter ein anderes Grundbedürfnis dominiert.

– Geborgenheit
– Zuwendung, soziale Akzeptanz
– Entwicklung, Lernen

Bei sehr kleinen Kindern zum Beispiel dominiert nach Remo Largo die Geborgenheit und auch im Rahmen von schwerwiegenden Umbruchsituation, wie einer Trennung, kann das Bedürfnis nach Geborgenheit unabhängig vom Kindesalter wieder verstärkt in den Vordergrund treten.

3. Zwanzig Bitten von Kindern

Karin Jäckel hat „Zwanzig Bitten von Kindern an ihre geschiedenen oder getrennten Eltern" gesammelt, die zusammenfassend schön verdeutlichen, was Kinder benötigen, um mit Trennungssituationen gut zurecht zu kommen: www.Karin-Jaeckel.de

Fassen wir diese Vorschläge zu drei wesentlichen Bedürfnissen zusammen, dann fokussieren wir auf: Geborgenheit, liebevolle Beziehungen und deren Beständigkeit.

4. Geborgenheit

Ein Kind fühlt sich geborgen, wenn es sich sicher fühlt, also gut behütet sowie keinerlei Gewalt ausgesetzt. Geborgenheit bedeutet nicht nur, dem Kind selbst keine direkte Gewalt anzutun. Sondern auch, es aus Streitigkeiten der Eltern so gut wie möglich herauszuhalten. Kinder beziehen Streitigkeiten und Konflikte gern auf sich, nehmen also an, sie seien Auslöser und Grund dafür und belasten sich daher damit. Und, je nach Alter, geraten sie in einen Loyalitätskonflikt, da sie beide Eltern liebhaben und sich nicht auf eine Seite gegen den Anderen stellen lassen möchten.

5. Liebevolle Beziehungen

Gleichzeitig geht es einem Kind gut, wenn es beständige, liebevolle Beziehungen zu wichtigen Bezugspersonen pflegt. Meistens sind die engsten Bezugspersonen eines Kindes seine beiden Eltern, so dass man (Ausnahmefälle wie Gewalt und Missbrauch ausgenommen) davon ausgehen kann, dass für das Wohlbefinden von Kindern ein liebevoller und enger Kontakt zu beiden Eltern förderlich ist. Dies steht auch so im Gesetz bezüglich des Umgangs eines Kindes mit einem Elternteil (§ 1684 BGB). → 4. Kapitel

6. Beständigkeit/Kontinuität

Um die für Kinder so wichtige Kontinuität zu wahren, sollte dieser Umgang nach einer Trennung der Eltern verlässlich sein und regelmäßig stattfinden, idealerweise, um schmerzhafte Brüche zu vermeiden, in ähnlichem Umfang und vergleichbarer Ausgestaltung wie vor der Trennung der Eltern. Die verlässliche Durchführung des Umgangs sollte daher für beide Eltern höchste Priorität haben, unabhängig von der ansonsten bestimmt oft herausfordernden neuen Lebenssituation mit zahlreichen sonstigen Verpflichtungen. Und vor allem unabhängig von etwaigen Streitigkeiten auf der Paarebene.

In erster Linie müssen die Eltern ihrem Kind also weiterhin Sicherheit vermitteln. Dabei helfen klare Regeln und feste Zeiten, kontinuierliche Rituale, Gesprächsbereitschaft für Fragen, Ängste aber auch Hoffnungen und regelmäßiger Austausch zu Alltäglichkeiten. Ergänzend können eine gleichbleibende Umgebung, vertraute Gegenstände (Kuscheltiere) und andere gewohnte Bezugspersonen, wie beispielsweise Großeltern helfen. Psychologische Begleitung für das Kind kann sinnvoll sein, sie bietet eine außenstehende Person, bei der das Kind offen reden kann, ohne zu glauben, es ihr recht machen zu müssen, und ohne Loyalitätskonflikt und Rücksichtnahme.

Ein gutes Umgangsmodell sollte also allen **drei** Aspekten gerecht werden, es sollte dem Kind **Geborgenheit** vermitteln, **liebevolle Beziehungen** (weiterhin) ermöglichen und **Beständigkeit** bieten. Dies setzt voraus, dass sich das Kind im Rahmen des Umgangsmodells → 4. Kapitel zugehörig und sicher fühlt. Der Kontakt zu beiden Eltern sollte regelmäßig und liebevoll möglich sein und das Modell beständig sein, also im Alltag über längere Zeit gut praktikabel und gestützt durch kooperierende Eltern und andere Bezugspersonen.

II. Bedeutung der Trennung für die Eltern

Für die Kinder bedeutet die Trennung der Eltern einen tiefen Einschnitt in ihr noch junges Leben. Die Familie, wie sie sie bisher kannten und als selbstverständlich ansahen, existiert so nicht mehr.

Der Alltag ändert sich oft wesentlich, eventuell steht ein Umzug in eine andere Wohnung an und/ oder ein Kita- und Schulwechsel. Ängste, den ausziehenden Elternteil nicht mehr sehen zu können entstehen, gleichzeitig kann, je nach voriger Situation innerhalb der Familie, durch die räumliche Trennung auch Entspannung einkehren.

Kinder spüren die Trauer, Verzweiflung und Anspannung ihrer Eltern sehr genau. Sie spüren vor der Trennung unterdrückte Aggressionen und Abneigungen und Uneinigkeit sowie Unzufriedenheit, auch wenn nicht direkt vor ihnen gestritten wird, und sie spüren danach die Einsamkeit, Ängste und den Druck, sowie finanzielle Sorgen der Eltern. Für Kinder muss jedoch die Trennung nicht zwingend eine Katastrophe darstellen, solange sie weiterhin gut betreut sind, ihre Grundbedürfnisse anerkannt und erfüllt werden, und ihnen der Kontakt zu beiden Elternteilen erhalten bleibt, idealerweise in einem vergleichbaren Umfang wie vor der Trennung. Studien belegen, dass eine Trennung der Eltern in der Kindheit nicht zwingend zu langfristigen Beeinträchtigungen der Kinder führen muss. Vielmehr hängt das spätere Lebensglück der Kinder ganz besonders davon ab, auf welche Weise die Trennung der Eltern erfolgte und wie danach der Kontakt zu beiden Eltern organisiert und umgesetzt wurde. Die meisten Kinder finden schnell Orientierung im Rahmen der neuen Lebensumstände und kommen insgesamt gut zurecht. Werden einige zentrale Aspekte beachtet und besonderer Wert auf schützende Elemente gelegt, dann können Kinder aus Trennungsfamilien eine schöne Kindheit haben und zu selbstbewussten und glücklichen Erwachsenen heranreifen.

1. Tiefer Einschnitt und Ohnmacht

Das bisherige Familienmodell, das Zusammenleben, der gemeinsame Haushalt wird in aller Regel nicht so fortgeführt wie bisher. Umgang miteinander findet bei einer Familie, die noch zusammenlebt, oft zufällig und ohne konkrete Planung statt: Man sieht sich beim Frühstück und Abendessen und zwischendrin und verbringt Zeit miteinander. Am Wochenende unternimmt man spontan etwas zusammen oder eben nicht. Durch die Trennung der Eltern, die normalerweise mit dem Auszug eines Elternteils verbunden ist, meistens weiterhin des Vaters, fallen diese ungezwungenen Begegnungen im Alltag weg. Plötzlich ist ein Elternteil nicht mehr da und müssen Treffen und Besuche gezielt geplant und durchgeführt werden. Kinder wünschen sich zumindest diesen Elternteil wieder zurück, fühlen sich machtlos gegenüber der einschneidenden Veränderung, die ohne ihr Zutun und gegen ihre Wünsche und über ihre Köpfe hinweg entschieden wurde. Selbst wenn die Eltern schon lange streiten und sich erkennbar nicht mehr gut verstehen, kommt die tatsächliche Trennung häufig überraschend und unvorbereitet für ein Kind. Mit dem Auszug des Elternteils verändert sich auch das Zuhause, vertraute Gegenstände verschwinden aus der Wohnung. Während der eine Elternteil vielleicht tief traurig und verzweifelt ist, blüht der andere geradezu auf und genießt seine Freiheit oder die frische Verliebtheit mit einem neuen Partner. Kinder wollen in der Regel, dass es beiden Elternteilen gut geht, und sie wollen mit beiden Zeit verbringen. Die neue Situation mit all den absolvierten und noch laufenden Veränderungsprozessen ist für Kinder zunächst verwirrend und undurchschaubar.

Nina L., München:
Rückblickend gesehen hat mein Vater während meiner Kindheit/Jugend keine so große Rolle für mich gespielt. Ich hatte oft das Gefühl, er ist nicht für mich da und ich bin dankbar dafür, dass meine Mutter das alles aufgefangen hat und ich so eine innige Beziehung zu ihr hatte.

2. Wohnungswechsel/ Ortswechsel

Steht für das Kind selbst ein Umzug an, dann bedeutet dies, die vertraute Umgebung der bisherigen Familienwohnung, das Zuhause zu verlassen. Ein Kind muss sich also an eine neue Umgebung, an neue Nachbarschaft, ein neues soziales Umfeld gewöhnen, vielleicht an eine neue Kita oder Schule.

3. Neue Betreuungssituation

Dadurch, dass ein Elternteil nicht mehr gegenwärtig ist und der hauptbetreuende Elternteil vielleicht mehr arbeiten muss als zuvor, kann es zu einer Erhöhung des Anteils von Fremdbetreuung kommen. Dies bedeutet zum Beispiel, dass Kinder mehr Zeit im Hort oder bei der Oma, bei einem neuen Babysitter oder dem neuen Partner des betreffenden Elternteils verbringen.

4. Belasteter und trauernder Elternteil

Kinder spüren, wie es ihren Eltern geht. Sind diese aufgrund der Trennung traurig, verletzt, oder wütend und ängstlich, so kann sich das auf das Kind übertragen. So wenig wie es in die Paargeschichte einbezogen werden soll, so wichtig kann es sein, mit dem Kind über eigene Gefühle zu sprechen, einzugestehen, dass es gerade schwierig ist, aber auch in Aussicht zu stellen, dass es wieder besser werden wird.

5. Geplanter Umgang mit dem anderen Elternteil

Umgänge fanden im bisherigen Zusammenleben vermutlich natürlich statt, jetzt müssen diese geplant, in den Alltag integriert und durchgeführt werden. Dies nimmt viel an Spontaneität und Leichtigkeit, macht das Zusammensein komplizierter und aufwändiger. Gleichzeitig fallen in aller Regel (häufige) gemeinsame Aktivitäten als Familie weg. Lieb gewonnene Rituale, wie beispielsweise der Besuch beim Italiener am Freitagnachmittag oder das gemütliche Familien-Brunch am Sonntag werden gestrichen, Besuche bei Freunden und Verwandten finden getrennt statt. Besonders deutlich wird dies bei Feiertagen. Daher ist es ganz besonders wichtig, dass beide Eltern erst für sich und dann gemeinsam überlegen, ob weiterhin gemeinsame Aktivitäten gewünscht und sinnvoll sind. Das erste Weihnachtsfest, der erste Kindergeburtstag nach der Trennung sollten gut überlegt sein, da diese Zusammenkünfte tiefe Eindrücke beim Kind hinterlassen und widerspiegeln, wie die Trennung verkraftet wird.

6. Neue Partner, neue Geschwister, Patchworkfamilie

Ein weiterer Einschnitt für das Kind bedeutet das Kennenlernen von neuen Partnern ihrer Eltern, und erst recht, wenn weitere Geschwister, ob Halb- oder Stiefgeschwister, dazukommen. Dadurch verändert sich die Zeit des Zusammenseins mit diesem Elternteil tiefgreifend. Die bisherige Zweisamkeit wird erweitert und nochmals wird dem Kind deutlich gemacht, dass die Eltern nicht wieder zusammenkommen werden. Neue Geschwister können zu Rivalitäten führen, aufgrund der Sorge, weniger Zeit und Liebe zu erhalten, wenn diese nun mit weiteren Kindern geteilt werden muss. Patchworkfamilien werden als Familienmodell immer mehr Normalfall, sie brechen häufig auch wieder auseinander und führen durch neue Familienbildung zu noch größeren Patchwork-Gemeinschaften. Kinder sollten Zeit bekommen, mit diesen Veränderungen klar zu kommen, denn diese Konstellationen fordern von ihnen viel Flexibilität, Offenheit und Anpassungsfähigkeit. Der Alltag wird noch komplexer, verschiedene Lebensbereiche bedeuten verschiedene Familienkonstruktionen, Stiefgeschwister und neue Partner, die manchmal da sind, dann aber auch wieder nicht. Eltern können ihre Kinder unterstützen, indem sie gut miteinander planen und kooperieren. Und besonderen Raum für ihre Kinder einbauen, in dem sie auch mal etwas alleine mit ihrem Kind unternehmen, ohne den neuen Partner und die dazugekommenen Geschwister.

Esther C., Stuttgart:
Mein Vater ist mit seiner neuen Frau an den Bodensee gezogen und unsere Mutter hat uns mit ihrem neuen Partner oft dorthin gefahren. Wir fanden es immer ausgesprochen schön, wenn alle vier Elternteile zusammensaßen und wie ganz normale Freunde miteinander redeten.

7. Alarmzeichen

Ein **gutes** Zeichen ist es, wenn Kinder **offen** trauern und über ihre Sorgen und Ängste sprechen. Hingegen sollen Eltern **alarmiert** sein, wenn Kinder sehr ruhig werden, sich **zurückziehen**. Dann kann es sein, dass die Kinder bei sich die Schuld für die Trennung sehen oder denken, sich für einen Elternteil entscheiden zu müssen, sich also in einem **Loyalitätskonflikt** befinden und daher mit keinem von beiden reden. Deutliche weitere Alarmzeichen sind Bettnässen, Schlafstörungen, Alpträume, erkennbare Verlustängste, anhaltende Trauer oder Aggressivität gegenüber Klassenkameraden, Freunden, Geschwistern und Eltern. Konzentrationsmangel und Verschlechterung der schulischen Leistungen sind typische Hinweise auf Belastungen. Bei pubertierenden Kindern kann es auch zu Alkohol-/Drogenmissbrauch oder kleineren kriminellen Vergehen kommen. Die Peer Gruppe gewinnt in dieser Lebensphase ohnehin an Bedeutung und diese Bedeutung kann ungesund verstärkt werden, wenn der Zusammenhalt zu Hause viel geringer wird und der Familienverbund sich stark wandelt.

III. Schutz(maßnahmen)

Je massiver die aus einer Trennung resultierenden Veränderungen sind, desto elementarer werden die Schutzmaßnahmen, die ein Kind in dieser Situation braucht. Zentrale Schutzmaßnahmen können dazu beitragen, dass die Trennung vom Kind nicht als Katastrophe wahrgenommen, sondern langfristig gut verkraftet wird. Für das Wohl eines Kindes ist entscheidend, dass seine Bedürfnisse weiterhin erfüllt werden und so viel Kontinuität wie möglich erhalten bleibt.

1. Kontinuität

Wenn möglich, sollte das Kind trotz der Trennung nicht umziehen müssen. Lässt sich dies nicht verhindern, dann sollte zumindest die vertraute Gegend erhalten bleiben. Falls das auch nicht geht, sollte der Kontakt zu bisherigen Freunden durch Besuche an Wochenenden erhalten bleiben und andere Kontaktpersonen, die trotz Veränderung erhalten bleiben, beispielsweise Großeltern und Paten, verstärkt in die Kontakte einbezogen werden.

2. Gesprächsbereitschaft

Während der Trennungszeit und den ersten Monaten des Umbruchs sollten Eltern ihren Kindern regelmäßigen Austausch anbieten, ohne diesen einzufordern. Es genügt, dem Kind zu signalisieren, dass es über Gedanken und Sorgen reden, aber auch erzählen darf, wie es beim anderen Elternteil war. Schwierige und schmerzhafte Themen, wie die Trennung, neue Partnerschaft und Sorgen dürfen nicht tabuisiert werden, weil sich das Kind dann damit nur selbst belastet und alleine gelassen fühlt. Vielmehr sollten diese Themen kindgerecht angesprochen und deutlich gemacht werden, dass das neue Leben des weggegangenen Elternteils in Ordnung ist und materielle und sonstige Sorgen Hauptverantwortung der Eltern sind, die zuversichtlich davon ausgehen, dass diese Themen in absehbarer Zeit gut gelöst werden.

3. Verlässlichkeit – Zuwendung und stabile Beziehung zu beiden Eltern

Gerade in der Zeit der Trennung, wenn wichtige Stabilisatoren wegfallen, ist gemeinsame Zeit im Alltag und regelmäßiger liebevoller Austausch wichtig, um Geborgenheit zu vermitteln und Zuversicht und Stärke zu geben. Idealerweise sollte dies zu beiden Eltern geschehen, wenn möglich in vergleichbarem Umfang wie vor der Trennung. Fürsorge und Schutz, kontinuierliche Zuwendung und Planungssicherheit sind nun ganz entscheidend dafür, wie gut das Kind mit der neuen Lebenssituation klarkommt. Verbindlichkeit ist in Zeiten der Veränderung entscheidend, sich trotz allem auf den Elternteil, gerade auch den nunmehr abwesenden, verlassen zu können. Kinder sollen sich weiter sicher in der Familie aufgehoben fühlen.

Pero und Luca K., München (heute 19 Jahre alt):
Bei der Trennung unserer Eltern waren wir vier Jahre alt. Unsere Eltern hatten einvernehmlich die Regelung gefunden, wonach wir jedes zweite Wochenende bei unserem Vater waren, sowie anfangs, vor Einschu-

lung, noch jeden Montag. Diese Regelung wurde bis zu unserem 18. Lebensjahr praktiziert. Zwischen unseren Eltern haben wir keine Konflikte wahrgenommen, die Regelung wurde eingehalten, gelegentliche Verschiebungen von Wochenenden wurden rechtzeitig besprochen und einvernehmlich geregelt. Wir haben beide keine großen Erinnerungen an die Trennung unsere Eltern, sie war kein Problem für uns.

4. Struktur

Kinder lieben Struktur, feste Abläufe, denn diese geben ihnen Sicherheit. Gerade in einer Umbruchszeit wie einer Trennung der Eltern, helfen klare Regelungen und feste Zeiten für Umgänge, Mahlzeiten, Besuche bei Freunden/Großeltern. Dies gibt dem Kind Sicherheit, ein festes Umfeld und Verlässlichkeit, was wiederum zu Zuversicht führen kann, dass die Zukunft gut gemeistert werden wird.

5. Rituale

Ganz besonders liefern Rituale **Sicherheit** und **Geborgenheit**, sie bestätigen die vorhandene Beziehung, den persönlichen Zusammenhalt und geben Stabilitätt. Idealerweise werden Rituale aus der Zeit vor der Trennung vom jeweilig betreuenden Elternteil fortgeführt, zum Beispiel bestimmte Essgewohnheiten, Einschlafprozeduren und ähnliches, aber nach Möglichkeit auch gemeinsame Gewohnheiten, wie einmal die Woche Pizza essen gehen oder Sonntagmorgen gemeinsam kuscheln und danach gemütlich Frühstücken. Auch hier können weitere Bezugspersonen eine Rolle spielen, beispielsweise der sonntägliche Kaffeeklatsch bei der Oma oder der monatliche Kinobesuch mit dem Patenonkel sowie Mittwochnachmittag der Gang zum Fußballverein oder der freitägliche Klavierunterricht. Wichtig und hilfreich sind auch Rituale bei der Übergabe des Kindes von einem Elternteil zum anderen. Besser als das Kind einfach vor die Türe zu „stellen", kann ein kurzes Gespräch oder gar ein Kaffeetrinken sein, um den Übergang zu erleichtern und dem Kind zu signalisieren, dass es gut und richtig ist, nun zum anderen Elternteil zu gehen und mit diesem Elternteil Zeit zu verbringen. All dies schafft Kontinuität, Sicherheit und Vertrauen und damit Zuversicht für die Zukunft.

6. Klare Umgangsregelungen und feste Besuchszeiten

Klare Umgangsregeln und feste Besuchszeiten sind förderlich, weil das Kind sich dann darauf fest verlassen und freuen kann. Sollte aus beruflichen oder privaten Gründen keine feste Planung möglich sein, sondern nur spontane und kurzfristige Regelungen, dann sollten diese, je nach Alter passend, mit dem Kind besprochen werden, sobald sie feststeht. **Sicherheit** und **Verlässlichkeit** stehen auch hier ganz oben und müssen **abgewogen** werden mit **Praktikabilität** und **Alltagstauglichkeit**. Gemeinsames Erleben von Alltag und Erreichbarkeit außerhalb der Umgänge vertiefen das Gefühl von Sicherheit und Geborgenheit, auch gegenüber dem weniger betreuenden Elternteil.

7. Kooperative Elternschaft

Zum Wohle des Kindes sollten die Eltern, trotz der oftmals schwierigen Trennungsgeschichte, miteinander kooperieren. Trotz etwaiger nachwirkender Konflikte als ehemaliges Paar, erleichtern Eltern sich selbst und den Kindern das zukünftige Leben, indem sie verlässlich und fair miteinander umgehen und im Alltag gut zusammenarbeiten. Dies ist sogar gesetzlich geregelt, Stichwort: Wohlverhaltensklausel, → 6. Kapitel. Nicht beim Kind schlecht über den anderen Elternteil reden, sollte eine Selbstverständlichkeit sein. Die Kinder sollten aus etwaigen weitergehenden Paarkonflikten und Streitigkeiten, beispielsweise um Unterhalt, **herausgehalten** werden. Gemeinsame Familienzeit sollte nur miteinander verbracht werden, wenn dies für alle Beteiligten angenehm und für den Fortbestand der Familie förderlich ist. Übergaben sollten nicht für Diskussionen genutzt werden, sondern ausschließlich für den Abschied von einem Elternteil und die Begrüßung durch den anderen. Wohlwissend, aus Sicht des Kindes, das beides wichtig ist, dass beide Eltern damit einverstanden sind, dass es eine schöne und bereichernde Zeit beim einen und eine schöne und bereichernde Zeit beim anderen Elternteil verbringen darf. Ansonsten führt dies zu Ambivalenz und Loyalitätskonflikten auf Seiten des Kindes, die es sehr belasten.

8. Gute Kommunikation

Eckpfeiler einer guten Kooperation als Eltern ist die sachliche, direkte und zeitnahe Kommunikation. Dank moderner Technik muss heute, gerade in schwierigen Anfangszeiten, nicht ständig miteinander gesprochen oder sich getroffen werden. Per SMS und E-Mail fällt es vielen Eltern leichter, sachlich zu bleiben, rein organisatorisches zu besprechen und persönliche Belange der Paarebene außen vor zu behalten.

9. Keine gegenseitige Entwertung

Wichtig sind: Kein offener Streit, keine Beschimpfungen vor dem Kind, aber auch keine Abwertung des Anderen gegenüber dem Kind, keine Herabsetzung dessen neuer Partner oder Kinder sowie der Zeit, die das Kind mit seinem anderen Elternteil verbringt. Dies klingt selbstverständlich, funktioniert aber in der Wirklichkeit häufig nicht, weil die Verletzungen aus der Zeit als Paar im Vordergrund stehen, Streitigkeiten, beispielsweise im Rahmen der Scheidung, noch aktuell sind, die Eifersucht gegenüber neuen Partnern entsteht und Sorge um die eigene Zukunft plagen.

> **Zitat Mava S. aus Berlin:**
> Wir haben uns versprochen, vor dem Kind nie schlecht über den anderen Elternteil zu reden. Manchmal muss man sich zwar auf die Zunge beißen; aber dadurch, dass ich vor unserer Tochter wertschätzend über den Vater rede und sie bei mir Raum erhält, ihre Liebe zu Papa zu zeigen, fällt meine Aufmerksamkeit ganz automatisch eher auf seine positiven Seiten und das macht alles viel leichter.

IV. Trennungsgespräch

Idealerweise erfolgt das Trennungsgespräch **gemeinsam** mit beiden Eltern und je nach Alter der Kinder zusammen oder getrennt, bei großem Altersunterschied der Kinder besser individuell, zuerst mit den älteren Kindern. Das Gespräch sollte gut vorbereitet werden, strittige Punkte werden zunächst weggelassen. Trotz vorhandener Streits sollte der Schwerpunkt gegenüber den Kindern auf dem Verbindenden liegen, dem Erhalt der Familie. Regelungen wie Umgang sollten **vorher** feststehen und Teil des Gesprächs sein, da sie eine konkrete Perspektive für die Zukunft geben. Kinder sollten, altersgerecht, nach ihren Wünschen und ihrer Meinung gefragt und auch konkret einbezogen werden, in Planung und Umsetzung der Zukunft als Familie. Das kann auch schon im Elterngespräch angesprochen werden und mildert das Gefühl der Ohnmacht bei Kindern, die ja nicht gefragt werden, ob sie eine Trennung wollen.

Die Information des Kindes über die Trennung seiner Eltern läutet für das Kind den Trennungsvorgang ein. Auch wenn es schon vorher bemerkt haben sollte, dass seine Eltern nicht mehr sehr glücklich miteinander sind, so gehen die meisten Kinder dennoch davon aus, dass die Eltern zunächst und vermutlich für immer zusammenbleiben. Die Information darüber, dass sich dies nun ändern wird, verändert für das Kind viel und bereits die Art und Weise, wie dieses Gespräch stattfindet, kann einleiten, ob die Trennungszeit und die Jahre danach gut verlaufen.

Kinder spüren Spannungen und Aggressionen zwischen den Eltern, merken Auseinandersetzungen, auch wenn diese nicht direkt und lautstark vor ihren Augen stattfinden, sie ahnen, dass die Eltern nicht mehr glücklich sind und mindestens einer von beiden unter der Lebenssituation und Beziehung leidet. Kinder lieben in aller Regel beide Eltern und wünschen sich, dass diese zusammenbleiben, daher kann es sehr belastend sein, sich in die Streitigkeiten involviert zu fühlen, möglicherweise zu glauben, man sei schuld daran bzw. Auslöser, und keine Gewissheit zu haben, machtlos gegenüber negativen Veränderungen zu sein. Dann ist es entlastend, über eine anstehende Trennung informiert zu sein. Sobald die Trennung entschieden ist und deutliche Anzeichen erkennbar sind, dass die Eltern als Paar nicht mehr zusammen sein werden, wenn beispielsweise Papa über einen längeren Zeitraum auf dem Gästesofa schläft, sollte das Thema angesprochen werden. Und spätestens, wenn andere im Umfeld davon wissen, Familienangehörige, enge Freunde, Erzieher und Nachbarn. Das Kind sollte die Trennung direkt von seinen Eltern erfahren und nicht gerüchteweise über andere Personen.

Ein guter Zeitpunkt für ein Trennungsgespräch ist gekommen, wenn der Auszug/Umzug ansteht. Insbesondere für kleinere Kinder ist die Information zu abstrakt und beängstigend, dass die Eltern sich getrennt haben und einer von beiden irgendwann irgendwo hinziehen wird. Wird das Kind in den Umzug einbezogen, nimmt dies teilweise den Schrecken vor dem Verlust eines Elternteils und mildert das Gefühl der Ohnmacht, wenn es mitentscheiden darf, wie die zukünftige Zweitwohnung eingerichtet wird. Sieht es sobald wie möglich die neue Wohnung und wo dort sein Zimmer sein wird, kann es sich konkret ein Leben nach der Trennung vorstellen und erkennt, dass die Beziehung zum ausziehenden Elternteil zwar anders wird, aber erhalten bleibt. Manche Kinder sehen in dem zusätzlichen Wohnbereich sogar eine Bereicherung.

Ideal für ein Trennungsgespräch ist ein Wochenende, an dem wenige Termine anstehen und viel **Ruhe** und **Zeit** vorhanden sind.

Nach dem Gespräch sollten beide Eltern Zuhause sein, für etwaige Rückfragen zur Verfügung stehen, traurige oder wütende Gefühle auffangen und einfach miteinander Zeit verbringen können. Beide Eltern sollten für die Stunden und wenn möglich Tage nach der Trennung viel Zeit zuhause einplanen. Eine Abreise, und sei es nur zu einer Geschäftsreise, oder ein Weggang zum neuen Partner könnten Kinder sehr belasten und die Ängste, diesen Elternteil zu verlieren, unnötig schüren.

Im Trennungsgespräch sprechen Eltern die Trennung **direkt** und ohne Umwege an, unabhängig vom Kindesalter. Die konkreten Gründe für die Trennung gehen das Kind nichts an, das ist Angelegenheit der Erwachsenen. Je nach Alter kann dem Kind gesagt werden, dass die Eltern nicht mehr glücklich miteinander sind und daher ihre Lebenssituation verändern werden. Auch Babys sollten über die Trennung informiert werden, um ihnen die gefühlte Machtlosigkeit zu nehmen. Wichtig dabei ist, dass angesprochen wird, dass die Trennung ausschließlich Gründe zwischen den Eltern hat und das Kind keinerlei Schuld trägt.

Die wichtigste Information für die Kinder ist die Tatsache, dass beide Eltern weiterhin Eltern bleiben werden, unabhängig von der Trennung als Paar und vermutlich anstehenden räumlichen Veränderungen, und dass beide weiterhin für die Kinder da sein werden. Auch dies sollte so **konkret** wie möglich übermittelt werden, am besten steht zu diesem Zeitpunkt bereits das Umgangsmodell, zumindest in groben Zügen, und kann den Kindern mitgeteilt werden. Das Kind soll so anschaulich und konkret wie möglich wissen, was sich an seinem Leben verändern wird, wo es wann lebt und wann es Zeit mit dem jeweiligen Elternteil verbringt. Der Blick sollte in die Zukunft gerichtet werden und, unabhängig vom Geschehenen, sollten Sie überlegen, was jetzt getan werden soll, um den Kindern ein schönes Leben zu bieten und sie stark für die Zukunft zu machen. Ein wesentlicher Baustein für eine gelingende Zukunft stellt das passende Umgangsmodell dar. Im nächsten Kapitel stellen wir Ihnen die aktuell möglichen und praktizierten Umgangsmodelle ausführlich vor.

4. Kapitel

Umgangsmodelle

Bevor wir konkrete Umgangsmodelle vorstellen, wollen wir nicht darauf verzichten, Ihnen einige nützliche Informationen zum rechtlichen Rahmen, in dem Umgangskontakte realisiert werden können an die Hand zu geben:

Das **Umgangsrecht** regelt den persönlichen Kontakt der Kinder mit demjenigen Elternteil, bei dem es (gerade) nicht lebt. Darüber hinaus gehören zum umgangsberechtigten Personenkreis auch Großeltern, Geschwister, Stiefeltern, frühere Pflegeeltern sowie andere enge Bezugspersonen, soweit dies dem Wohle des Kindes dient (§ 1685 BGB, → 6. Kapitel). Wir fokussieren uns hier auf das Umgangsrecht des Kindes mit seinen Eltern.

Oft vermischt oder gar verwechselt wird das Umgangsrecht mit dem **Sorgerecht**, → 6. Kapitel. Dieses umfasst die rechtlichen Verantwortlichkeiten der Eltern gegenüber ihren Kindern (Vermögenssorge und Personensorge, § 1626 BGB).

Der Gesetzestext macht deutlich, dass an erster Stelle das Kind einen Anspruch auf den Umgang mit seinen Eltern hat. Jeder Elternteil ist danach in zweiter Reihe zum Umgang berechtigt – und im Übrigen sogar verpflichtet. Ob eine Pflicht des Elternteils zum Umgang gegen den eigenen Willen das Kindeswohl fördern würde, ist sehr fraglich und dieser Teil der Regelung daher wenig praxisrelevant. Deutlich wird jedoch, dass erst nach dem Anspruch des Kindes auf Umgang die Wünsche und Befindlichkeiten der Eltern berücksichtigt werden. Gerade diesen Aspekt „vergessen" sich stark streitende

Eltern oft, weil sie aufgrund der emotionalen Belastungen nicht permanent die Bedürfnisse ihrer Kinder im Blick behalten.

Der Gesetzgeber geht im Übrigen zunächst von dem Regelfall aus, nämlich dass der Umgang mit beiden Eltern das Wohl des Kindes fördert und wesentlicher Bestandteil einer schönen und erfüllten Kindheit darstellt. Ausnahmen sind denkbar, wenn der Kontakt zu einem Elternteil dem Kind erkennbar nicht guttut und somit das Kindeswohl gefährdet.

In Zeitungen und Büchern liest man oft nur von den katastrophalen Fällen, wenn Kinder entführt werden, ein Elternteil dem anderen über Jahre die Kinder vorenthält, ein Missbrauchsverdacht vorgebracht wird, psychische Krankheiten eine Rolle spielen. Oder von Fällen, in denen Sucht, Rosenkriege, ewige Rechtsstreits durch alle Instanzen und die dadurch leidenden Kinder und die sich immer mehr hassenden Eltern im Vordergrund stehen. Tatsächlich bekommen die meisten Eltern nach ihrer Trennung den Umgang und das gemeinsame Elternbleiben sehr gut hin. Sie einigen sich, alleine oder mit Unterstützung (beispielsweise im Rahmen einer Mediation oder beim Jugendamt), auf ein Umgangsmodell, das sich gut in den Alltag beider integrieren lässt und angenehm für die Kinder ist. Sie besprechen sich in wesentlichen Fragen der Erziehung, und viele Eltern feiern weiterhin gemeinsam Weihnachten und Geburtstage und einige verbringen regelmäßige Familientage miteinander, gehen zusammen Essen oder fahren sogar gemeinsam in Urlaub. Obwohl es bestimmt nicht immer leicht ist, insbesondere direkt nach der Trennung, wenn mindestens ein Elternteil sehr traurig, verletzt und vielleicht auch wütend ist, sich Ängste und finanzielle Engpässe offenbaren, gelingt es dem Großteil der Eltern, versöhnlich und verständnisvoll miteinander umzugehen. Die Eltern schaffen es, eigene Bedürfnisse und Gefühle in den richtigen Momenten zu verfolgen oder nach hinten zu stellen, und das Wohl der Kinder fest im Blick zu haben. Und sie schaffen es, zuversichtlich in die Zukunft der Familie im neuen Gewand zu blicken und sie gemeinsam zu gestalten.

I. Umgangsdefinition

„Umgang" bedeutet persönlicher sozialer Kontakt zwischen Kind und Umgangsberechtigten – später sprechen wir auch vom „Umgangssuchenden". Gemeint ist hier in erster Linie der Elternteil, bei dem das Kind nicht überwiegend wohnt. Zunächst geschieht dies durch persönliche Treffen und Besuche, gemeinsam verbrachte Zeit, Unternehmungen und Urlaube. Zu einer umfassenden Umgangsregelung gehören, je nach den Umständen, auch Telefonate, Skype-Kontakte, SMS/WhatsApp, Briefe, Pakete. Ziel eines regelmäßigen Umgangs ist es, durch den intensiven Austausch und gemeinsame Erlebnisse eine tiefe persönliche Bindung herzustellen, zu erhalten und langfristig zu stabilisieren.

II. Einvernehmliche Ausgestaltung des Umgangs

Auch hier gilt zunächst der beim Kindeswohl besprochene Grundsatz der Kontinuität, also bleiben bestenfalls Umfang und Inhalt des Kontaktes zum umgangssuchenden Elternteil vergleichbar mit der Zeit, als alle noch zusammenlebten. Idealerweise werden lieb gewonnene Gewohnheiten und schöne Rituale fortgeführt. Authentischer Umgang ist wichtig, normale, alltägliche Situationen ebenso wie schöne gemeinsame Erlebnisse und Ruhezeiten. Auch neue Gemeinsamkeiten können geschaffen werden, beispielsweise dadurch, dass Sie zusammen mit Ihrem kochen oder Spieleabende und neue Einschlafrituale organisieren. Einige Eltern erleben die Zeit mit ihren Kindern nach der Trennung als deutlich intensiver, weil sie nun bewusster und meist alleine dauerhaft mehr Zeit mit den Kindern verbringen. Die frühere Arbeitsteilung, beispielsweise der andere Elternteil war für den Haushalt oder das Kochen zuständig, existieren so nicht mehr. Hierdurch können andere Erlebnisse geschaffen und neue Rituale eingeführt werden. Kinder sollten nicht, aus schlechtem Gewissen heraus oder dem Bedürfnis nach Überkompensation für die schwierigen Umstände, grenzenlos verwöhnt und von morgens bis abends „bespaßt" und teuer beschenkt werden. Gerade in undurchsichtigen Zeiten der Veränderung sehnen sich Kinder nach Alltag, Struktur und ruhigen und innigen Momenten.

Voraussetzung hierfür ist meist eine faire Trennung, eine Auseinandersetzung mit der Beziehungsgeschichte, ein versöhnlicher Abschluss Ihrer Zeit als Paar. Anschließend ist es wichtig, Ihre ehemalige Ebene als Paar von der neuen Elternebene zu trennen. Paare, die auch nach der Trennung gemeinsam gut Eltern bleiben, zeichnen sich in aller Regel durch gegenseitiges Vertrauen und Wohlwollen aus sowie eine kooperative Kommunikation. Sie schließen mit der Beziehung versöhnlich ab, lassen alte Streitigkeiten hinter sich und sind in der Lage, Unterschiedlichkeiten zu tolerieren und konstruktiv in die Zukunft zu blicken.

Verschiedene Wege können eingeschlagen werden, um zu einer einvernehmlichen Umgangsregelung zu gelangen. Den meisten Eltern gelingt dies durch gemeinsame Gespräche im Rahmen und nach der Trennung. Es kann gewichtige Gründe im Rahmen der Trennungsgeschichte geben, die es den Eltern erschweren, konstruktive miteinander zu sprechen, häufig sind dies Enttäuschungen und Verletzungen, die zu fehlendem Vertrauen und mangelnder Kooperationsbereitschaft führen. Dennoch bleibt eine einvernehmliche Lösung für alle Fragen rund um die Trennung und somit auch den zukünftigen Umgang möglich, indem externe Unterstützung eingeholt wird. Jugendämter und Familienberatungsstellen bieten unterschiedlichste Beratungsmodelle und Gesprächsangebote an, teilweise mit dem Ziel einer einvernehmlichen Regelung; selbst vor dem Familiengericht als letzter Schlichtungsinstanz wird von den Richtern eine Einigung angestrebt. Gute Fachleute gehen davon aus, dass die Eltern selbst die Experten für das Wohl ihrer Kinder und auch für ihre individuelle Lebenssituation sind. Gute Fachleute überlassen den Eltern deshalb die Verantwortung für die Gestaltung der Umgangsregelungen, soweit sie einschätzen, dass das Wohl des Kindes nicht in Gefahr ist.

Eigenverantwortliche und einvernehmliche Umgangslösungen können auch im Rahmen einer Mediation, → 6. Kapitel abgeschlossen werden.

Darüber hinaus können sich Paare auch im Rahmen einer Paar- oder Familientherapie auseinandersetzen, die Beziehungsgeschichte anschauen, damit abschließen, und hierdurch die Basis für eine zukünftige Ebene als Eltern erarbeiten. Durch einen solchen Erkenntnisprozess werden Muster aus der Paarbeziehung nicht mehr automatisch in die Elternschaft übernommen und so kann der Grundstein für eine unbelastete, solide Elternkooperation geschaffen werden.

III. Familie bleiben: Umgangsmodell als Fundament

Ob alleinerziehend oder gemeinsam erziehend oder parallel erziehend – die Familie als Basisstruktur für ein Kind kann erhalten bleiben.

Eine der wichtigsten Voraussetzung, dass die Familie nach der Trennung gut weiterleben kann, ist ein auf die konkrete Lebenssituation aller Beteiligten passendes Umgangsmodell. Es muss im Alltag bestehen können und von allen zu bewältigen sein; idealerweise erarbeiten sich die Eltern dieses Modell gemeinsam, oft durch Ausprobieren einer Lösung, offenen Erfahrungsaustausch nach abgesprochener Zeit und anschließender Anpassung, wenn dies nötig wird. Nicht nur die Bedürfnisse der Kinder, sondern auch die Wünsche und Gegebenheiten der Eltern sind hierbei zu berücksichtigen. Nur dann steigt die Wahrscheinlichkeit, dass dieses Modell längerfristig Bestand haben wird und allen Herausforderungen des Alltags widerstehend eine solide Basis für das Leben als Familie darstellt.

Bei Umgangsregelungen unterscheidet man zwischen dem Grundmodell für den Alltag und den Regelungen für Ausnahmezeiten wie Feiertage, Ferien und Kita-/Hort-Schließzeiten, Geburtstage der Kinder, Eltern, anderen Familienmitgliedern. Außerdem sollten Sie über Notfallregelungen, wenn ein Kind erkrankt, der zuständige

Elternteil plötzlich beruflich verreisen muss oder selbst krank wird, nachdenken.

Wir schauen uns zunächst mögliche Umgangsmodelle für den Alltag an. Es haben sich in der Praxis eine Reihe von Grundkonstruktionen herauskristallisiert, die hier – als Anregung – vorgestellt werden. Mischungen jeglicher Art sind denkbar und sinnvoll, Hauptsache das Modell passt zur konkreten Familie und deren individuelle Alltagssituation samt aller Bedürfnisse und Besonderheiten und kann somit von sämtlichen Beteiligten verlässlich umgesetzt werden.

Auf der Reise durch die einzelnen Umgangsmodelle und in späteren Kapiteln werden uns ab hier immer wieder zwei Familien begleiten: Die noch verheirateten Hansens und die Familie Sperber/van Aaken:

Fallbeispiele

Die Hansens sind eine Familie, die es nach der Trennung gut schaffen, als Eltern kooperierend für ihre 3-jährige Tochter Henriette da sei zu können. Es gibt keinen Rosenkrieg, keine gerichtlichen Auseinandersetzungen, keine Umgangsverweigerungen.

Sperber/van Aaken haben vier Kinder: die 15 Monate alte Eva, die 5-jährige Naomi, die 7-jährige Anna und den 12-jährigen Anton. Anita Sperber und Gregor van Aaken schaffen es nicht gut, die Trennung ohne Schwierigkeiten zu vollziehen.

Wir werden dabei, entsprechend den konkreten Erfordernissen, die Familienkonstellation variieren beziehungsweise so anpassen, dass Sie als Leser den größten Nutzen aus der vorgestellten Konstellation haben. Deshalb kann es sein, dass die Kinder zum Beispiel älter oder jünger werden. Auch die Beziehung zwischen den Eltern beziehungsweise ihre gemeinsame Geschichte haben wir an einigen Stellen entsprechend angepasst.

Der Blick auf die Umgangsmodelle in diesem Kapitel soll uns vor allem die Möglichkeiten zeigen, die es für Familien gibt – also folgen wir vor allem den Hansens. Die folgenden Kapitel werden dann Anita Sperber und Gregor van Aaken mehr in den Blick nehmen bei unseren Untersuchungen, was alles schieflaufen kann nach einer

Trennung und welche Hilfen von außen diese Familie dabei unterstützen könnten, bessere Lösungen für sich und ihre Kinder zu finden, als bisher.

1. Das Residenzmodell

Fallbeispiel

Regine Hansen und Michael Hansen beschließen, dass die 3-jährige Henriette bei der Mutter leben soll, dass Michael sich eine Wohnung sucht und die Umgänge an den Wochenenden stattfinden sollen: Das Residenzmodell.

Wohnt Henriette überwiegend bei ihrer Mutter Regine, so hat Michael ein Recht, seine Tochter stunden-, tage- oder wochenweise zu sehen, und in der übrigen Zeit auf anderem Wege Kontakt zu halten. Die meisten Eltern regeln detailliert, wann genau welcher Elternteil die Kinder sehen kann, wer die Kinder wo abholt, wann telefoniert wird, usw. Als Faustregel kann gesagt werden, dass, je weniger gut sich die Eltern nach der Trennung verstehen, desto strikter sollte die Regelung sein, um wenig Spielraum für Diskussionen zu bieten. Auch Kinder bevorzugen meist eine klare Regelung, weil diese ihnen Sicherheit und Struktur gibt. Die Lebensumstände der Eltern können aber eine solche Planbarkeit erschweren, so dass als zusätzliche Herausforderung eine kontinuierliche Abstimmung zwischen den Eltern erforderlich ist. Dann ist es wichtig vorab zu überlegen, wann man sich regelmäßig zusammensetzt und versucht die nächsten Wochen zu planen und auf welchem Wege kommuniziert wird, wenn sich Änderungen ergeben.

Dieses Modell, bei dem das **Kind bei der Mutter** lebt und **Umgang zum** getrenntlebenden **Vater** hat, zum Beispiel jedes zweite Wochenende von Freitagnachmittag nach der Kita bis Montagmorgen, ist in Deutschland das am **meisten praktizierte Modell**. Dieses Modell folgt auch einer Tradition, in der die Mütter sich eher um die Kinder kümmern, während die Väter das Geld für den Lebensunterhalt verdienen. Auch wenn moderne Menschen, die für die Gleichberechtigung der Geschlechter streiten, gerne andere Tatsachen zur Kenntnis nehmen würden: Es ist nach wie vor Realität in Deutschland, dass die Männer im Durchschnitt mehr verdienen als die Frauen, was tatsächlich skandalös ist! Eine simple Folge dieser Realität ist eben, dass im Zweifelsfall eher der Mann draußen das Geld verdient und die Frau sich drinnen um die Kinder kümmert (eine Tätigkeit übrigens, die gesellschaftlich immer noch viel zu schlecht honoriert wird). Dieses Modell gilt dann auch häufig bei getrennten Eltern. Wir begrüßen es ausdrücklich, dass in die Rollenbilder von Müttern und Vätern Bewegung kommt, doch unsere Aufgabe an dieser Stelle ist es, Ihnen zu helfen, mit den Realitäten gut klar zu kommen.

Wie oft kann ich meine Kinder sehen? Ist eine 50/50-Regelung nicht fairer?

Wie oft Umgänge organisiert werden, hängt von unterschiedlichen Faktoren ab. Stellen Sie sich ein vier Monate altes Baby vor, welches noch von seiner Mutter gestillt wird. Diesem Baby würden wir nicht zumuten wollen, dass es länger als einige Stunden von seiner Mutter getrennt ist. Wenn ein Kind nicht mehr von der Mutter gestillt wird bzw. die Muttermilch abgepumpt werden kann, dann spricht nichts dagegen, dass Sie als Vater Ihr Kind so oft sehen, so oft es möglich ist – auch allein. Die moderne Bindungsforschung räumt inzwischen dem Vater ebenso große Fähigkeiten und Möglichkeiten der Bindung mit dem Kind ein, wie einer Mutter. Was jedoch an allererster Stelle wichtig ist: Fühlen Sie in sich hinein. Was fühlen Sie als das Richtige für ihr Kind? Fühlen Sie weiter: Geht es beim Aushandeln einer Umgangsregelung eher um eigene Bedürfnisse als um die meines Kindes? Muss ich die gesetzlichen Möglichkeiten ausreizen, oder finden Sie eine individuelle Lösung, die allen Beteiligten passt? Es gibt 50/50-Regelungen, die gut funktionieren – allerdings eher bei größeren Kindern, die mindestens 4,5 Jahre alt sind. Denn in der Praxis haben eben die Mütter eine engere Beziehung zu den Kindern als die Väter – und dieser Umstand sollte bei allen „Umgangsexperimenten" stets bedacht werden.

Eine gängige Regelung für Kinder ab dem Kindergartenalter (ca. ab 1,5 Jahre) sieht häufig so aus, dass die Väter die Kinder jedes 2. Wochenende sehen, eventuell noch einen Tag in der Woche ohne Übernachtung und dass die Ferien und Urlaube tatsächlich 50/50 geteilt werden. Dank der Erkenntnisse, dass Väter genauso feinfühlig mit ihren Kindern umgehen wie Mütter hat sich die Definition eines Wochenendes verändert. So vereinbaren Regine und Michael, dass Henriette sich jedes 2. Wochenende bereits ab Donnerstagnachmittag bis zum Montag früh bei Michael befindet, also 4 mal bei ihrem Vater übernachtet.

Sollen wir Henriette fragen, wie oft und wie lange sie bei Papa sein will?

Diese Frage ist nicht so einfach zu beantworten. Regine und Michael verstehen sich sehr gut und können über alle Belange von Henriette sprechen. Wenn sie merken, dass es Henriette mit dieser Regelung nicht gut geht, dann könnten sie ihre Tochter fragen, ob sie etwas verändern sollen. Wenn Henriette es jedoch total gut geht mit dieser Regelung, dann sollten sie ihre Tochter nicht mehr der Frage belasten, ob sie eventuell häufiger zum Vater wolle. Eltern haben die Verantwortung für ihre Kinder und treffen viele Entscheidungen für ihre Kinder: Kita, Schule, Ernährung, Urlaub. Also: Ohne Not sollen Sie ihre (kleinen) Kinder nicht zu einer Sache befragen, die Sie selbst klar entscheiden müssen. Je älter Ihre Kinder sind, desto eher können Sie diesen Grundsatz in Frage stellen. Wenn der 12-jährige Anton sagt, dass es ihm zu stressig sei, jedes zweite Wochenende bei seinem Vater Gregor zu verbringen, weil er dann seine Freunde nicht sehen kann, dann sollten die Eltern diese Aussage ernst nehmen und mit Anton gemeinsam nach einer Lösung suchen.

Henriette ist krank – soll ich sie trotzdem zum Vater schicken?

Diese Frage lässt sich nur bezogen auf den Einzelfall beantworten. Prinzipiell kann ein Vater wie Michael genauso gut für die kranke Henriette sorgen wie ihre Mutter Regine. Also wenn Henriette unter einer Erkältung oder etwas Ähnlichem leidet, steht einem Umgang nichts im Wege. Ist Henriette ernsthaft erkrankt und zum Beispiel eigentlich nicht transportfähig, dann sollten die Eltern miteinander sprechen. Michael könnte Henriette beispielsweise bei der Mutter besuchen.

Wenn ein jüngeres Kind wie die 15 Monate alte Eva deutlich macht, dass es wegen einer starken Grippe nicht von der Mama Elvira getrennt sein will, dann sollte in diesem Fall kein Umgang erzwungen werden.

Wieviel Umgangszeit brauche ich als Vater, um eine gute Beziehung zu meinem Kind zu haben bzw. aufbauen zu können?

Es gilt: Qualität geht immer vor Quantität! Deshalb lassen sich auch keine Aussagen zu einer eventuellen „Mindestumgangszeit" treffen. Dafür sind wir als Menschen zu unterschiedlich in unseren Bedürfnissen. Allerdings ist zu bemerken, dass es natürlich einer gewissen ununterbrochenen Zeitspanne bedarf, um ein Alltagsleben mit den Kindern auf die Beine zu stellen. Wenn Sie alle 14 Tage ihre Kinder für 2 Stunden am Samstag sehen ist kein Alltagsleben möglich. Die Gerichte in Deutschland entscheiden aktuell oft nach dem Grundsatz, dass Väter ihre Kinder jedes zweite Wochenende (Samstag und Sonntag) plus einmal in der Woche ohne Übernachtung sehen dürfen.

Ich (Michael) habe das Gefühl, ich müsste Henriette jedes Mal etwas Besonderes bieten, wenn sie bei mir ist – muss ich das?

Nein. Wichtig ist, dass Sie zusammen mit ihrem Kind etwas unternehmen oder einfach nur zusammen sind. Sicherlich kann es Höhepunkte geben, wie ins Kino zu gehen oder ins Theater. Doch die Qualität Ihrer Beziehung zum Kind speist sich nicht aus den „Events", die sie veranstalten oder organisieren, sondern schlicht aus dem zugewandten Zusammensein.

Es ist das normale Alltagsleben mit seinen Hoch- und Tiefphasen, emotionalen Ausbrüchen und (kuscheligen) Versöhnungen, Regeln und Regelverletzungen, welches Sie mit Ihren Kindern verbindet. Leben Sie also Alltag mit Ihren Kindern und haben Sie keine Angst vor „Langeweile".

2. Das Wechselmodell

Fallbeispiel

Regine Hansen muss beruflich alle 2 Wochen für einige Tage ins Ausland, Michael Hansen kann seine Arbeitszeiten flexibel einteilen. Die Eltern beschließen, dass sie für die inzwischen 5-jährige Henriette probieren wollen, dass Henriette 2 Wochen bei der Mutter lebt (residiert), 2 Wochen beim Vater: Das Doppelresidenzmodell beziehungsweise Wechselmodell.

Zunehmend beliebter wird die Regelung, dass die Kinder eine Woche bei einem Elternteil und eine Woche beim anderen Elternteil wohnen. Bei kleineren Kindern werden oft auch kürzere Intervalle gewählt. Insbesondere in Großstädten und wenn beide Eltern gleichermaßen berufstätig und in die Kinderbetreuung involviert sind, wird diese Aufteilung als fair empfunden.

Das Wechselmodell zeichnet sich dadurch aus, dass die Kinder nicht ein Zuhause, sondern zwei gleichberechtigte Lebensmittelpunkte haben. Die Eltern teilen sich die Zeit mit den Kindern gleichmäßig auf, zur Hälfte oder nahezu zur Hälfte. Die Kinder sehen beide Eltern gleich oft und gleich lange, nicht nur am Wochenende, sondern auch im Alltag. Die Zeitspanne ist individuell, häufig ist der wöchentliche Wechsel, bei sehr kleinen Kindern manchmal auch tageweise, bei älteren Kindern auch alle zwei Wochen oder monatlich. Als Richtschnur kann man sagen, je älter die Kinder sind, desto länger können die Zeiträume sein; dies hat etwas mit dem subjektiven Zeitempfinden von Kindern zu tun, welches sich beim „Größerwerden" rasch verändert.

Ein Vorteil des Wechselmodells besteht darin, dass es als gerecht empfunden wird, weil **beide Eltern im selben Umfang** für das Kind zuständig sind und gleich viel Zeit mit ihm verbringen. Um den Alltag und die Wechsel gut zu bewältigen, ist es hilfreich, dass die Eltern sehr gut organisiert sind, sich gut absprechen, in wesentlichen Punkten der Kindererziehung ähnliche Ansichten haben und gut und gerne miteinander kommunizieren. Wie gut das Wechselmodell für Kinder ist, wird unterschiedlich gesehen, oft hilft ein Ausprobieren, weil Kinder auch ganz unterschiedliche Wesen sind mit individuellen Bedürfnissen. Manche Kinder kommen sehr gut mit zwei Lebensmittelpunkten klar und empfinden dies als Bereicherung, andere belasten die regelmäßigen Wechsel und das als unstet empfundene Leben.

Lange Zeit waren in Deutschland Wechselmodelle nur möglich, wenn beide Eltern sich einigten, dass sie diese Form des Umgangs wählen möchten. Erst kürzlich kam es zu ersten gerichtlichen Entscheidungen, bei denen auf Antrag des einen auch gegen den Willen des anderen Elternteils ein Wechsel beschlossen wurde. Weitreichende Erfahrungen fehlen noch, zum Standard wurde diese Regelung noch nicht, und es wird politisch darüber diskutiert. Ob das Argument, dass sich die Eltern nicht gut verstehen, gegen ein Wechselmodell spricht, ist fraglich, da die erfolgreiche Gestaltung aller Umgangsmodelle Kooperation und Kommunikation von den Eltern fordern. Fachleute sind sich darüber einig, dass grundsätzlich ein Umgang immer stattfinden soll, selbst bei enormen Bedenken eines Elternteils sowie starken Konflikten der Eltern. Im → 5. Kapitel haben wir gesammelt, wie Eltern sich in Konfliktfällen gut unterstützen lassen können, um eine gute Umgangsregelung für ihr Kind zu erarbeiten.

Eine erforderliche **Voraussetzung** für das Wechselmodell ist, dass beide **Eltern** so **nah** wie möglich beieinander **wohnen**, nicht nur in derselben Stadt, sondern idealerweise auch im selben Stadtteil. Hilfreich ist, dass beide sich in wichtigen Fragen einig sind und sich gegenseitig gut informiert halten und regelmäßig austauschen; stabile Absprachen und gute Kommunikation erleichtern die gemeinsame Organisation des komplizierten und aufwändigen Alltags, der sich rund um zwei Haushalte strickt und Kooperation und Mitwirkung aller Beteiligter fordert, auch die der Kinder.

Für das Wechselmodell spricht, dass **Beziehungskontinuität** besteht, also eine vergleichbare Bindung zu beiden Eltern aufgebaut und erhalten wird. Verlustgefühle und Ängste auf Seiten der Kinder und Eltern werden minimiert, in beiden Haushalten und mit allen Eltern erleben Kinder sowohl Alltag als auch Wochenenden. Beide Eltern nehmen ihre Erziehungsverantwortung in gleichem Maße wahr und erleben, begleiten und gestalten in vergleichbaren Umfang die Entwicklung ihrer Kinder. Gleichzeitig hat jeder Elternteil in der kinderfreien Zeit Raum für sich und die eigene berufliche Entfaltung, somit liegen die Möglichkeiten und Verantwortungen in Bezug auf das Geldverdienen auch auf beide paritätisch verteilt. Funktionieren die Wechsel gut und erleben die Kinder die beiden Zuhause als gleichberechtigt, werden Loyalitätskonflikte reduziert. Gelingt es den Eltern, gemeinsam ein Dach über die beiden Zuhause hinweg zu spannen, also trotz der Trennung eine Überschneidung beider Lebensbereiche zu schaffen, wird die Trennung für Kinder enorm erleichtert. Statt zwei isolierten Welten erleben sie eine Gesamtfamilie.

Gute Voraussetzungen für ein erfolgreiches Wechselmodell sind neben der Flexibilität des Kindes sehr gute Organisation, gegenseitige Wertschätzung und Vertrauen, wohlwollendes Verständnis und verlässliche Kooperation sowie gute Kommunikation zwischen den Eltern. Manche Eltern haben sogar Schlüssel für die Wohnung des anderen, falls etwas vergessen wurde, und planen regelmäßige gemeinsame Aktivitäten als Familie sowie Elterntreffen, bei denen alle Fragen rund um die Erziehung der Kinder besprochen werden, damit die Übergaben der Kinder frei von solchen Fragen kurz und entspannt ablaufen dürfen.

Da unklar ist, wie vor allem die Kinder, aber auch die Eltern mit einem Wechselmodell klarkommen, probieren es einige Eltern erst einmal für drei oder sechs Monate aus und besprechen anschließend die gewonnenen Erfahrungen und überlegen gemeinsam, ob das Modell passt oder eben nicht.

Grundsätzliche **Gegner** des Wechselmodells argumentieren, dass jedes Kind ein **eindeutiges Zuhause** benötigt, eine Art Basislager, wo es sich sicher und behütet fühlt, und von wo aus es in die Welt geht. Bei ständigen Wechseln käme es nicht zur Ruhe und fühle sich nirgends zugehörig, was ihm ein Hinwegkommen über die Trennung zusätzlich erschwere. Die ständige Organisation **überfordere** hiernach **Kinder** und mache den **Alltag kompliziert** und belastend.

Da bereits das **Ausprobieren** dieses Modells eine **Belastung** darstellt, sollten Praktikabilität und Alltagstauglichkeit vorher so gut wie möglich geprüft werden. Mütter argumentieren darüber hinaus oft, dass Kinder zur Mutter gehören, insbesondere noch sehr kleine Kinder. Und, dass viele Väter mangels Erfahrung und aufgrund ihrer beruflichen Situation gar nicht dazu in der Lage seien, sich umfassend um Kinder zu kümmern. Das Lebensalter kann bestimmt eine Rolle spielen, wenn man Umgangsmodelle, auch das Wechselmodell in Erwägung zieht, aber auch die Betreuungssituation vor der Trennung, etwas wie die Verantwortlichkeiten und Zeiten verteilt waren, als alle noch unter einem Dach lebten. Brachten sich Väter schon damals umfassend ein und übernahmen ungefähr die Hälfte der Betreuung, dann konnten sie entsprechend Erfahrung sammeln und dies wohl auch beruflich gut möglich machen. Da Kontinuität für Kinder die Folgen der Trennung erleichtert, kann es in solchen Konstellationen sehr sinnvoll sein, die hälftige Betreuung fortzuführen

Uneinigkeit in finanziellen Fragen, insbesondere Betreuungsunterhalt, Kindesunterhalt und die Verteilung von Sonderaufwendungen (z. B. Hortkosten, Privatschule, Klavierunterricht) können das Wechselmodell erschweren. Manche Eltern unterstellen dem anderen Elternteil, dass er einen hälftigen Wechsel nur möchte, um keinen Kindesunterhalt bezahlen zu müssen. Das weit verbreitete Gerücht, bei 50/50-Wechsel entfalle automatisch der Unterhalt, ist nicht zutreffend. Zwar stimmt dies in aller Regel, wenn Eltern ähnliche Einkommensverhältnisse haben, es kann bei großen Einkommensunterschieden aber dennoch Unterhaltsanspruch desjenigen bestehen, der weniger verdient.

Ältere Kinder wollen oft nicht mehr zwischen ihren Eltern pendeln, insbesondere weil Freunde immer wichtiger werden und diese Treffen mit Blick auf die zwei Wohnungen, die noch dazu eventuell nicht sehr nahe liegen, erschwert werden. Dies ist jedoch kein grundlegendes Argument gegen das Wechselmodell, weil Kinder ab einem bestimmten Alter, meistens ab Beginn der Pubertät, sich ohnehin nicht mehr vorschreiben lassen, wo sie wann wohnen, sondern eigene Ideen und Vorschläge einbringen. Daher haben Kinder zu diesem Thema ab 14 Jahren sogar ein gesetzlich garantiertes Anhörungsrecht bei Gericht, → 6. Kapitel.

Wir wollen das Doppelresidenzmodell probieren – wie regeln wir das Finanzielle dabei, z. B. Unterhalt und Kindergeld?

In Deutschland existiert keine gesetzliche Regelung zu diesem Modell! Henriette kann zum Beispiel nur an einem Wohnsitz gemeldet sein, obwohl sie ja faktisch zwei hat. Das Kindergeld wird auch immer unteilbar an eine Person ausgezahlt. Sorgerechtsfragen und Fragen zum Unterhalt berühren dieses Modell nicht – die Familiengerichte ordnen dieses Modell auch nicht an, da sowieso beide Eltern einverstanden sein müssen mit solch einer Regelung und ausreichend gut miteinander kommunizieren müssen. Kleine Notiz am

Rande: In Frankreich und Belgien ist das Doppelresidenzmodell die Lösung, die gesetzlich bestimmt ist und in der Regel angewandt wird.

Alle finanziellen Fragen sind in Deutschland von der Umgangsregelung in diesem Fall völlig losgelöst. Naheliegend ist eine Regelung, sich alle Kosten und das Kindergeld zu teilen und gleichzeitig auf Unterhaltszahlungen zu verzichten. Das ist in der Praxis nicht immer einfach – denken Sie wieder an die Tatsache, dass Mütter in der Regel weniger verdienen (und vorher verdient haben) als die Väter und es ihnen vergleichsweise schwerfallen wird, auf etwaige Unterhaltszahlungen zu verzichten. Wenn Sie Supersupereltern wie Regine und Michael sind, finden Sie auch hierfür eine einvernehmliche Lösung unabhängig von dem jeweiligen Modell, welches Sie praktizieren. Lassen Sie sich sonst zu diesen Fragen in einer Erziehungs- und Familienberatungsstelle, im Jugendamt (→ 7. Kapitel) oder von den Autoren beraten.

Das Doppelresidenzmodell klingt für moderne Menschen so logisch und sollte doch immer der Favorit unter den Umgangsregelungen sein, oder?

Vergessen Sie nicht, dass dieses Modell hohe Ansprüche an Sie als Eltern stellt. Die Hansens haben beide eine gute und feste Beziehung zu ihrer Tochter – Mama und Papa haben in den vergangenen Jahren viel Zeit mit ihrer Tochter verbringen können. Dazu verfügen die Eltern über die Fähigkeit, miteinander zu kommunizieren und sich auszutauschen. Dafür wiederum braucht es die gegenseitige Wertschätzung, so dass beide mit Henriette über den Anderen sprechen können. Damit Henriette nicht in zwei völlig voneinander getrennten Welten lebt (und darunter leidet) braucht sie die Möglichkeit, mit beiden Eltern über den gelebten Alltag sprechen zu dürfen. Das traut sich Henriette nur, wenn sie die klare Erlaubnis beider Eltern dafür hat und wenn sie ihre Eltern gefestigt und klar erlebt. Gefestigte und klare Eltern direkt nach einer Trennung sind jedoch selten – schauen Sie also in sich hinein, was Sie sich zumuten können und wollen.

Der Vater will zwar das Doppelresidenzmodell, doch wird eher seine Mutter auf unsere Kinder aufpassen, weil er arbeiten muss – soll ich das unterstützen?

Sie müssen das Modell nicht total unflexibel halten und auf 50/50 bestehen. Wenn jedoch andere Betreuungspersonen ins Spiel kommen, sollten Sie miteinander vereinbaren, wo sich die Grenzen für diese Betreuung befinden. Vielleicht freut sich Henriette, viel Zeit mit ihrer Oma zu verbringen, hat genügend Zeit mit ihrem Vater und Regine und Michael sind mit dieser Regelung völlig zufrieden. Dann gäbe es keinen Grund, diese Regelung zu verändern. Vergessen Sie dabei nicht – wenn Sie größere Kinder haben –, dass Kinder wie Anton ab einem Alter von 12, 13 Jahren viel weniger gern die Residenz wechseln als ihre jüngeren Geschwister, egal in welche Richtung; vor allem weil die Freunde, die Anton gern jeden Tag sehen möchte, eine immer höhere Bedeutung bekommen, auch wenn Anton seine Großeltern sehr gern hat und sie gern sehen möchte.

Braucht unser Kind unbedingt ein eigenes Zimmer bei mir, wenn es doch bereits ein eigenes Zimmer bei der Mutter hat?

Ihr Kind braucht unbedingt einen Bereich für seine Privatsphäre. Sonst wird es sich bei Ihnen nie richtig zu Hause, sondern wie ein Gast fühlen. Ein eigenes Zimmer für Ihr Kind ab dem frühen Kindergartenalter (1,5–2 Jahre) ist also sehr zu empfehlen.

Wie sieht eine gute Übergabe unseres Kindes von einem zum anderen aus?

So kurz wie möglich, so lang wie nötig. Tauschen Sie sich über die wichtigen Belange Ihres Kindes aus. Michael und Regine verstehen sich so gut, dass in diesem Fall ein kurzes Übergabegespräch in der Küche bei einem Tee oder Kaffee sicherlich gut klappen würde. Doch auch wenn Sie Ihr Kind an der Wohnungstür verabschieden wollen, dann klappt das am besten mit ein paar freundlichen Worten zur Begrüßung – doch ziehen Sie diese Übergabe nicht in die Länge – das könnte irritierend für Ihr Kind sein und auch für Sie selbst! Gerade wenn die Trennung noch nicht lange zurückliegt und Sie mit einem Gefühlshaushalt leben, der bestenfalls als chaotisch bezeichnet werden kann, sollten Sie gut im Blick haben, welches Verhältnis von Nähe und Distanz für Sie wichtig ist. Vermeiden Sie auch unbedingt während der Übergabe, potentiell schwierige Themen anzusprechen (Finanzen, neue Partner…). Diese Tür- und Angel-Gespräche entwickeln oft eine Dynamik, die sie weder wollen noch später gut steuern können, wenn Verletzungen und Enttäuschungen in Ihnen berührt werden. Für diese Gespräche brauchen Sie einen anderen Rahmen – vor allem ohne Anwesenheit Ihrer Kinder.

3. Das Nestmodell

Fallbeispiel

Die Hansens, die Eltern der 3-jährigen Henriette, haben eine Wohnung gekauft, in der sie seit der Geburt ihrer Tochter leben. Die Eltern verstehen sich so gut, dass sie beschließen, die Wohnung zu behalten und abwechselnd mit ihrer Tochter dort zu wohnen: Das Nestmodell.

Beim Nestmodell bleiben die Kinder in der ehemals gemeinsamen Familienwohnung und die Eltern wechseln sich mit der Betreuung und Versorgung der Kinder und dem Wohnen bei den Kindern ab, oft (annähernd) hälftig. Wer gerade „dran" ist, wohnt in der Familienwohnung, der andere in einer (kleineren) Wohnung außerhalb. Nach einer gewissen Zeit erfolgt ein Wechsel, dann zieht der andere Elternteil in dieselbe oder eine andere Wohnung außerhalb und der nun zuständige Elternteil in die ehemals gemeinsame Familienwohnung. Großer **Vorteil** dieser Regelung ist, dass die **Kinder** ihre **gewohnte Umgebung** in der bisherigen gemeinsamen Familienwohnung **behalten**, wo sie fest verwurzelt sind, und die für sie eine **Kontinuität** im Alltag darstellt. Nicht nur die Wohnung an sich, sondern auch die Nachbarschaft, Freunde, der Schulweg, der Stadtteil – alles bleibt vorhanden, sie kehren wie bisher jeden Tag zurück nach Hause und schlafen immer dort, wie vor der Trennung. Ein durch die Trennung etwaig erschüttertes Vertrauensfundament kann hierdurch aufgefangen werden beziehungsweise führt durch ein gelungenes Nestmodell die Trennung vielleicht gar nicht erst zu einem so tiefen Einschnitt für Ihr Kind, wie es bei einem Ortswechsel oder einer neuen Besuchsregelung wäre.

Bei diesem Umgangsmodell ist es notwendig, dass beide Eltern sich gut verstehen, gerne und gut miteinander kommunizieren und ähnliche Ansichten haben, nicht nur in Sachen Kindererziehung, sondern auch bezüglich der Wohnung. Gleichzeitig sehen die Kinder, wie gut ihre Eltern ihnen zuliebe kooperieren, um ihnen das Leben so angenehm wie möglich zu gestalten, was für die Kinder wichtig hinsichtlich eines guten Vertrauens in die Zukunft sein kann.

Nachteil dieser Regelung ist, dass beide Eltern ständig hin und her ziehen und **wenig Raum für Privatleben** bleibt. Die Kinder werden zu „Hausherren" und die Eltern haben gar kein Zuhause mehr. Einige Eltern wählen dieses Modell als **Übergangslösung**, beispielsweise bis geklärt ist, wie der Umgang längerfristig laufen soll oder bis zwei gut geeignete und zugleich bezahlbare Wohnungen in der Nähe gefunden worden sind. Bereits das Halten der bisherigen Familienwohnung und mindestens einer oder gar zwei weiterer kleiner Wohnungen ist kostspielig; häufig teilen sich die Eltern daher auch die Wohnung außerhalb, was noch mehr Kooperation und weniger Privatleben bedeutet, oder sie haben günstigen „Unterschlupf", beispielsweise innerhalb der Familie oder bei neuen Partnern. Förderlich für das Nestmodell ist nicht nur eine wirklich gute und verlässliche Kooperation zwischen den Eltern, sondern auch ähnliche Vorstellungen in Sachen Ordnung, Hygiene und Kühlschrankinhalten, denn die Eltern teilen weiterhin die Wohnung, nur eben nicht zur selben Zeit. Es setzt außerdem voraus, dass beide keinen großen Wert auf ein schönes eigenes Zuhause und ein Privatleben legen. Häufig endet das Nestmodell, wenn ein Elternteil einen neuen Partner findet, der die ständigen Wohnungswechsel nicht mittragen möchte.

Wir geben gern zu, dass dieses Lebensmodell ein recht anspruchsvolles Modell ist. Regine und Michael haben beschlossen, abwechselnd in der Wohnung zu leben, bis sie etwas anderes miteinander absprechen.

Martin T., Frankfurt:
Bei einvernehmlicher Trennung kann ich mir das Nestmodell als gute Lösung vorstellen. Für die Kinder war die Lösung schön, dass sie sich räumlich nicht verändern mussten und sie es durch C. zahlreiche Reisen bereits es gewohnt waren, dass mal ich und mal sie hauptbetreuend da waren.

Was ist der Hauptgrund für eine Lösung dieser Art?

Einer der wichtigsten Gründe, das Nestmodell zu versuchen, ist die Wahrnehmung, dass es für Henriette sehr wichtig ist, erstens im gewohnten Umfeld wohnen zu bleiben und zweitens auch in Kontakt mit ihren Freunden aus der Nachbarschaft und aus der Kita zu bleiben. Die wichtigste Bedingung, damit dieses Modell klappen kann, ist die ausgereifte Kommunikationsfähigkeit von Regine und Michael. Und solche banalen Dinge wie die Sauberkeit des Bades und der Küche sowie die prinzipielle Ordnung in der Wohnung müssen sich im Toleranzbereich beider Eltern befinden. Das Nestmodell fungiert, wie gesagt, häufig als ein Modell des Übergangs, bis sich die Eltern räumlich noch einmal anders trennen können (und wollen). Zwingend für dieses Modell ist die Anmietung mindestens einer weiteren Wohnung, in der die Eltern dann abwechselnd – ohne Henriette – wohnen.

Ist dieses Modell psychisch nicht sehr anstrengend?

Tatsächlich brauchen Regine und Michael ein hohes Maß an Trennungsdisziplin, um die jeweils notwendige innerliche Distanz zueinander behalten zu können. Außerdem könnte es sein, dass es für einen der beiden oder beide zu wenig Privatsphäre gibt. Eine weitere Variante wäre deshalb eine dritte Wohnung – aber diese Variante muss erst einmal finanziert werden und auch das Finden einer Wohnung ist zum Beispiel in einer Stadt wie Berlin oder München inzwischen keine leichte Aufgabe mehr.

Wie soll ich mich organisieren, wenn ich einen neuen Partner habe?

Regine und Michael haben beide neue Partner und leben in der Zeit, in der sie nicht im Nest mit ihrer Tochter leben, bei ihren neuen

Partnern. Diese Variante ist wahrscheinlich finanziell attraktiver als die 3-Wohnungsvariante. Denken Sie jedoch an ihre Privatsphäre! Vielleicht würde es Ihnen guttun, Zeit (und Wohnung) für sich selbst zu haben. Besonders wenn Ihre Trennung noch nicht lange zurückliegt, sollten Sie darüber nachdenken, ob Sie sich sofort wieder mit einer oder mehreren Personen in das Abenteuer Zusammenleben stürzen wollen.

4. Die Familien – WG

> **Fallbeispiel**
>
> Regine Hansen und Michael Hansen, die Eltern der 3-jährigen Henriette, beschließen, in eine größere Wohnung zu ziehen, um dort als Familie aber nicht als Paar zusammen zu leben – sie gründen eine Familien- beziehungsweise Eltern-WG.

Noch enger und kooperativer wird es beim Umgangsmodell der Familien-WG. Hier leben die Eltern, obwohl sie als Paar getrennt sind, weiterhin unter einem Dach und kümmern sich, so wie früher, als die Liebesbeziehung noch intakt war, gemeinsam im Alltag um die Kinder.

> **Daniel R., Berlin:**
> Bei unserer Trennung vor zwei Jahren waren unsere drei Kinder sechs Jahre (Junge), neun Jahre (Mädchen) und 12 Jahre (Junge) alt. Das Wohlergehen der Kinder war meiner Frau und mir mit am wichtigsten. Wir entscheiden uns, den Familienmittelpunkt bestehen zu lassen und fanden uns in einer Eltern-WG wieder. Seit nunmehr zwei Jahren leben wir unverändert in dieser Situation zusammen, nehmen und geben Raum für die persönliche Neuorientierung. Die Eltern-WG erschien uns als folgerichtige Lösung in unserer Situation.

Oft wählen Eltern dieses Modell kurz nach der Trennung, und meist weniger freiwillig, sondern weil sie entweder keine bezahlbare und kindgerechte zweite Wohnung in der Nähe finden, oder weil sie sich nicht einigen können, wer von beiden auszieht und wo die Kinder leben werden. Manchmal wohnt die Familie in einer Eigentumswohnung, in der das gesamte Vermögen steckt und kann und will diese Wohnsituation zunächst nicht ändern. Verstehen sich die Eltern nicht gut, was nach einer frischen Trennung häufig der Fall ist, dann ist diese Situation für alle Beteiligten enorm belastend. Selbst wenn die Kinder noch nicht wissen, dass sich die Eltern getrennt haben, spüren sie die schlechte Stimmung und veränderte Situation und leiden darunter. Manche Eltern verstehen sich aber auch gut und wählen dieses Modell, weil praktische Gründe dafürsprechen, zum Beispiel finanzieller Natur, oder weil beide freiberuflich und sehr flexibel arbeiten und durch das Zusammenleben gemeinsame Betreuung und kurzfristige Absprachen am einfachsten funktionieren. Für die Kinder ist dies dann eine wunderbare Lösung, weil sich im Alltag wenig ändert und beide Eltern wie vor der Trennung ganz selbstverständlich zur Verfügung stehen, ohne umständliche Regelungen. Vorteil dieser Regelung ist, dass zunächst für die Kinder sich räumlich nichts ändert, beide Eltern sind weiterhin in vergleichbarem Umfang verfügbar wie vorher, und zwar unter einem Dach. Die Familie bleibt erhalten, im Alltag und in der Freizeit. Möglicherweise teilen die Eltern Betreuungszeiten auf, dies ist aber deutlich organischer und somit weniger einschneidend möglich, als wenn ein Elternteil auszieht. **Voraussetzung** ist, dass die **Eltern** sich **gut verstehen**, einen eher freundschaftlichen Umgang pflegen und mit sehr wenig eigener Privatsphäre auskommen. Spätestens, wenn neue Partner dazu kommen, stößt diese Lösung erfahrungsgemäß an ihre **Grenzen** und nur wenige Eltern führen auch dann das WG-Modell über einen längeren Zeitraum fort.

Wie soll ich den Kindern erklären, dass wir jetzt zwar weiterhin zusammenleben, jedoch kein Liebespaar mehr sind?

Es hängt natürlich sehr vom Alter der Kinder ab, was wir ihnen erzählen können. Der 5-jährigen Henriette könnte man sagen, dass man kein Liebespaar mehr sei, jedoch befreundet bliebe und sich weiter um sie kümmern wolle. Außerdem könnten Sie sagen, dass sie wollen, dass sich möglichst wenig ändert. Kinder wollen in der Regel die Wahrheit wissen und bestimmt ist zu erwarten, dass Sie mehrmals mit ihnen sprechen sollten. Wenn Kinder wie Henriette mit ihren Freunden in der Kita über die Trennung sprechen und wie sie jetzt leben, dann können Regine und Michael genau erklären, auf welche Art und warum sie so zusammenleben, wie sie es tun.

Was ist, wenn ein neuer Partner da ist?

Manchmal ist es für neue Partner nicht so einfach. Regine und Michael haben beschlossen, dass ihre Familie mit Henriette an erster Stelle steht, neue Partner müssen akzeptieren, dass sie nur Partner sein können, wenn sie Teil dieser Familie werden. Das schränkt die Anzahl potenzieller Partner sicherlich von vornherein ein. Es gibt jedoch kein Gesetz, welches es Ihnen verbietet, ihre Meinung zu Ihrem Lebensmodell zu verändern – und zwar jederzeit. Henriette übrigens findet es toll, wie ihre Eltern alles regeln und kennt auch die neuen Partner ihrer Eltern.

Wer ist wie für die Kinder zuständig?

Regina und Michael haben sich für eine flexible Lösung entschieden. Es gibt keine festen Zuständigkeiten. Beide versuchen, sich jeweils einen Abend in der Woche freizuhalten. Stellen Sie sich jedoch die Sperbers/van Aakens mit ihren vier Kindern in dieser Situation vor: In diesem Fall können wir davon ausgehen, dass genaue Absprachen zur Zuständigkeit für jedes Kind günstig sein könnten, weil natürlich der logistische Aufwand bei vier Kindern enorm ist, noch dazu, wenn die Altersspanne der Kinder so groß ist.

Wir wollen gemeinsam Urlaub machen – ist das nicht irritierend für die Kinder?

Sie können als getrennte Eltern in den gemeinsamen Urlaub fahren, wenn es zwischen Ihnen keine Unklarheiten gibt. Erklären Sie den Kindern, weshalb Sie es schön finden, gemeinsam in den Urlaub zu fahren.

Es ist ja so: Es gibt Paare, die nicht in den Urlaub fahren können, ohne sich zu streiten. Jedes Mal bekommen die Kinder Angst, dass sich ihre Eltern trennen bzw. sie leiden einfach unter den Streitigkeiten. Mit dem Seitenblick auf diese Situation und den Vergleich mildert sich das möglicherweise bei Ihnen vorhandene seltsame Gefühl, als getrenntes Paar den Urlaub in der Elternrolle gemeinsam mit den Kindern zu verbringen, deutlich ab, oder?

Wir verstehen uns so gut – und wenn wir wieder ein Paar werden?

Leben ist eine dynamische Angelegenheit, auch wenn wir manchmal gern die Zeit anhalten wollen, um ewig in einem bestimmten Moment zu verweilen (Trennungsmomente gehören wahrscheinlich nicht dazu). Beziehungen, vor allem Paarbeziehungen, sind häufig recht komplexe Gebilde; einer endgültigen Trennung gehen oftmals Trennungsversuche voraus beziehungsweise Versuche, es doch miteinander zu probieren. Das Leben lässt sich eben nicht in einen Plan pressen, dem wir einfach folgen! Wenn es Ihnen (emotional) möglich ist und Sie ihre Kinder informieren können, dann ist das gut. Denn wie sollen unsere Kinder zu stabilen, gesunden Persönlichkeiten wachsen, wenn wir sie nicht an unserer emotionalen Vielfalt (auch als Achterbahn) teilhaben lassen? Es geht nicht darum, die Kinder mit intimen Details aus dem Beziehungsleben zu belästigen oder die Kinder gar zu Komplizen zu machen, aber die Kinder dürfen und sollen ruhig wissen, wie es Ihnen wirklich geht. Und wenn Sie wieder darüber nachdenken, ob Sie nicht doch ein Paar bleiben wollen, dann sprechen Sie nicht alle halbe Stunde – je nach Stimmung – mit Ihren Kindern darüber, doch wenn dieses Thema ein Dauerthema ist und bleibt: Sprechen Sie mit Ihren Kindern darüber, was sie bewegt. Und haben Sie keine Angst davor, Ihre Kinder zu überfordern: Die Kinder zeigen es Ihnen in der Regel deutlich, wenn es ihnen zu viel mit Ihnen wird. Kleine Kinder wenden sich ab, oder lenken vom Thema ab oder wollen etwas anderes spielen (mit Ihnen); größere Kinder sagen einfach, wenn es ihnen zu viel wird. Und wenn das nicht klappt und dieses leicht irritierende Schweigen mit den Kindern entsteht, wenn Sie über sich sprechen, dann thematisieren Sie dies oder spüren, dass Sie zu einem anderen Zeitpunkt über das Thema sprechen sollten und vertagen das Gespräch.

Eine Variante dieses Umgangsmodells übrigens wäre das Wohnen in zwei separaten Wohnungen im selben Haus, oder zumindest in derselben Straße bzw. in Fußnähe. Diese Lösung gibt beiden Eltern Freiraum und Privatsphäre, die räumliche Nähe wiederum ermöglicht den Kindern ab einem gewissen Alter einen freien Wechsel zwischen den Wohnungen und macht ihnen gerade in der schwierigen Zeit direkt nach der Trennung deutlich, dass beide Eltern erhalten bleiben und ähnlich greifbar sind wie vor der räumlichen Trennung.

5. Das Besuchsmodell

Fallbeispiel

2 Jahre zuvor: Regine Hansen und Michael Hansen sind Eltern der knapp 1-jährigen Henriette. Sie wollen ihrer Tochter nicht zumuten, ständig den Wohnort zu wechseln: Das *Besuchsmodell*.

Das Besuchsmodell wird oft für sehr kleine Kinder praktiziert. Henriette, die hier knapp ein Jahr alt ist, treibt das Durchschnittsalter der Kinder, für die dieses Modell angewendet wird, fast schon nach oben. Dieses Modell eignet sich sehr gut für Neugeborene oder Kinder unter einem Jahr.

Wie kann ich mir die praktische Umsetzung vorstellen?

Michael, also der umgangssuchende Elternteil, kommt hierfür stundenweise in die Wohnung von Regine, um Zeit mit seinem Kind zu verbringen.

Michael K., Hamburg:
Uns war damals sehr wichtig, die Auswirkungen der Trennung auf unser Kind so sehr gering wie möglich zu halten. Mit Hilfe eines Trennungstherapeuten haben wir daher beschlossen, dass ich an 2–3 Tagen in die ehemals gemeinsame Wohnung komme, um Zeit mit dem Kind zu verbringen, gemeinsam zu essen, die Mutter zu entlasten und im Arbeitszimmer zu übernachten, anstatt aus der gewohnten Umgebung zu reißen, um es in Übergangsquartiere mitzunehmen.

Soll Regine in dieser Zeit die Wohnung verlassen?

Nicht zwingend, aber möglicherweise. Wenn sich Regine und Michael darüber verständigen, dass Michael gern allein und ungestört Zeit mit Henriette verbringen möchte, dann kann Regine durchaus in dieser Zeit die Wohnung verlassen und zum Beispiel Einkäufe erledigen. Es hängt auch hier davon ab, was erstens Henriette zulässt, das bedeutet, ob sie es schafft, mit ihrem Vater allein zu bleiben. Und es hängt zweitens wieder von der Beziehungsqualität der Eltern untereinander ab, ob sie beide in der Wohnung bleiben oder nicht.

Mir (Regine) ist es eigentlich zu viel, dass sich Michael mit mir in der Wohnung aufhält.

Es spricht nichts dagegen, dass der Besuchskontakt im Freien stattfindet. Gegen einen Spaziergang ist – bei entsprechendem Wetter – nichts einzuwenden. Umgänge können auch in einem Café oder einem Familienzentrum oder einem ähnlichen Ort stattfinden.

Grundsätzlich für alle Modelle gilt: Schauen Sie, welches Modell gut zu Ihnen und ihrem Kind passt. Und modifizieren Sie ohne Scheu Ihr bevorzugtes Modell, wenn solche Anpassungen nötig sind. Nicht Sie sollen sich an ein Modell anpassen, passen Sie sich das Modell so an, dass es wirklich hilfreich für Ihre Situation ist.

In den letzten Jahren ist eine Entwicklung beim Residenzmodell hin zu mehr Flexibilität zu beobachten, je nach Alter des Kindes und beruflicher Situation beider Eltern. Immer mehr Mütter wollen oder müssen mehr als nur stundenweise arbeiten, Väter sind von Anfang an stärker in die Kinderbetreuung einbezogen und möchten dies auch nach der Trennung entsprechend fortführen. So erhalten Väter zusätzliche Übernachtungen unter der Woche oder längere Wochenenden, beispielsweise von Donnerstag bis Montag. Väter bekommen hierdurch mindestens ein Drittel der Umgangszeit mit dem Kind und auch Alltagsleben. Gleichzeitig erhalten Mütter Entlastung in der Kinderbetreuung und können die frei gewordene Zeit für sich oder ihre berufliche Tätigkeit oder Fortbildung nutzen. Eine Herausforderung kann hier darin bestehen, eine gute Regelung zu finden, die zum Alltag aller Beteiligter passt, und nicht zu viel Unruhe durch zu häufige Wechsel für die Kinder bedeutet. Für viele Eltern hat sich hier eine Zwei-Wochen-Planung bewährt, innerhalb derer bestimmte Tage für den Umgang festgelegt werden.

Sind Sie sich als Eltern einig über die Umgangsregelung, dann haben Sie fast unbegrenzte Freiheit, ein Modell zu finden, welches ideal zu ihrer privaten und beruflichen Situation passt. Solange Sie als Eltern nicht vor Gericht landen und/oder das Kindeswohl erkennbar gefährdet ist, bleibt die Regelung Ihre Privatsache und damit allerdings auch zugleich Vertrauenssache. Deshalb ist es aus unserer Sicht auch so wichtig, sich als Eltern immer wieder neu abzustimmen und die bestehende Regelung kritisch zu hinterfragen. Sollten Sie als Vater bei einem Spaziergang mit Ihrem 12-jährigen Sohn an der Hand (!) feststellen, dass die Variante Besuchsmodell einmal in der Woche, inklusive 2 Stunden Spaziergang um den See auf offene Rebellion Ihres Sohnes stößt, dann haben Sie mit hoher Wahrscheinlichkeit den Zeitpunkt für eine Modifizierung Ihres Umgangsmodells verpasst – bei diesem Beispiel zumindest in Bezug auf Ihren Sohn.

> **Maria R., Berlin:**
> Mein Ex-Mann kam zusätzlich zum Umgang an jedem zweiten Wochenende regelmäßig zu uns und half den Jungs bei den Hausaufgaben; anfangs hatte er sogar noch einen Schlüssel für unsere Wohnung.

Im Folgenden wollen wir uns weiteren wichtigen Aspekten widmen, die für eine geglückte Gestaltung von Umgängen von wesentlicher Bedeutung sind:

6. Das Mitspracherecht des Kindes / Gespräch über Umgang

Kleine Kinder, wie die 1-jährige Henriette, haben in der Regel keine Mitbestimmungsrechte, wenn es um ihren Aufenthalt geht. Je älter die Kinder werden, desto gewichtiger kann ihre Meinung werden. Teenager wie Anton lassen sich meist gar nicht mehr vorschreiben, wo sie zu wohnen haben, sondern wandern entweder frei zwischen den Eltern hin und her oder entscheiden sich für einen Elternteil und besuchen den anderen oder treffen ihn außer Haus.

Es ist prinzipiell wenig sinnvoll, eine Umgangsregelung ohne die Zustimmung der Kinder oder gar gegen deren Willen „durchzuziehen". **Je älter** die Kinder sind, **desto früher und aktiver** sollten sie daher auch in die Umgangsplanung **einbezogen** werden, da diese nur **nachhaltig** ist, wenn sie auch von den Kindern **mitgetragen** wird. →Sonderfälle kindlicher Umgangsverweigerung finden Sie im 5. Kapitel.

Ab Vollendung des **14.** Lebensjahres hat ein Kind auch das **Recht auf Widerspruch** gegen Übertragung der alleinigen elterlichen Sorge auf einen Elternteil und das Kind hat auch das Recht zu bestimmen, bei welchem Elternteil es wohnen möchte und welchen Elternteil es besuchen möchte (oder nicht). Unterstützt wird dies für die Kinder durch ein **eigenes Beschwerderecht** gegenüber sie betreffenden Gerichtsentscheidungen, § 60 FamFG, → 6. Kapitel.

Wir kennen die Ausnahmefälle, meist bei sehr konflikthaften Eltern, in denen Kinder den Umgang mit dem anderen Elternteil verweigern, sehr gut, weil es ja diese Fälle sind, mit denen wir es in unserer Praxis als Umgangsbegleiter auch zu tun haben, neben den Fällen, in denen ein Elternteil den Umgang verweigert. Kinder verweigern Umgangskontakte vor allem dann, wenn sie sich in einem starken Loyalitätskonflikt zwischen ihren Eltern befinden und/oder, bewusst oder unbewusst, vom hauptbetreuenden Elternteil beeinflusst werden. Es können aber auch Gründe in der Person des umgangssuchenden Elternteils vorliegen, die ein Kind davon abhalten, diesen Elternteil sehen zu wollen. Vielleicht gab es schon während des gemeinschaftlichen Zusammenlebens Störungen im Kontakt oder diese Störungen resultieren aus der Trennung. Möglicherweise führte eine lange Umgangspause zu einer Entfremdung zwischen dem Kind und dem umgangssuchenden Elternteil. Aus unserer Praxis können wir berichten, dass wir es häufig mit recht komplexen Situationen zu tun habe, in denen das Zusammenspiel mehrerer Faktoren zu einer problematischen Umgangsgestaltung führt.

7. Einbezug weiterer Bezugspersonen oder Betreuer

Durch die räumliche Trennung und die höheren Kosten und die dadurch geforderte Mehrarbeit entstehen Betreuungslücken, die idealerweise durch weitere Bezugspersonen aufgefangen werden können, wie beispielsweise Großeltern, Paten, Nachbarn, Freunde. Dies bedeutet nicht nur eine Entlastung für die betreuenden Eltern, sondern gewährleistet zugleich die für die Kinder schon mehrfach von uns benannte wichtige Kontinuität in wesentlichen Beziehungen. Regine und Michael können für Henriette darüber nachdenken, zu welchem Zeitpunkt die Großeltern für die Betreuung angefragt werden können. Idealerweise verstehen sich die Großeltern untereinander auch gut, so dass für Henriette vieles so bleiben könnte, wie sie es kennt. Im Übrigen hat Henriette auch einen rechtlichen Anspruch, ihre Großeltern zu sehen und umgekehrt, → 5. Kapitel.

Auch Babysitter und Au-pair können in die Umgangsregelung einbezogen werden, idealerweise einigen sich Eltern hier auf dieselben Personen.

8. Umgang bei großer räumlicher Entfernung

Im Rahmen der zunehmenden Globalisierung sind bi-nationale Paare keine Seltenheit mehr. Zieht nach der Trennung ein Elternteil weg, kann es zukünftig zu großen Entfernungen zwischen dem umgangsberechtigten Elternteil und den Kindern kommen. Auch beruflicher Wegzug oder Zuzug zu neuen Partnern in einer anderen Stadt führen zu solchen großen Distanzen, die für Umgänge überwunden werden müssen. Ein wirkliches Alltagsleben mit dem verzogenen Elternteil wird hier schwierig. Es entstehen hohe Kosten durch Reisen und Aufenthalte vor Ort, was die Regelmäßigkeit der Besuche zusätzlich erschwert.

Dieser Umstand kann etwas kompensiert werden durch eine angepasste Ferienregelung über das übliche Maß hinaus sowie regelmäßige Telefonate oder Kontakte über virtuelle Medien.

a) Skype/Facetime

Skype oder ähnliche online-Kontakte sind eine wunderbare Möglichkeit, für lebhaften Kontakt und direkten Austausch im Alltag, wenn die große räumliche Distanz persönliche Treffen nicht zulässt. Selbst bei noch kleinen Kinder können Beide einfach Zeit miteinander verbringen, das kleine Kind spielt und „taucht immer mal wieder auf", größere Kinder zeigen, welche Bücher sie lesen und was für Filme und Musik sie mögen. Skype ist kostenfrei und fast überall technisch möglich. Je kleiner die Kinder, desto häufigere aber auch kürzere Gespräche können stattfinden. Idealerweise probieren Eltern aus, welche Dauer, welche Häufigkeit und welche Termine gut passen. Je nach Tagesablauf passen manchmal feste Tage und Uhrzeiten besser, unter der Woche früher Abend, und einmal am Wochenende, für manche ist eine spontane Planung sinnvoller. Manchmal möchten Kinder auch gerade nicht „skypen", weil sie spielen oder müde sind oder Besuch von Freunden haben, dann sollte ein Ersatztermin gefunden werden.

Ein italienischer Vater hat uns in diesem Zusammenhang erzählt, dass er sehr gerne kocht und seine Tochter auf Skype dabei zuschaut. Vater und Tochter sprechen dabei miteinander über alles Mögliche und nebenbei – das ist dem Vater sehr wichtig – lernt seine Tochter von ihm italienisch kochen.

b) Telefonate

Hier gilt vergleichbar, dass überlegt werden sollte, ob bestimmte Tage und eine feste Uhrzeit verabredet sollen, oder Zeitfenster oder die spontane, kurzfristige Planung passender ist. Wertvolle Rituale können auf diesem Weg etabliert werden, beispielsweise das tägliche Gute-Nacht-Sagen vor dem Schlafengehen oder Samstagmittag mit Papa über die Woche zu sprechen.

Zusammenfassend wollen wir konstatieren, dass Umgangsregelungen über große Distanzen getrennte Paare nicht selten vor große Herausforderungen stellen. Sie erfordern von beiden Eltern, insbesondere vom umgangssuchenden Elternteil sehr viel mehr Mühe und Aufwand. Die zeitlichen und finanziellen Kosten sind oft erheblich, zum Beispiel die Kosten für die Anreise sowie den Aufenthalt vor Ort. Für Eltern in schwierigen finanziellen Verhältnissen werden diese Kosten teilweise auf Antrag vom Sozialamt übernommen.

In großen Städten gibt es extra günstige und kindgerechte Unterkunftsmöglichkeiten für umgangssuchende Eltern. Denken Sie auch daran, dass Kinder ab einem gewissen Alter bereits alleine verreisen können oder begleitet werden können durch den anderen Elternteil oder andere nahe Bezugspersonen. Aufgrund der großen Herausforderungen gelingt es Eltern bei großer Distanz nicht immer, einvernehmlich eine gute Lösung zu finden. Mangels Aussicht auf Einigung erleben wir es leider immer wieder, dass ein Elternteil mit den gemeinsamen Kindern, ohne den Anderen zu informieren, „verschwindet". Möglicherweise kann es sich rechtlich gesehen dann um eine Kindesentführung handeln, → 5. und 6. Kapitel.

Nachdem wir uns bis hierher ausführlich mit grundlegenden Aspekten von Umgangsregelungen beschäftigt haben, wollen wir nun einen Blick auf die nicht weniger wichtigen besonderen Parameter werfen, die Sie beachten sollten, wenn der Umgang jetzt und auch in Zukunft klappen soll.

9. Sonderregelungen

Steht die Grundregelung für den Alltag fest, haben Sie als Eltern bereits einen großen Schritt in Richtung funktionierendes Gerüst für das zukünftige Familienleben geschafft. Nun gilt es noch zu besprechen, wie die Umgangskontakte stattfinden sollen, wenn **kein Alltag** gegeben ist, also vor allem an Feiertagen und Ferien sowie bei besonderen Gelegenheiten wie Einschulung, Familienfeiern und Geburtstagen. Auch hier sind **individuelle Regelungen** sinnvoll, weil Feierlichkeiten und Urlaube für jeden unterschiedliche Bedeutung haben.

Weihnachten ist oft beiden Eltern wichtig und hier sollte eine faire Lösung gefunden werden, entweder durch Aufteilung der drei Weihnachtstage oder jährlichen Wechsel oder eine Kombination von beiden. Silvester beispielsweise mag ein Elternteil oft besonders gern mit dem Kind verbringen, der andere lieber mit Freunden ausgehen oder sich im Bett verkriechen. Einem Elternteil sind wegen gemeinsamer Ski-Urlaube die Winterferien besonders wichtig, der andere hat in seiner Herkunftsfamilie die Tradition, Ostern gemeinsam an der Ostsee zu verbringen. Dem kann Rechnung getragen werden, wenn Eltern einvernehmlich und eigenverantwortlich eine Regelung finden. Geburtstage der Kinder sind beiden Eltern in aller Regel wichtig und sie wollen eine Möglichkeit haben, an diesem Tag das Kind zu sehen, unabhängig davon, wo es sich „umgangsmäßig" gerade befindet. Manchen Eltern gelingt es, Geburtstage gemeinsam zu verbringen, andere verteilen die Tage stundenweise oder feiern am Wochenende nach, auch mit Großeltern und Freunden. Eine Urlaubsplanung sollte frühzeitig und verlässlich fürs ganze Jahr erfolgen, so dass Urlaub beantragt und gebucht werden kann. Schön kann es für alle Beteiligte sein, wenn besondere Anlässe wie Einschulung und Konfirmation gemeinsam gefeiert werden können. Sollte das für einen Elternteil aufgrund der Trennungsgeschichte (noch) nicht möglich sein, dann kann eine Einigung schwer sein, und eventuell verzichtet ein Elternteil auf seine Anwesenheit, was vom Kind in der Regel bedauert wird. Der Verzicht kann aber die sinnvollere Alternative sein, wenn ansonsten zu befürchten ist, dass es vor dem Kind an seinem wichtigen Tag zu Streitereien kommt. Familienfeiern in den Ursprungsfamilien, also beispielsweise Goldene Hochzeit der Großeltern oder 90. Geburtstag der Großtante kann von dem Elternteil begleitet werden, um dessen Familie es sich handelt.

a) Feiertage

Gerade im Jahr der Trennung sind die ersten wichtigen Feiertage, vor allem Weihnachten, sowie Kindergeburtstage und Familienfeste, für alle Beteiligten eine große Herausforderung und hohe emotionale Belastung und lassen zugleich erahnen, wie es zukünftig als Familie weitergehen kann. Eine gute Standardlösung gibt es nicht, vielmehr sollten zum einen die Traditionen innerhalb der Familie, auch mit anderen Bezugspersonen, betrachtet werden, aber auch die Praktikabilität und das Verhältnis zwischen den Eltern. Gemeinsam verbrachte Feiertage sind eine gute Lösung, wenn alle Beteiligten dies gut hinbekommen. Wenn zwischen den Eltern spürbare Spannung, oder gar Streits und Tränen zu erwarten sind sollten sie andere Lösungen bevorzugen.

b) Weihnachten/Ostern

Mehrtägige Feiertage wie insbesondere Weihnachten und Ostern, werden in vielen Familien aufgeteilt, entweder nach der (nicht gerechten) Faustregel, dass der hauptbetreuende Elternteil immer Heiligabend „bekommt" und der umgangssuchende Elternteil dann ab dem ersten Weihnachtsfeiertag übernimmt, oder im jährlichen Wechsel. Ostern bietet vier Feiertage, wenn man ab Karfreitag bis Ostermontag rechnet, die meisten feiern jedoch, nach der christlichen Idee, erst ab Ostersonntag. Auch hier ist ein jährlicher Wechsel denkbar oder eine Lösung über die Ferienregelung, insbesondere, wenn es hier Traditionen gibt, beispielsweise jedes Jahr in den Osterferien zwei Wochen Skifahren zu gehen oder die Großeltern zu besuchen oder ein Haus an der Ostsee zu mieten. Jährliche Wechsel können auch, falls das zur Familie passt, zwischen Ostern und Weihnachten insgesamt erfolgen, dann werden die Feiertage nicht getrennt. Für manche Eltern ist es aber sehr schwer, ihre Kinder Weihnachten überhaupt nicht zu sehen. Auch hier ist die individuelle Situation genau zu betrachten, die Bedeutung der Feiertage für die Familie, aber auch für den einzelnen Elternteil und die Prägung durch Traditionen und Werte der eigenen Herkunftsfamilie. Je nach Religion können auch andere Feiertage eine Rolle spielen, möglicherweise nur bei einem Elternteil, worauf bei der Regelung dann Rücksicht genommen werden sollte.

c) Kindergeburtstage

Auch hier kann zusammen gefeiert werden, wenn dies für alle Beteiligten angenehm ist und von einem friedvollen und leichten Miteinander ausgegangen wird. Sonst sollte eine Aufteilung erfolgen. Im Sinne der Fairness sollten Sie beachten, dass die gültige Umgangsregelung nicht einfach ohne Modifizierung weiterläuft, weil dann ein Elternteil möglicherweise über Jahre sein Kind an seinem Geburtstag gar nicht sehen würde. Fügen Sie in solch einem Fall am besten eine Besuchsregelung ein, oder teilen den Tag stundenweise auf. Oder Sie feiern den Geburtstag an einem anderen Tag nach, beispielsweise am folgenden Wochenende.

Viele Eltern wechseln die Geburtstage der Kinder unabhängig vom Umgang jährlich ab und gewähren dazu dem anderen Elternteil einige Stunden an dem Geburtstagstag mit dem Kind. Ältere Kinder, die bereits eigene Feiern planen und denen der Einbezug von Freunden wichtig ist, sollten natürlich in die Planung einbezogen werden.

d) Geburtstage der Eltern

Auch an ihren eigenen Geburtstagen möchten Eltern gerne Zeit mit ihren Kindern verbringen. Hier ist ebenfalls eine stundenweise Besuchsregelung denkbar oder ein jährlicher Wechsel; manche lassen auch die Umgangsregelung einfach weiterlaufen und feiern dann mit ihren Kindern nach.

e) Ferien

Urlaub kann eine wichtige Gelegenheit für einen Umgangsberechtigten sein, die emotionale Bindung über einen längeren Zeitraum hinweg durch schöne gemeinsame Erlebnisse zu festigen und eine besonders intensive Zeit zu erleben. Durch die ausgedehnte Auszeit entspannen alle Beteiligten und können „Qualitätszeit" miteinander verbringen, leichter und besser als im oft durchstrukturierten Alltag. Insbesondere für den umgangssuchenden Elternteil haben Urlaube einen sehr hohen Stellenwert, da er längere und intensivere Zeit am Stück mit dem Kind verbringen kann. Umgekehrt ist sie auch für den hauptbetreuenden Elternteil in zweierlei Hinsicht wichtig: Der Alltagsstress wird erstens unterbrochen durch ruhige und entspannte Momente als Familie und zweitens kann der hauptbetreuende Elternteil Zeit für sich nutzen, während das Kind mit dem anderen Elternteil im Urlaub ist.

Sollte der Alltag keine für den Umgangssuchenden völlig befriedigende Regelung ermöglichen, mit dem Kind lange und eng in Kontakt zu sein, beispielsweise wegen hoher Entfernung oder großer Arbeitsbelastung oder kinderunfreundlicher Arbeitszeiten, dann dient der Urlaub als wichtige Kompensation für die Beziehungspflege. Dann sollten Sie überlegen, ob dem umgangssuchenden Elternteil anteilig mehr Urlaubszeit mit dem Kind gewährt werden sollte. Auch hier sind Familientraditionen, aber auch andere Bezugspersonen sowie die Bedürfnisse des Kindes zu berücksichtigen. Die jährliche Woche Sommerferien bei den Großeltern zum Beispiel sollte gerade in Zeiten der Trennung beibehalten werden, da sie Stabilität signalisiert. Aber auch das Fußball-Trainingslager oder die Reitferien sollten nicht ohne Not „gekürzt" werden, auch wenn dadurch weniger Zeit für die Eltern bleibt.

Als Faustregel lässt sich sagen, dass je kleiner die Kinder, desto kürzer die Urlaubszeit sein sollte. Bei Säuglingen sind oft wenige Tage angemessen, bei größeren Kindern funktionieren meist auch drei Wochen oder gar länger. Bei sehr großen Distanzen kann es sinnvoll sein, dass der hauptbetreuende Elternteil mitreist, vor Ort selbst Urlaub macht und die Kinder nach der Umgangszeit wieder übernimmt. Geregelt werden sollte, ob und wie bei längeren Urlauben der Kontakt zum anderen Elternteil beibehalten werden soll, beispielsweise durch Telefonate oder das Senden von Fotos, um den Kindern aber auch dem anderen Elternteil die Trennung so leicht wie möglich zu machen.

Idealerweise planen Eltern die Verteilung der Ferienzeiten frühzeitig, so dass beim Arbeitgeber Urlaube eingereicht und Reisen gebucht werden können. Hierbei können Vorlieben und Tradition berücksichtigt und Ferientage miteinander verrechnet werden, so dass im Gesamtblick auf das Jahr eine für alle faire Verteilung herauskommt. Kita- und Hortschließzeiten sollten auch eingeplant werden, um Betreuungslücken frühzeitig zu erkennen und Lösungen finden zu können.

10. Notfallregelung/Umgangsausfall

Darüber hinaus brauchen Sie als Eltern eine verlässliche Idee, was unternommen werden soll, wenn die besprochene **Regelung nicht eingehalten** werden kann, entweder weil ein Kind zusätzlich betreut werden muss, weil es krank ist und nicht in Schule, Kita oder Hort gehen kann. Das gilt auch für den Fall, wenn der betreuende Elternteil ausfällt, weil er selbst erkrankt ist oder beruflich dringend gebraucht wird. Und Sie sollten überlegen, ob in solchen Fällen eine nachträgliche Kompensation stattfindet, also entweder eine „Einzahlung" auf das Betreuungskonto oder eine „Einzahlung" auf das Umgangskonto – also eine Art Minus – beziehungsweise Plusstundenregelung, so dass Sie die entsprechenden Stunden regelmäßig wieder ausgleichen. So wie ein guter Arbeitgeber dies mit seinen Angestellten organisiert.

Sollte ein Kind erkranken, ist normalerweise derjenige zuständig, in dessen Umgangszeit die Erkrankung fällt, auch wenn das Kind eigentlich in der Kita oder Schule wäre. An Übergabetagen kann der virtuelle Wechsel um die Mittagszeit erfolgen oder mit Übergabe an die Fremdbetreuung. Eine Grundregelung sollte getroffen werden, was im Falle der eigenen Verhinderung des zuständigen Elternteils, entweder weil der Notfall ungünstig liegt oder er bei geplantem Umgang selbst krank oder beruflich verhindert ist, als nächstes unternommen werden soll. Entweder kümmert sich derjenige, in dessen Zuständigkeit das Kind zu dem Zeitpunkt fällt um eine anderweitige Betreuung oder er fragt zuerst den anderen Elternteil, ob dieser Zeit hat.

Diese Aspekte müssen in Bezug auf die Notfallregelung noch besprochen werden:

Für denjenigen Elternteil, der einspringt, können finanzielle Einbußen entstehen, beispielsweise Verdienstausfall oder zusätzliche Kosten; ebenso für etwaige Babysitter, wenn nur Fremdbetreuung möglich ist. Geht man außerdem davon aus, dass beide Eltern eine Art Konto haben, auf dem Umgangsstunden gespeichert werden, dann entstehen durch Notfallregelungen Umschichtungen, zum einen für denjenigen, der übernimmt und damit weitere Zeit anbietet, möglicherweise in einem vielleicht gar nicht so günstigen Moment. Sollte ihm dies beim Umgang abgezogen werden? Oder hat er umgekehrt ein Guthaben gegenüber dem anderen auf Übernahme im Notfall, wenn es bei ihm nicht passt?

Auf der anderen Seite stellt sich die Frage, ob der Umgang des verhinderten Elternteils verfällt oder gutgeschrieben wird. Hierfür empfehlen wir Eltern eine **grundlegende Verständigung**.

11. Wegzug

Haben die Eltern eine gute Umgangsregelung gefunden, die im Alltag praktikabel ist und für alle Beteiligten somit gut funktioniert, dann kehrt in aller Regel Ruhe ein und die Familie gewöhnt sich allmählich an die neue Lebenssituation. Nach erstem Erfahrungsaustausch kommt es oft zu Anpassungen, aber in aller Regel werden einmal getroffene und gut funktionierende Regelungen solange weitergeführt, wie es altersgemäß für die Kinder und zu den Lebensumständen der Eltern passt. Umso schockierender kann es dann sein, wenn eine weitreichende Veränderung eine Neuregelung notwendig macht: Eine berufliche Neuorientierung oder ein Wegzug in eine andere Stadt, oder schon einen anderen Stadtteil, oder noch gravierender: In ein anderes Land. Dies stellt eine große Herausforderung für die Familie da und kann selbst bei kooperativen und freundschaftlich gesinnten Eltern zu Konflikten führen, weil Verlustängste aktiviert werden und Unverständnis entsteht. Berufliche Mobilität und Globalisierung führen immer häufiger dazu, dass Menschen für Jobs oder aus persönlichen Gründen (neuer Partner) den Wohnort oder gar das Land wechseln. Insbesondere für den zurück gelassenen Elternteil bedeutet dies eine schwierige Situation, sie fühlen sich der Veränderung hilflos ausgesetzt und sind besorgt, den guten und regelmäßigen Kontakt zum Kind zu verlieren, unter Umständen sogar an einen neuen Partner des anderen Elternteils, und nicht mehr eine so zentrale Rolle im Leben ihrer Kinder zu spielen. Einfach so kann kein Elternteil mit dem Kind wegziehen. Unabhängig vom Sorgerecht genügt hier schon ein Umgangsrecht, damit der andere Elternteil dem Wegzug widersprechen kann. Er kann geltend machen, dass ihm durch die neue räumliche Distanz der Umgang erschwert oder fast unmöglich gemacht wird. Können sich die Eltern nicht einigen, dann landet die Angelegenheit vor dem Familiengericht und das →Aufenthaltsbestimmungsrecht ABR, 6. Kapitel wird auf ein Elternteil übertragen, entweder den wegziehenden oder den bleibenden, und das Kind lebt dann überwiegend bei dem Elternteil, der das ABR hat. Wie Gerichte hier entscheiden, ist schwer vorhersehbar und das Verfahren stellt für alle Beteiligten, insbesondere auch die Kinder (die meistens angehört werden), eine enorme Belastung dar.

12. Kosten für den Umgang

Wohnen die Eltern in derselben Stadt oder gar im selben Stadtteil, sind die Kosten für den Umgang überschaubar. Ganz anders sieht es aus, wenn Ländergrenzen oder Kontinente zu überwinden sind, hier entstehen schnell hohe Reisekosten sowie Kosten für Hotels/Ferienwohnungen im Wohnort des Kindes. Das Gesetz sieht vor, dass der umgangssuchende Elternteil diese Kosten zu tragen hat. Ausnahmen sind denkbar, wenn wegen großer Entfernung außerordentlich hohe Kosten entstehen und dadurch dem Elternteil der Umgang enorm erschwert oder gar unmöglich gemacht wird, insbesondere, wenn der hauptbetreuende Elternteil die Entfernung durch Wegzug verursacht hat. Hier erfolgt eine Abwägung in Sachen Zumutbarkeit des Aufwandes. Steuerlich können die Kosten nicht geltend gemacht werden, wohl aber im Rahmen der Berechnung des Einkommens für den Kindesunterhalt sowie Betreuungsunterhalt. Empfänger von ALG II können außerdem eine finanzielle Unterstützung beantragen.

Da der Umgang meist auch im Interesse des hauptbetreuenden Elternteils ist, beteiligen sich einige Elternteile an den Kosten oder – je nachdem wie gut die Eltern sich verstehen – ermöglichen dem umgangssuchen Elternteil Übernachtungen.

13. Übergaben

Viele Expaare vereinbaren als Übergabeort zum Umgang die Kita oder Schule. Auf diese Weise werden persönliche Kontakte zwischen den Eltern vermieden, was Vorteil und Nachteil sein kann. Insbesondere kurz nach der Trennung, bei frischen Verletzungen kann solch eine Regelung sehr entlastend wirken. Nachteilig ist einmal, dass das Kind etwaiges Gepäck für die Tage beim anderen Elternteil dann bei sich hat beziehungsweise dies in Kita oder Schule zwischengelagert wird. Nachteilig ist vor allem, dass wichtige Informationen über das Kind auf alternativen Wegen übermittelt werden müssen.

Persönliche Übergaben wiederum sind äußerst **sensible** Momente. Diskussionen, Szenen, Abwertungen oder Streits sind zu vermeiden, ebenso ein wortloses „Abstellen" des Kindes vor der Türe. Oft glauben Kinder, dass es Mama schwerfällt, sie zu Papa gehen zu lassen, dass Mama dann einsam sein und leiden wird, und damit verknüpfen die Kinder (unbewusst), dass sie bei Papa keine schöne Zeit haben dürfen. Zahlreiche Untersuchungen belegen, dass Loyalitätskonflikte für Kinder sehr belastend sind. Loyalitätskonflikte Ihres Kindes erkennen Sie unter anderem daran, dass Ihr Kind Ihnen nach der Rückkehr vom Vater nichts erzählt und nichts erzählen will. Das Kind versucht, beide Lebenswelten strikt zu trennen, weil es glaubt, dass sie nicht parallel existieren können, ohne dass es selbst in emotionale Schwierigkeiten zwischen seinen Eltern kommt.

Bei persönlichen Übergaben kann es dem Kind für den Übergang von der „Papawelt" in die „Mamawelt" oder umgekehrt ebenfalls helfen, wenn morgens oder spätestens auf dem Weg dorthin, je nach Alter und Zeitempfinden des Kindes, besprochen wird, dass der Wechsel zum anderen Elternteil anstehe, dieser sich bereits freue und das Kind dort bestimmt eine schöne Zeit haben wird. Papa könnte sagen: „Mama will mit Dir eine Pizza essen gehen." Mama könnte sagen: „Papa will mit Dir an die Ostsee fahren." Ergänzen könnten Sie als Eltern Ihrem Kind noch sagen, dass es in ein paar Tagen den anderen Elternteil wiedersehen wird.

Bei den persönlichen Übergaben hat es sich bewährt, einige Grundsätze zu beachten:

Der ehemalige Partner sollte zumindest kurz **freundlich** begrüßt werden, es sollte erkennbar sein, dass für Papa der Wechsel zu Mama in Ordnung ist und das Kind bei Mama eine schöne Zeit haben darf. Ein kurzer **Informationsaustausch** zu aktuellen und unstreitigen Themen sollte stattfinden, beispielsweise, dass das Kind heute nicht zu Mittag geschlafen hat, noch Hunger hat, etwas erkältet ist und ähnliches. Längere Diskussionen oder gar Streit sollten vermieden werden, da die Übergabe sich auf den Abschied und die Begrüßung konzentrieren sollte, bei Gesprächsbedarf darüber hinaus sollten Sie hierfür ein Treffen oder Telefonat ohne Kind arrangieren. Sollte aufgrund der Trennung und den damit einhergehenden Verletzung ein Treffen für mindestens einen der Beteiligten nicht aushaltbar sein, dann sollten Übergaben entweder über Kita/Schule oder mithilfe von Freunden/Verwandten oder Babysittern organisiert werden. Es ist menschlich verständlich und gar keine Schande, eine Übergabe zu einem bestimmten Augenblick nicht gut meistern zu können. Kinder spüren die Stimmung zwischen den Eltern und merken, ob diese, trotz allem was passiert sein mag, weiterhin gemeinsam ihre Elternverantwortung wahrnehmen können. Und es gibt Kindern Sicherheit, wenn die Übergaben gut klappen und die Eltern freundlich miteinander umgehen, positiv übereinander und die Zeit beim anderen Elternteil sprechen. Ein deutliches Anzeichen dafür, dass Eltern ihre neue Elternschaft gut meistern, sehen Sie darin, wenn Ihr Kind von sich aus erzählt, was es beim anderen Elternteil erlebt hat. Denn in diesem Fall glaubt ein Kind nicht, sich zwischen zwei getrennten Welten aufzuhalten, die durch eigene Erzählungen nicht verbunden werden dürfen. Für Kinder sind die „Weltenwechsel" an sich schon oft belastend, daher sollten die Eltern das Kind ermutigen und so gut wie möglich dabei unterstützen. Persönliche Übergaben und Rückübergaben sollten auch **pünktlich** und **zuverlässig** stattfinden, denn dies stärkt nicht nur das Vertrauen auf Kooperation zwischen den Eltern und entspannt die Übergabesituation, sondern gibt dem Kind diese elementar wichtigen Gefühle von Sicherheit und Geborgenheit.

Nina L., München:
Bei der Trennung meiner Eltern war ich sechs Jahre alt. Meine Eltern wollten damals, dass ich ab und zu Wochenenden bei meinem Vater verbringe; er war 250 km weit weggezogen. Ich hatte Angst davor, alleine Zug zu fahren und meine Mutter wollte meinen Vater nicht sehen. So fanden oft „Übergaben" auf dem Autobahnparkplatz auf halber Strecke statt.

Susanne G., Köln:
In meinem letzten Semester vor meinem Abschluss an der Uni schrieb ich neben meiner Teilzeitbeschäftigung an meiner Masterarbeit und musste nicht mehr zu Uni-Veranstaltungen anwesend sein. So konnte ich einen Werktag mehr mit meinem Kind verbringen und einen meiner Wochenend-Tage an den Vater abgeben. Die Übergabe an ihn zurück findet statt, indem er ihn am Donnerstagnachmittag von der Kita abholt. Wenn mein Exmann größere Aufträge hat, übernehme ich für mehrere Wochen auch wieder den Samstag, unser Übergabefrühstück findet dann schon am Samstagmorgen statt, nachdem unser Sohn seit

Donnerstagnachmittag bei ihm war. Weil unser Sohn in diesen Phasen seinen Vater manchmal mehr vermisst, treffen wir uns in manchen Wochen einmal zwischendurch zu einem Abendessen zu dritt.

14. Organisatorisches/Kommunikation/Informations-austausch

Eine gute Umgangsregelung steht und fällt mit der Kommunikation und Kooperation der Eltern. Selbst im Rahmen des Regelumgangs ist entscheidend, dass wichtige Informationen zwischen den Eltern ausgetauscht werden, beispielsweise zum Gesundheitszustand des Kindes sowie zu Fragen im Rahmen der Kita oder Schule. Wie oben beschrieben, sollte der sensible Moment der Übergabe vom einen Elternteil zum anderen nicht unbedingt für Diskussionen genutzt werden, kurze Informationen (Kind hat Schnupfen, heute keinen Mittagschlaf gehalten, noch nichts gegessen) sind dagegen sinnvoll. Sehen sich die Eltern nicht zu den Übergaben, haben sich andere Kommunikationswege bewährt, entweder Email oder SMS oder, auch zusätzlich durch die sogenannte „Ranzenpost". In der „Ranzenpost" stehen dann Infos oder befinden sich wichtige Unterlagen (BVG-Karte, Schülerausweis, Gesundheitskarte). Eine weitere Möglichkeit sind Umgangstagebücher, in denen geschrieben steht, was in den letzten Tagen erzählenswertes passiert ist und beispielsweise, ob in der Kita oder Schule Termine anstehen oder das Kind erkältet ist, Kummer hat oder schlecht geschlafen hat.

Idealerweise verabreden sich Eltern mindestens **einmal** die **Woche** zu einem **persönlichen Gespräch** oder Telefonat, in dem sie sich über die Kinder austauschen, Eindrücke schildern und Informationen übermitteln sowie organisatorische Dinge (Geburtstag der Großmutter, Kita-Reise, Elternabend) klären. Kinder sollten wissen, dass ihre Eltern sich regelmäßig austauschen, damit sie sich geborgen wissen und sehen, dass beide zu ihren Gunsten kooperieren. Außerdem beugen Eltern auf diese Weise vor, dass ihre Kinder sie gegeneinander ausspielen – was Kinder in einem bestimmten Alter durchaus gern als spannendes Spiel ansehen, während uns Eltern dabei graue Haare wachsen…

Wichtige Termine – wie beispielsweise Entwicklungsgespräche in der Kita oder der Elternsprechtag in der Schule – sollten, falls möglich, gemeinsam wahrgenommen werden. Dies signalisiert dem anderen Partner aber auch den Kindern, Rückhalt und Kooperation, trotz etwaiger schwieriger privater Themen. Unabhängig vom Sorgerecht sollten beide Eltern bei Interesse einbezogen werden, und falls nur Papa zum Termin gegen kann und will, sollte Mama über die Inhalte anschließend informiert werden.

15. Kontakt zum anderen Elternteil während des Umgangs

Je nach Alter des Kindes kann es gut und wichtig sein, während des Umganges bei Mama, weiter Kontakt zu Papa zu halten, beispielsweise durch Telefonate. Viele Eltern testen, was hier gut funktioniert, manche Kinder fangen dann erst an, den anderen Elternteil zu vermissen und wollen zu ihm, andere mögen es, einmal täglich kurz zu reden und dem anderen Elternteil tut es vielleicht auch gut. Manche Eltern schicken dem anderen Elternteil auch Fotos von Urlauben, um ihn einzubeziehen und ein gutes Gefühl zu geben und zu zeigen, dass alles in Ordnung ist.

16. Neue Partner/Patchwork-Familien

Kommen neue Partner sowie Halb- oder Stief-Geschwister ins Spiel, erweitert sich der Kreis der Bezugspersonen und meist auch der organisatorische Aufwand, da noch mehr Personen und deren Termine und Befindlichkeiten unter das große Dach einer gesamtfamiliären Regelung gebracht werden müssen. Für Kinder sind mehr als zwei Hauptbezugspersonen, je nach Alter, unproblematisch, **zu viele** Personen können zu **Überforderung** führen, insbesondere, wenn **häufigere Wechsel** stattfinden, beispielsweise durch verschiedene, kürzere Partnerschaften. Terminkalender werden immer voller, verschiedene Umgangsmodelle (→ 4. Kapitel) müssen unter einen Hut gebracht werden und die Alltage werden noch voller und komplizierter. Mit zunehmenden Alter können Kinder mit mehr Bezugspersonen gut zurechtkommen, gleichzeitig werden Freunde wichtiger und möchten auch Raum im Alltag und den Ferien haben. Elternpaare, die sich nach der Trennung gut verstanden haben, geraten bisweilen in Krisen, wenn der Andere einen neuen Partner findet, umgekehrt verbessert sich oft die Stimmung, wenn der „verlassene" Elternteil sich neu verliebt und die verletzende Vergangenheit besser hinter sich lassen kann. War der neue Partner ein Mitgrund für die Trennung, kann es für den verlassenen Elternteil sehr schwer sein, Umgang seines Kindes mit diesem Partner zuzulassen. Eifersucht, Missgunst und die Sorge, als Elternteil ersetzt zu werden, also den Stellenwert als Vater oder Mutter zu verlieren, mischen sich hier zu einer großen emotionalen Belastung und einem potentiell explosiven Gemisch! Zusammenziehen, Heirat, neue Kinder, all diese Schritte können für den ehemaligen Partner schwierig sein, wenn das Ende der Beziehung noch nicht überwunden wurde. Kontaktverbote mit dem neuen Partner sind menschlich verständlich, aber in der Wirklichkeit meist nicht durchhaltbar, vor allem, wenn die neuen Partner zusammenziehen und eine eigene Familie gründen. Verständlich und möglich ist der Wunsch, den anderen Elternteil zu bitten, mit dem Kennenlernen des neuen Partners und dem Kind zu **warten**, bis die neue Beziehung **stabil** erscheint. Verständlich ist auch der Wunsch, den neuen Partner des Expartners selbst treffen zu wollen, bevor dieser Zeit mit dem Kind verbringt.

17. Wichtige andere Bezugspersonen

Für das Leben kleiner Kinder sind die Eltern idealerweise die zentralen Fixpunkte, es kann aber noch andere Menschen geben, die eine sehr wichtige Rolle einnehmen. Und im Falle einer Trennung als sicherheitsgebende Konstante hilfreich sein können. Das Gesetz sieht ausdrücklich ein Umgangsrecht für Großeltern vor (§ 1685 Abs. 1 BGB), wenn es dem Kindeswohl dient. Zu den anderen wichtigen Bezugspersonen zählen auch Paten, Freunde, ehemalige Partner. Außerdem wichtige Ansprechpartner, gerade in Zeiten des Umbruchs, können auch Babysitter, Au-pair oder Gitarrenlehrer und Fußballtrainer sein. Entscheidend ist ein intensiver und regelmäßiger Kontakt, der eine stabile und sichere Bindung bewirkt hat, die unbedingt **beibehalten** werden sollte, als fester und verlässlicher Bezugspunkt in Zeiten der Trennung und Neuorientierung als Familie. Dritte Personen, die in die Auflösung der Beziehung der Eltern nicht direkt involviert sind, können **ausgleichende** und **stabilisierende** Aufgaben übernehmen, sie haben oft **mehr Kraft** und **Zeit** und **Aufmerksamkeit** als die Eltern, die gerade mit ihrer eigenen Umbruchsituation belastet sind. Daher ist es ganz besonders wichtig, dass Verwandte und Freunde nicht in eine Art Frontenkrieg verwickelt werden, damit diese ein unbelastetes Verhältnis mit dem anderen Elternteil pflegen und somit beispielsweise Übergaben oder auch gemeinsame Unternehmungen **begleiten** können. Großeltern werden ausdrücklich genannt, da sie in den Familien eine sehr wichtige Rolle spielen können. Sie sind häufig noch sehr aktiv und gleichzeitig gelassener als die Eltern, da sie eigene Erfahrung mit Kindern haben und gleichzeitig keinen Erziehungsauftrag haben. Sie können sich Zeit für die Kinder nehmen, diesen Aufmerksamkeit und Geborgenheit schenken, ein vertrautes Umfeld gewährleisten und die Kinder in diesen Zeiten der Trennung auch einmal verwöhnen.

Ehemalige Partner haben ein Umgangsrecht, wenn eine wechselseitig sozial-familiäre Bindung da ist und der Umgang das Kindeswohl fördert. Die enge Bindung ist anzunehmen, wenn der ehemalige Partner und das Kind eine gewisse Zeit in einem gemeinsamen Haushalt gewohnt haben und durch die eng miteinander verbrachte Zeit eine tiefe Bindung entstanden ist. Das Kindeswohl ist durch den Umgang nicht bereits beeinträchtigt, weil der ehemalige Partner und der Elternteil sich nicht mehr verstehen. Es kann aber sein, dass durch Einbindung in eine neue (Patchwork-) Familie das Kind schon zahlreiche Bezugspersonen hat und weitere Personen zu einer Überforderung führen könnten. Dies sollte umfassend im Einzelfall geprüft werden. Zu viele Umgangsberechtigte überfordern ein Kind und der Einbezug eines ehemaligen Partners kann das Einleben in eine neue Familiensituation erschweren. Hier sind die Bedürfnisse im Einzelfall gegeneinander abzuwägen und hier stehen Kontinuität und Geborgenheit für das Kind möglicherweise im Widerspruch Bedürfnissen und Rechten der Erwachsenen. In diesem Fall erinnern wir uns an die Devise: Das Wohl des Kindes steht immer an erster Stelle! Erst danach werden die Bedürfnisse und Rechte der Erwachsenen relevant.

Geschwister, Halbgeschwister und Stiefgeschwister haben ebenfalls ein gesetzlich festgelegtes Umgangsrecht, da von einer Bindung durch regelmäßigen Kontakt ausgegangen wird, einfach durch das Zusammenleben in einem Haushalt, unabhängig vom Verwandtschaftsverhältnis. Die enge Beziehung zu Geschwistern kann für Kinder die Trennungssituation vereinfachen, weil sie gegenseitigen Trost und Unterstützung bedeutet, soweit die Kinder zusammen oder mindestens in engem Kontakt bleiben. Bei der Ausgestaltung des Umgangs sind auch hier die Einzelheiten zu betrachten. Ältere, bereits ausgezogene Geschwister sollten ein eigenes Umgangsrecht erhalten und direkte Kommunikationsmöglichkeiten miteinander. Leben Geschwister bei verschiedenen Elternteilen, dann gelten die Ausführungen zu Patchworkfamilien; hier sind viele Befindlichkeiten unter ein Dach zu bringen, was nicht zu Lasten der Kinder gehen darf. Kommen neue Halb-Geschwister dazu, sollten diese auch einbezogen werden. Alle Geschwister sollten eine Gemeinschaft mit eigenen Austauschmöglichkeiten bilden können, so weit wie möglich unabhängig von den Beziehungen der verschiedenen Eltern zueinander.

Weitere wichtige Bezugspersonen sind Tanten, Onkel, Paten, Betreuer und andere. Sie alle können, gerade in Zeiten der Trennung, eine wichtige Rolle spielen, da sie unbelasteter als die involvierten Eltern Zeit und Aufmerksamkeit geben können und ein stabiler Faktor für die Kinder darstellen, was das Gefühl der Geborgenheit stärkt. Für das Kindeswohl ist zu beachten, dass die Umgänge praktikabel sind und nicht zu übermäßig vielen Verpflichtungen im Alltag führen, was wiederum Stress bedeuten und somit belastend sein könnte. Daher sind regelmäßige Umgänge wichtig, aber besser (je nach Kindesalter) nicht zu häufig und dafür verlässlich und entspannt.

18. Überprüfung und Aktualisierung

Mit **wachsendem Alter** der Kinder **ändern** sich die Anforderungen an die Umgangsregelung; der Alltag gestaltet sich anders und es sind längere Umgangszeiten denkbar. Außerdem verbringen ältere Kinder mehr Zeit mit Gleichaltrigen und bringen sich außerdem gern mit eigenen Ideen in die Ausgestaltung des Umgangs ein. Idealerweise setzen sich Eltern daher einmal im Jahr oder alle zwei Jahre zusammen, tauschen die Erfahrungen mit der aktuellen Regelung aus und überlegen, ob **Anpassungen** sinnvoll wären. Private oder berufliche Veränderungen bei den Eltern können auch neuen Regelungsbedarf nach sich ziehen. Fairness und Kooperation als Eltern erfordert hier, den anderen frühzeitig über anstehende Veränderungen, z. B. neue Arbeitsstelle, neue Partnerschaft, Umzug, weiteres Kind zu informieren, damit Sie als Papa es nicht von Ihrem Kind erfahren, dass Mama einen neuen Partner hat. Sprechen Sie sich also zuerst als Eltern miteinander ab und informieren anschließend Ihre Kinder über die neuen Absprachen.

19. Kooperation als Eltern

Kinder haben das natürliche Bedürfnis, über Erlebtes zu sprechen, auch beim anderen Elternteil, und es ist kein gutes Zeichen, wenn diese Erzählungen plötzlich ausbleiben. Dann liegt die Vermutung nahe, dass ein Kind sich in einem **Loyalitätskonflikt** befindet. In unserer Praxis ist dies ein „Klassiker", dass ein Kind unter dem Gefühl leidet, es würde Mama wehtun, wenn es sich bei Papa aufhält und wohlfühlt. Um diese Entwicklung zu vermeiden, sollte das Kind ermuntert werden, zum anderen Elternteil zu wechseln, es soll in Aussicht gestellt werden, dass es dort eine schöne und bereichernde Zeit haben wird. Und Sie als Papa sollten versuchen, Ihrem Kind zu vermitteln, dass es für Sie total in Ordnung ist, ein paar Tage ohne das Kind zu sein. Für Kinder ist es sehr belastend, wenn sie das Gefühl haben, den ohnehin schon verlassenen Elternteil auch noch einsam und traurig zurückzulassen. Dann übernehmen Kinder eine Verantwortung, die nicht altersgerecht ist und die sie überfordert und belastet.

20. Loyalität

Unterstützen Sie Ihre Kinder dadurch, dass Sie **keine Kritik am anderen Elternteil** üben. Machen Sie Ihre Kinder nicht zu Verbündeten gegen den anderen Elternteil (Stichwort: Parentalisierung, → 6. Kapitel). In der Regel lieben Kinder beide Eltern und wollen mit Mama und Papa Zeit verbringen. Eine Allianz eines Elternteils mit dem Kind kann bis zur Umgangsverweigerung (→ 5. Kapitel) des Kindes aus Loyalität und zur Unterstützung des einen Elternteils gegen den anderen Elternteil führen.

21. Gemeinsame Aktivitäten als Familie

Hatte die Familie vor der Trennung Rituale und lässt die Stimmung es zu, so können diese teilweise beibehalten werden, beispielsweise einmal die Woche Pizza essen gehen oder Sonntag in die Kirche oder Kuchenessen. Manche Paare etablieren auch die Gewohnheit, bei der Übergabe zumindest einmal die Woche noch zusammen Kaffee zu trinken oder am Abend gemeinsam zu essen. Dies signalisiert dem Kind, dass die Eltern kooperieren, es gut und richtig ist, dass das Kind sich bei beiden wohl fühlen darf und die Familie bestehen bleibt.

22. Unterschiedliche/Gemeinsame Erziehung

Schon als das Elternpaar noch zusammenlebte, zeigten ihre unterschiedlichen Persönlichkeiten Auswirkungen auf die Erziehung der Kinder. Selbst glücklich liierte Eltern sind sich nicht in allen Punkten der Erziehung einig, diskutieren dies entweder aus oder lassen Unterschiedlichkeiten nebeneinanderstehen. Kinder verstehen das und können damit in aller Regel gut umgehen. Dies gilt auch für die Zeit nach der Trennung. Einige Punkte übereinstimmend zu regeln, kann dennoch sinnvoll sein, um eine gewisse erzieherische Kontinuität zu gewährleisten, insbesondere bei kleinen Kindern hinsichtlich Schlafens- und Essenszeiten sowie der Frage, ob und bis wann Schnuller und Windeln zum Einsatz kommen. Bei größeren Kindern lohnen sich in der Regel auch Absprachen bezüglich Ernährung, Taschengeld, abendliches Ausbleiben und Medienkonsum. Diese den Kindern transparent gemachten Absprachen signalisieren den Kindern, dass Mama und Papa miteinander sprechen und sich gemeinsam um sie sorgen. Abgesehen davon können Kinder gut mit Unterschiedlichkeiten in den beiden Welten umgehen. Sie kennen dies beispielsweise schon von den Großeltern (wo es mehr Süßigkeiten und dafür kein Internet gibt) oder aus der Zeit, als die Eltern noch zusammenlebten. Kinder stellen sich auf die unterschiedlichen Regelungen ein, solange sie wissen, dass die Eltern gegenseitig ihre Erziehungsstile respektieren. Die Unterschiedlichkeiten dürfen nicht zu einer Art Rivalität führen, nach der Frage, wo es denn schöner sei für ein Kind, sonst „lauert" wieder der bereits mehrfach beschriebene Loyalitätskonflikt.

Lassen wir an dieser Stelle eine Mutter zu Wort kommen, mit der wir ein Interview zu ihren Erfahrungen während und nach der Trennung, geführt haben.

Interview mit Andrea. W. aus Cottbus über ihre Erfahrungen mit Trennung, Unterstützung beim Umgang und aktueller Umgangsregelung

Mein Name ist Andrea. W., ich bin 45, Referentin in einer Kultureinrichtung und meine heute 14-jährige Tochter hatte vor elf Jahren Begleiteten Umgang, → 5. *Kapitel*

Wie kam es damals zum Begleiteten Umgang (BU)?

In der akuten Phase vor der Scheidung meiner ersten Ehe kam es zu massiven Gewalttätigkeiten von Seiten meines Mannes. Erst nur mir gegenüber, aber nach und nach schlich sich ähnliches Verhalten auch in die Beziehung meines Mannes gegenüber unserer Tochter in den Alltag ein. Das Ganze war wie eine Spirale, die sich unaufhörlich nach oben drehte und deren Dynamik mit unseren damaligen Mitteln nicht mehr rückgängig zu machen war. Schließlich war es reiner Terror, ich konnte weder arbeiten, noch schlafen noch irgendeinen klaren Gedanken fassen, hatte Todesängste und habe jeden Tag nach dem Kochen die Küchenmesser an einem anderen Ort versteckt.

Heute gehe ich davon aus, dass mein Mann an einer psychischen Krankheit litt, so etwas wie Depression, und sich nicht anders zu helfen wusste. Denn all die Jahre davor hatte er so ein Verhalten nicht gezeigt. Damals hatte ich nur Angst.

Wir zogen dann auseinander, aber mein Mann wollte, dass wir immer noch nach draußen „Familie" spielen und wir zu dritt weiter jeden zweiten Tag Zeit verbringen. Nach einigen Monaten habe ich das kräftemäßig nicht mehr ausgehalten. Daher ging ich zum Jugendamt, um mir

Hilfe zu holen. Das Jugendamt hat mich zunächst abblitzen lassen. Dann hat die Sachbearbeiterin auf vielfältige Weise versucht, mich zu testen. Zum Beispiel hat sie mich gefragt, ob der Umgang nicht zum Beispiel in meiner neuen Wohnung stattfinden könne oder ob meine Mutter oder eine Freundin nicht dabei sein könnten. Ich habe sie nur fassungslos angestarrt und gesagt: Nie im Leben betritt dieser Mann nochmal meine Wohnung oder unser neues Leben! Und dass er es sich mit allen Verwandten und gemeinsamen Freunden leider gründlich verscherzt hätte. Schließlich habe ich darauf bestanden, dass ich lieber ins Gefängnis gehen als meinem Mann unsere Tochter ohne Aufsicht anvertrauen würde, beziehungsweise den BU selbst bezahlen würde, wenn mir denn keiner zur Seite stehen wollte. Sie sollten mir nur helfen, indem sie mir einen guten Träger nennen. Daraufhin ging dann alles sehr schnell.

Wie alt war Ihr Kind damals?
Unsere Tochter war damals dreieinhalb bis fünf Jahre, aber sie war schon immer sehr reif für ihr Alter und hat leider sehr viel mitbekommen.

Gab es gerichtliche Auseinandersetzungen davor bzw. parallel?
Ja, es gab da auch schon gerichtliche Auseinandersetzungen. Die Scheidung dauerte insgesamt unvorstellbar schreckliche vier Jahre. Eigentlich wollte ich die Unterlagen aufheben, um sie unserer Tochter irgendwann zu lesen zu geben, aber sie geben ein so hässliches, verlogenes und verzerrtes Bild von ihren Eltern ab, dass ich mich dagegen entschieden und sie vernichtet habe. Das wollte ich ihr nicht antun. Und es gibt eben auch nur einen Teil der Wahrheit wieder. Den Teil, den wir heute am liebsten vergessen möchten.

Welche Erfahrungen gibt es zum BU?
Ich weiß noch sehr genau, wie ich die ersten Male zum BU kam. Verstört, misstrauisch, voller Angst und traumatisiert, gefangen in der Mühle der Behörden und Anwälte, in die ich geraten war. Ein einziger Alptraum, der im Übrigen so viel Zeit und Ressourcen kostete wie ein Halbtagsjob. Ich kämpfte damals buchstäblich an allen Fronten ums Überleben, um unsere Sicherheit, unsere Zukunft und um meine psychische und physische Gesundheit. Mein späterer Betreuer hatte damals gegen eine Kollegin eine Wette verloren und musste einmal um den nahegelegenen See joggen. Er kam also verschwitzt und freundlich lächelnd auf mich zu, so lernten wir uns kennen. Für mich, die ich halb blind und halb gelähmt durch eine Hölle aus Gewalt und Bürokratie und

Angst stolperte, war das wie eine Erscheinung, oder besser, wie eine Erinnerung daran, dass es dieses friedliche Leben noch gab. Und ja, vielleicht auch für uns eines Tages wiedergeben konnte.

Als der BU dann anfing und die Betreuer in meine Wohnung kamen, weiß ich noch, dass ich wieder panische Angst hatte. Was würden sie von uns denken? Von unserem Lebensstil? Was von unserer Ofenheizung? Den wenigen Möbeln, die noch geblieben waren? Den unübersehbaren Zeichen von Überforderung? Wir wollten ein Spiel mit meiner Tochter spielen und ich behauptete, es sei unser Lieblingsspiel, und dann war ich am Boden zerstört, denn ich konnte es aus unerfindlichen Gründen einfach nicht finden. Ich dachte die ganze Zeit: die müssen doch glauben, dass du lügst. Gottseidank konnte ich schließlich nach und nach Vertrauen fassen.

Wie haben Sie Ihr Kind nach den BUs erlebt?

Meine Tochter hat beide Betreuer sehr gern gehabt und ging auch gern zum BU. Es war für sie eine gute und geschützte Umgebung. Nach den Umgängen, die oft mehrere Stunden dauerten, war sie aber natürlich müde. Wir haben dann Rituale miteinander entwickelt für diese Tage. In die Badewanne gehen, Lieblingsbuch vorlesen, Wärmflasche, Extrakuscheln. Einfach die Eindrücke sich setzen lassen.

Mit welchem Ergebnis wurde der BU beendet?

Das weiß ich gar nicht mehr genau. Irgendwann lief der BU aus, weil mein Exmann sich nicht mehr meldete, glaube ich. Die verantwortliche Sachbearbeiterin des Jugendamtes hat sich einfach gedrückt, vor Gericht hat sie sich krankmelden lassen und den Bericht, den sie schreiben sollte, nie vorgelegt.

Es gab dann vorher mehrere sogenannte Hilfesitzungen beim Jugendamt, bei denen mein Exmann auch nicht auftauchte. Ich weiß noch, dass für mich diese Sitzungen beinahe so schlimm waren wie Examensprüfungen. Sie wurden auch teilweise geführt wie Verhöre. Und ich musste sehr private Dinge preisgeben. Ich habe dann jede dieser Sitzungen akribisch vorbereitet. Und lernte aus reinem Überlebenswillen innerhalb weniger Wochen so zu sprechen, dass es bei den Sachbearbeiterinnen einen guten Eindruck hinterließ. Ich habe dabei nie bei etwas gelogen, das hatte ich mir vorher geschworen, und habe mich auch nicht in Schräglagen bringen lassen (was meinen Anwalt zur Verzweiflung brachte), weil ich wusste, dass mein Gehirn, meine Seele und ich nur eine Chance hatten, nicht verrückt und zerstört aus der ganzen Sache

95

wieder herauszukommen, nämlich indem ich ganz bei meiner Wahrheit bleibe und auch nicht zulasse, dass damit juristisch taktiert wird.

Wie sieht die Umgangsregelung aktuell aus bzw. wie sah sie direkt nach dem Ende des BU aus?

Perspektivisch sollten irgendwann unbegleitete Umgänge stattfinden. Das kam für mich aber weiter nicht in Frage. Die Situation war für mich einfach immer noch zu unsicher. Es fanden sich dann wunderbarerweise noch einige Freundinnen, die sich bereit erklärten, sich mit ihm auf dem Spielplatz zu treffen. Auch meine Mutter hat den Umgang noch begleitet. Und ich hätte auch jederzeit Betreuer selbst bezahlt. Aber dazu kam es nicht mehr, weil er das Land verlassen hat.

Haben Sie einen neuen Partner?

Ja, ich habe ziemlich schnell nach der Trennung meinen heutigen Mann kennengelernt. Wir haben etwa sechs Jahre später geheiratet und noch einen Sohn miteinander bekommen. Mein Mann hat meine Tochter zwar nicht adoptiert, aber sie komplett angenommen, auch was Verpflichtungen, Erbschaften usw. betrifft.

Durch die ständigen Belastungen der brutalen Scheidung und des strittigen Umgangs war ich auch in meiner Berufstätigkeit längere Zeit eingeschränkt. Mein jetziger Mann hat das liebevoll aufgefangen.

Alles in allem hatte ich da mehr Glück als Verstand. Ich habe nochmal einen Mann gefunden, den ich liebe und mit dem ich eine Familie haben darf. Wir waren damals sehr verliebt – und auch sehr naiv. Mein Mann hat später mal gesagt, dass er sich nicht auf die Beziehung mit mir eingelassen hätte, wenn er gewusst hätte, was für Dramen ihn erwarten.

Es ist toll und alles andere als selbstverständlich, dass unsere Liebe die Scheidungsschlacht überlebt hat.

Kennt der neue Partner Ihre BU-Geschichte?

Ja, er hat sie hautnah miterlebt. Es war auch für ihn anstrengend, aber hier haben die Betreuer mir und ihm auch immer wieder Mut gemacht, das Wagnis einzugehen. Sie haben zum Beispiel immer die Stabilität anerkannt, die meine Tochter und ich durch die neue Beziehung bekommen haben. Überhaupt haben sie uns sehr gut gelehrt, die Bedürfnisse unserer Tochter präzise wahrzunehmen und von unseren eigenen zu trennen.

Wie ist das Sorgerecht geregelt?

Ich habe das alleinige Sorgerecht. Und das, ich muss das leider sagen, auch zurecht.

Wie zufrieden sind Sie aktuell mit der Regelung des Umgangs?

Mein Exmann hat mittlerweile ein „neues Blatt" aufgeschlagen, wie er es nennt. Unsere Tochter und er skypen und WhatsAppen mehrfach die Woche. Er kommt zwar selten nach Deutschland, aber kann dann seine Tochter besuchen. Wir haben schon seit vielen Jahren nicht gestritten und regeln wichtige Dinge meistens im Konsens. Aber selbstverständlich gibt es zwischen uns nach Gewalt und strittiger Scheidung keinerlei positive Ebene. Allerdings glaube ich ihm mittlerweile, dass er wieder gesund ist.

Haben Sie mit ihrem Kind damals über den BU gesprochen?

Ja, und ihre Großmutter auch. Sie hat meiner Tochter vieles erklärt, was ich aus Scham und Verzweiflung und Verstörtheit nicht gut rüberbringen konnte. Dafür bin ich ihr sehr dankbar. Ich meine, ich habe den Vater meiner Tochter über alles geliebt und wir waren viele Jahre glücklich miteinander. Ich wollte nicht scheitern, um alles in der Welt nicht. Noch heute frage ich mich, was ich noch hätte tun können, um dieses Ende unserer Ehe zu verhindern.

Gibt es heute Kontakte des Kindes zur Verwandtschaft?

Ja, sehr regelmäßig. Sie haben sich auch im Konfliktfall damals nie hundertprozentig auf die Seite meines Mannes geschlagen. Und wohl auch immer darauf vertraut, dass ich meiner Tochter eine gute Mutter sein würde. Wir standen uns sehr nah. Es schmerzt mich auch, dass ich ihnen heute nicht mehr nah sein darf, aber trotz all der Enttäuschungen haben wir uns nicht gänzlich losgelassen. Und sie lieben ihre Enkelin, Nichte, Cousine mit großer Intensität. Daran erinnere ich mich auch noch gut. Ein ganzes Betreuungsgespräch drehte sich genau darum, wie ich die „Ressourcen" der Familie meines Exmannes wertschätzen und unserer Tochter zur Verfügung stellen könnte. Ich bin sehr froh, dass meine Tochter die Liebe ihrer Großeltern, Onkels und Tanten usw. dadurch nicht verloren hat.

Wie sprechen Sie heute mit Ihrem Kind über dieses Kapitel der Vergangenheit – Trennung und BU?

Ich habe immer versucht, unserer Tochter die ursprüngliche Liebesgeschichte zwischen ihrem Vater und mir genauso zu erzählen wie die Beweggründe, die mich dazu gebracht haben, mich zu trennen. Aber das war oft auch schwer. Und, so traurig das ist, sinnlos. Gewalt lässt sich nicht erklären, sondern traumatisiert nachhaltig. Was ich aber nicht zuletzt durch den BU gelernt habe, war, auf Hilfe zu bestehen. So haben meine Tochter und ich einige Jahre später auch nochmal therapeutische Hilfe in Anspruch genommen. Danach ging es uns viel besser. Heute sind wir da klar miteinander, aber natürlich weiß ich trotzdem nicht, ob es bessere Lösungen gegeben hätte. Unsere Therapeutin hat uns aber eindrücklich klar gemacht, dass es ein Zeichen von Stärke ist, Unterstützung von außen zu suchen, nicht von Schwäche. Und meine Tochter ist seitdem auch wirklich sehr stark geworden und wiederum eine Stütze für andere Kinder in ähnlichen Situationen. Sie geht mit all ihren Erfahrungen sehr offen und selbstbewusst um. Das erleichtert mich, denn ich habe oft ein schlechtes Gewissen, ihr nicht die glückliche Kindheit gegeben zu haben, die sie verdient gehabt hätte. Dieses schlechte Gefühl hat auch immer wieder dazu geführt, dass unsere Beziehung „zu eng" war. Die Therapeutin nannte das „Schicksalsgemeinschaft von Überlebenden". Sie hat sehr behutsam versucht, uns da etwas mehr auseinanderzudividieren, um meiner Tochter (und mir auch) wieder mehr emotionale Freiräume zu verschaffen. Aber im Grunde ist man als Mutter Teil des Systems und der Probleme des Kindes, und es ist schwer, emotional zu verstehen, dass man trotz aller Ängste auch loslassen muss. Das ist ein Prozess, der viele Jahre dauert. Wenn man das verstanden hat, wird es leichter.

Was ist Ihrer Meinung nach die wichtigste Fähigkeit einer Mutter in Ihrer Situation damals während und kurz nach der Trennung?

Die wichtigsten Fähigkeiten sind unbedingte Liebe und Verzeihen können. In erster Linie sich selbst. Denn aus dem ständigen Schuldbewusstsein entsteht schlicht nichts Gutes. Nur durch Verzeihen kann man in sich selbst wieder Stabilität entwickeln. Und Kinder brauchen die Stabilität wenigstens eines Elternteils, um nicht selbst in eine Stabilisierungsfalle zu geraten, also die Rollen umzukehren und für die emotionale Stabilität der Eltern sorgen zu wollen, was immer über ihre Kräfte geht. Nur durch Verzeihen ist es auch möglich, die eigenen Bedürfnisse und die des Kindes überhaupt sortieren zu können. Das tobt nämlich munter durcheinander. Es ist auch wichtig, sich vor den Ämtern oder vor Gericht selbst niemals in den Opferstatus fallen zu lassen, egal wie sehr man tatsächlich psychischer oder physischer Gewalt ausgesetzt war. Denn aus dem Opferstatus heraus kann man nicht als Elternteil verantwortungsbewusst und stark handeln und läuft sofort Gefahr, entmündigt zu werden. Diese Erkenntnis war brutal. Ich weiß noch, wie mein Anwalt mir die beiden möglichen Szenarien „Opferstatus" oder „Stärkeposition" erklärt hat. Die Wahrheit ist natürlich wesentlich vielschichtiger, aber dafür ist in der Scheidungsmühle selten Platz.

Was hat Ihnen damals am meisten gefehlt?

Mir hat damals eigentlich alles gefehlt, jede nur erdenkliche Ressource. Körperliche Sicherheit, Schlaf, Zeit, Geld, ein normales Leben mit normalem Verhalten, ohne Panikattacken und Verzweiflung, ein neuer Plan für die Zukunft, nachdem alles zusammengebrochen war, für das und mit dem ich viele Jahre gelebt hatte, ein positives Selbstbild, neue Erfolge, Raum, um mich selbst auszudrücken und zu sortieren und mich gut um mich und meine Tochter kümmern zu können.

Aber damals wäre mir jede professionelle Hilfe von außen, zum Beispiel eine Therapie oder Reha als Schwäche ausgelegt worden. Wie durch ein Wunder gab es dann die Begegnung mit meinem Mann, die mich mir zurückgegeben hat. Als lebendiger Mensch, als Frau, als jemand, der wieder richtig arbeiten und leben kann und der es vor allem absolut wert war, wieder eine Familie zu gründen. Mein Exmann hatte das Glück übrigens nicht. Er ist nie wieder eine längere Beziehung eingegangen. Das ist eher belastend, ich hätte mir gewünscht, dass er auch wieder jemand findet.

Wer oder was hat Ihnen damals am meisten geholfen?

Ganz einfach: meine Tochter. Jeder Gedanke an sie und ihr Wohlergehen und Glück und ihre Zukunft war wie ein Nordpol, und das hat mich als innerer Kompass durch die ganzen schweren Jahre navigiert. Aber ich bin auch heute noch jedem einzelnen Menschen unendlich dankbar, der uns bei all den unerlässlichen Sortierungs- und Verarbeitungsprozessen unterstützend zur Seite gestanden hat. Es macht so unfassbar viel aus: ein Lachen, ein freundlicher Blick, ein echtes Interesse, ein Taschentuch ohne Beschämung, eine gute Erklärung oder Lösung oder einfach Zuhören, eine emotional entlastende Geste, ein kleiner Freiraum und ein Schlüsselloch in die Zukunft, zurück zu einem gewaltfreien und hellen Leben. Wo das Schlimmste, was passieren kann, ist, dass man eine Wette verliert und um einen See joggen muss. Im besten Fall kann der Betreute Umgang für beide Eltern und das betroffene Kind ein solch wundervoller Ort sein.

Frau W., wir danken Ihnen für das Gespräch.

5. Kapitel

Unterstützung im Umgang

I. Das Umgangsrecht

Eltern sind die Experten für ihre Situation und hauptverantwortlich, wenn es um das Wohlergehen ihrer Kinder geht. **Idealerweise** finden sie **zusammen** gute Lösungen für ihre Entwicklung als Familie. Sollte es den Eltern direkt nach der Trennung noch nicht gelingen, einvernehmlich eine gute Umgangslösung zu finden, die beiden fair und praktikabel erscheint und dem Kind guttut, gibt es zahlreiche Unterstützungsmöglichkeiten, die sie in Anspruch nehmen können. Es kann sehr sinnvoll sein, sich Hilfe zu suchen und sich an Experten und zuständige Stellen zu wenden.

Das Umgangsrecht, → 5. und 6. Kapitel, regelt die Kontakte der Kinder mit dem Elternteil, bei dem die Kinder nicht leben. Darüber hinaus gehören zum umgangsberechtigten Kreis von Personen auch Großeltern, Geschwister, Stiefeltern, frühere Pflegeeltern und andere enge Bezugspersonen.

Für Sie als Eltern ist es nützlich, sich mit wesentlichen praktischen Bestandteilen des Umgangsrechtes auszukennen. Wir haben für Sie deshalb die Fragen versammelt, die uns von Eltern immer wieder diesbezüglich gestellt werden.

Darf der Vater unsere Kinder sehen, auch wenn ich als Mutter strikt dagegen bin?

Der wichtigste Bestandteil des Umgangsrechtes ist: Jedes Kind hat einen eigenen Anspruch auf Umgang mit beiden Elternteilen! Und dieser Anspruch steht an erster Stelle vor etwaigen Ansprüchen der Erwachsenen.

Der 12-jährige Anton und seine Geschwister aus unserem Beispiel im → 4. Kapitel haben also nach deutschem Recht grundsätzlich einen eigenen Anspruch darauf, ihren Vater zu sehen, auch wenn ihre Mutter – wie wir noch sehen werden – anderer Meinung ist.

Der Vater wiederum hat nicht nur ein Recht darauf, seine Kinder zu sehen, sondern auch die Pflicht dazu. Er ist zum Wohle seiner Kinder dazu verpflichtet, seine Kinder zu sehen. Wenn also der Vater überhaupt keine Lust hat, seine Kinder zu sehen und auch keine Anstrengungen unternimmt in dieser Richtung, so zwingt ihn doch das Gesetz dazu, seine Kinder zu sehen. Ob es nun sinnvoll wäre, Gregor gegen seinen Willen zu einem Umgang mit seinen Kindern zu zwingen und eine Situation zu schaffen, wo sich Kinder und Vater schweigend oder gar feindselig gegenübersitzen, besprechen wir in später in einem Fallbeispiel genauer.

Der Vater wird die Kinder gegen mich aufhetzen!

Sollte Anita Sperber ihren Kindern sagen, dass ihr Vater ein Idiot sei, würde sie gegen eine wichtige Wohlverhaltensklausel, → 6. Kapitel, verstoßen und den Umgang massiv stören. Eltern dürfen nicht so über den andern Elternteil reden, dass die Beziehung zu diesem Elternteil erschwert wird. Das ist manchmal nicht so einfach, weil es uns nicht immer bewusst ist, dass wir „schlecht" über den Anderen reden. Kinder sind feinfühlige Wesen und merken manchmal sogar, wenn wir nur schlecht über den Anderen denken.

Sollte der dringende Verdacht bestehen, dass Gregor seinen Kindern während des Umgangs sagen würde, dass ihre Mutter böse sei, müsste der Umgang pausiert werden. In der Praxis würde Gregor seinen Kindern wahrscheinlich nicht sagen, dass ihre Mutter böse sei. Nach unserer Erfahrung finden solche Beeinflussungen auf einer subtileren Ebene statt und manchmal ist es den Eltern gar nicht bewusst, dass sie ihre Kinder ungünstig beeinflussen. So könnte bereits eine einfache Frage Gregors wie „Na, wie geht es Mama?" die Kinder irritieren, weil sie glauben könnten, dass ihr Vater sich ihrer Mutter wieder annähern will. Und wenn die Kinder dann zurück zu Mama Anita kommen und erzählen, dass Papa nach ihr gefragt hätte, könnte Anita denken, dass Gregor die Kinder ausgefragt hätte, weil er gern hören möchte, dass es ihr schlecht gehe und er damit ein Argument hätte, die Kinder von ihr weg zu sich zu nehmen. Solche Gedankengänge sind gar nicht selten. Deshalb: Filtern Sie gut, was die Kinder Ihnen sagen, wenn sie vom Expartner zurückkehren nach einem Umgangswochenende und fragen bei bleibender Irritation am besten direkt beim Expartner nach.

Was ist, wenn die Kinder ihren Vater nicht sehen wollen?

Gelingt es Ihnen als Eltern, den Umgang selbständig zu regeln, haben Sie, wie im → 4. Kapitel ausführlich erläutert, unterschiedliche Modelle zur Auswahl für die praktische Umsetzung. Die praktische Umsetzung von Umgangskontakten richtet sich nach mehreren Faktoren. Wohnen Sie in derselben Stadt? Wie alt sind Ihre Kinder? Was wünschen sich die Kinder? Können Sie die Kinder zu ihrer Meinung fragen? Der 12-jährige Anton sollte und könnte in jedem Fall zu seiner Meinung gefragt werden, ob und in welcher Form er seinen Vater sehen möchte. Die 15 Monate alte Eva ist nicht befragbar. Die Geschwister in der Mitte, 5- und 9-jährig, können eventuell spielerisch befragt werden, doch haben ihre Haltungen nicht so viel Gewicht wie die Haltung eines 12-Jährigen.

Wir haben in unserer Praxis noch nicht erlebt, dass ein 12-jähriges Kind gegen seinen Willen zum Umgang gezwungen werden kann. Auch wenn wir den 12-jährigen Anton unter massiver Beeinflussung seiner Mutter sehen würden und anzweifeln würden, dass er seine eigene Meinung vertritt, wäre doch trotzdem die Meinung von Anton wichtig und letztlich entscheidend. Will Anton seinen Vater nicht sehen, wird auch ein Gericht in der Regel ihn nicht dazu zwingen (wollen).

Der Vater hat mich vor den Kindern angeschrien – wie kann ich ihm ruhigen Gewissens die Kinder überlassen ohne Angst, dass er auch die Kinder schlecht behandelt?

Ihre Erfahrungen als Erwachsene miteinander sind das Eine, Ihre Angst als Mutter, dass der Vater schlecht mit den Kindern umgeht, ist etwas ganz anderes. Viele Eltern streiten sich bis hin zu körperlichen Auseinandersetzungen und sind doch im Kontakt zu ihren Kindern liebevoll und beherrscht.

Der Vater hat gar keine Beziehung zu den Kindern!

Dieses Argument hören wir oft, wenn die Kinder noch sehr klein sind und die Mutter befürchtet, dass der Vater mit so einem kleinen Kind nicht gut umgehen kann. Gerade in so einem Fall hat sich der Einsatz eines Begleiteten Umgangs sehr bewährt. Denn dort wird der Vater von Fachleuten genau darin beobachtet, wie er mit einem Baby oder Kleinkind umgehen kann. Kann er das Kind trösten? Wie ist es mit dem Wickeln? Achtet er darauf, dass das Kind trinkt? Achtet er auch darauf, dass es keine Cola trinkt, sondern eher Wasser oder Tee? Besonders bei Paaren, die nur sehr kurz zusammen waren oder gar nicht zusammen gelebt haben befürchten die Mütter oft, dass die Väter unfähig sind im Umgang mit ihren Kindern, weil ihnen schlicht die Erfahrung fehlt.

Prinzipiell hat auch ein Baby oder Kleinkind wie Eva ein Recht darauf, seinen Vater zu sehen. Wenn der Vater noch unerfahren ist im Umgang mit dem Kind, muss man ihm zugestehen, dies zu lernen, mit oder ohne Begleitung.

Die Kinder werden beim Vater schlecht ernährt, es gibt nur Junk Food!

Was Gregor van Aaken seinen Kindern zu trinken und zu essen gibt, liegt grundsätzlich allein in seiner Verantwortung, so lange sich die Kinder bei ihm befinden. Natürlich sollte er dabei die Richtlinien für eine gesunde Ernährung beachten. Wenn Sie als Mutter berechtigte Zweifel daran haben, dass ihre Kinder beim Vater ständig falsch ernährt und damit geschädigt werden (Karies, Fettleibigkeit) sollten Sie das mit dem Vater oder Ihren Umgangsbegleitern besprechen, wenn dies möglich ist. Es ist natürlich etwas anderes, ob sich die Kinder einmal in der Woche für zwei Stunden beim Vater befinden oder regelmäßig über mehrere Tage mit Übernachtung. Einem Vater ist schwerlich zu verbieten, dass er seinen Kindern einmal in der Woche einen süßen Saft kauft während eines Umgangs. Jedes Mal alle 14 Tage über drei Tage Fast Food zu verzehren mit den Kindern, während Sie als Mutter auf eine ausgewogene, biologische Ernährung achten birgt ein gewisses Konfliktpotential. Letztlich gilt: Erst der eindeutige Nachweis, dass die Kinder gesundheitsschädlich ernährt werden, könnte dazu führen, dass Sie den Umgang unterbrechen dürfen.

Welche Hilfen gibt es, wenn wir uns nicht auf eine Umgangsregelung einigen können?

Einigen Sie sich ohne Hilfe von außen auf eine Umgangsregelung und geht es ihren Kindern gut mit dieser Regelung, dann ist diese individuelle Regelung der Königsweg einer friedlichen Einigung.

Sollten Sie es nicht schaffen, sich friedlich zu einigen, kann dieser Streit gerichtlich geklärt werden – am Familiengericht, → 5. und 7. Kapitel. Oft bietet das Familiengericht den Eltern an, ihren Streit im Jugendamt, → 5. und 7. Kapitel, oder mit Hilfe eines freien Trägers der Jugendhilfe zu klären – an dieser Stelle kämen dann wir als Umgangsbegleiter ins Spiel. Oft kooperieren die Jugendämter zügig mit einem freien Träger, weil die Sozialarbeiter im Jugendamt, in der Regel bei mäßiger Bezahlung, heillos mit ihren Aufgaben überlastet sind.

Die konkrete Anordnung des Familiengerichts besteht dann nicht selten in der Auflage an die Eltern, einen Begleiteten Umgang durchzuführen. Sollte dies der Fall sein, lässt das Gericht in der Regel das Umgangsverfahren ruhen um abzuwarten, ob eine Fortführung später noch nötig sein wird.

Scheitern die Maßnahmen im Jugendamt oder bei einem freien Träger der Jugendhilfe und können Sie sich auch im Familiengericht nicht auf eine Vorgehensweise zum Umgang einigen, also keine gemeinsame Vereinbarung treffen, regelt das Gericht den Umgang durch einen Beschluss.

Es kann passieren, dass dieser Beschluss dann beiden Eltern nicht passt. In manchen Fällen, wenn das Gericht die Kinder mehr am

Gerichtsverfahren beteiligen möchte, wird durch das Gericht ein Verfahrensbeistand, → 7. Kapitel, bestellt, der die Interessen der Kinder wie ein Anwalt vertritt. Gerade bei Eltern, die sich so sehr streiten, dass sie ihre Kinder stark aus dem Blick verlieren und eher ihre eigenen Bedürfnisse vertreten müssen, hat sich der Einsatz eines Verfahrensbeistandes für die Kinder bewährt. Wenn sich Elvira und Gregor zum Beispiel. darüber streiten würden, welche Farbe die Zahnbürste ihrer Kinder im Haushalt des Vaters haben soll, und wenn sie es deshalb nicht schaffen würden, Umgangskontakte zu organisieren, wäre an dieser Stelle eine dritte Person gut geeignet, sich für die wesentlichen Belange der Kinder vor Gericht einzusetzen.

II. Übersicht: Unterstützungsgründe

In diesem Kapitel stellen wir Ihnen die wesentlichen Gründe vor, weshalb ein Umgang Ihres Kindes zum getrenntlebenden Elternteil der Unterstützung bedarf.

1. Umgangsverweigerung

Es gibt zwei Möglichkeiten, weshalb wir von Umgangsverweigerung sprechen. Die eine Möglichkeit befindet sich auf der Ebene der Eltern, indem ein Elternteil dem anderen Elternteil dem Kind den Umgang verweigert – dies besprechen wie im folgenden Abschnitt unter dem Punkt „Umgangsverhinderung". Zuvor wollen wir uns den Kindern widmen, welche den Umgang mit dem umgangssuchenden Elternteil aus unterschiedlichen Gründen verweigern.

> ### Fallbeispiel
>
> Anita Sperber und Gregor van Aaken haben die Umgangskontakte der Kinder mit ihrem Vater so geregelt, dass Anita die Kinder zu Gregor an die Wohnungstür bringt und sie ihm dort übergibt. Das klappt mit den drei Älteren – Anton und Naomi und Anna – auch gut, aber die Jüngste, die 15 Monate alte Eva, will sich nicht von ihrer Mutter trennen und klammert sich an ihr fest. Auch das Zureden Anitas hilft nicht.

Ist Anita „schuld" daran, dass Eva sich an sie klammert?

Eva ist aufgrund ihres Alters auf viel stärkere Weise an ihre Mama gebunden, als die älteren Geschwister. Ihr Verlangen nach Geborgenheit und Sicherheit ist größer. Deshalb wirkt die Trennung der Eltern auf Eva auch viel bedrohlicher als auf ihre Geschwister. Eva hat gerade ihren Vater „verloren" und es kann sein, dass sie jedes Mal, wenn Anita sie dem Vater geben will, starke Trennungsangst empfindet – das Gefühl, auch noch die Mutter zu verlieren. Eva kann noch nicht intellektuell erfassen und reflektieren, dass die Trennung von der Mutter nur vorübergehend ist. Es bleibt das Gefühl, allein gelassen zu werden – deshalb klammert sich Eva an Anita. Dass die Mutter etwas tut oder unterlässt, was es Eva schwerer macht, zu ihrem Vater zu gehen, ist damit nicht ausgeschlossen. Doch nehmen wir für den Augenblick an, dass die Anita und Gregor sich pädagogisch auch einmal wie die Hansens als Supereltern verhalten gegenüber Eva und beide auch wollen, dass Eva zu Gregor geht, dann bleibt schlicht die Erkenntnis, dass Eva aufgrund ihres Alters einfach Angst hat, die Mutter zu verlassen.

Soll in diesem Fall trotzdem der Umgang mit Eva erzwungen werden?

In diesem Fall empfehlen wir, den Umgang nicht zu erzwingen, weil sich die Ängste Evas nicht einfach auflösen werden. Im schlechtesten Fall wird Eva traumatisiert, das heißt, der Schock über die Trennung von der Mutter ist so stark, dass Evas psychischen Schaden erleidet und fortan diese Trennungsangst als ihre quälende Begleiterin ertragen muss. Die Eltern sollten überlegen: Was können wir tun, damit Eva sich sicher und geborgen fühlt in der aktuellen Situation? Wenn Anita und Gregor sich ausreichend verstehen und ertragen, dann könnten sie vereinbaren, dass Anita in der Wohnung von Gregor bleibt – als eine Variante umgekehrtes Besuchsmodell, → 4. Kapitel, damit Eva immer wieder zu ihr zurückkehren kann. Sollte nur einer von Beiden es nicht aushalten, mit dem Expartner im selben Raum zu sein, dann sollten die Beiden für eine bestimmte Zeit darauf verzichten, dass Eva an den Umgängen teilnimmt bzw. sie sollten darüber sprechen, ob Gregor nicht zu Besuch in die Wohnung von Anita kommt.

> ### Fallbeispiel
>
> Die 7-jährige Naomi will nicht zu ihrem Vater gehen. Sie sagt, dass Gregor „doof" sei, das Essen bei ihm nicht schmecke und er sie angeschrien habe.

Soll ich der 7-jährigen Naomi glauben, was sie sagt?

Bei Kindern im Alter zwischen fünf und acht Jahren zeigt sich der berühmte Loyalitätskonflikt besonders deutlich, also der Konflikt, sich als Kind zwischen den (getrennten) Eltern wie zerrissen zu fühlen und den starken Drang zu haben, sich für einen Elternteil zu entscheiden. Es kann auch sein, dass sich Naomi mit ihrer Mutter solidarisiert, weil sie glaubt, dass ihre Mutter unter der Trennung sehr leidet und ihre „Hilfe" benötige. Oft erleben wir auch, dass Kinder in diesem Alter denken, dass ihre Mutter eigentlich nicht will, dass sie zum Vater gehen. Und weil sich bei Naomi typischerweise für dieses Alter gerade das Empfinden für Recht und Unrecht herausbildet und eine eigene Haltung zur Welt sich zu entwickeln beginnt folgt daraus manchmal der (unbewusste) Entschluss, sich sehr eng an Mama zu binden und gar nicht an Papa. Die Äußerungen Naomis sind mit Vorsicht zu genießen, weil Kinder in solchen Momenten nicht selten verbal übertreiben. Auch hier gilt: Nehmen Sie dieses Phänomen trotzdem ernst, akzeptieren sie es und sprechen Sie miteinander darüber, wenn es möglich ist. Sollte dies nicht möglich sein, empfehlen wir die (gemeinsame) Beratung in einer EFB oder auch im Jugendamt oder bei den Autoren.

> ### Fallbeispiel
>
> Der 12-jährige Anton will nicht zu seinem Vater Gregor gehen: „Mein Vater weiß überhaupt nichts von mir und hat keine Ahnung, was mich interessiert."

Anton wird von seiner Mutter eingeredet, dass ich mich noch nie richtig um ihn gekümmert habe – was soll ich tun?

Sie werden einem 12-jährigen (oder älteren) Jugendlichen nicht „ausreden" können, was er denkt und was er für das Richtige hält.

Nehmen wir weiterhin an, dass Anton von Anita unterstützt wird, zu Gregor zu gehen und dass Gregor sich darum bemüht, einen guten Kontakt zu Anton zu haben, nehmen wir also weiterhin an, dass die Eltern „korrekt" agieren. Was Anton äußert ist nicht aus der Luft gegriffen, sondern es muss Gründe geben, weshalb Anton sich weigert, zu seinem Vater zu gehen. Und diese Gründe können nicht in Anton gefunden werden. Immer vorausgesetzt, dass Anita sich umgangsunterstützend verhält, braucht Gregor eine Idee, wie er einen Dialog mit Anton beginnen kann. Dies müsste ein Dialog auf Augenhöhe sein, Anton müsste also, im Sinne Jesper Juuls, seine Beziehung zu Anton klären und die Idee von Erziehung vergessen. Um solch einen Dialog führen zu können, braucht es an erster Stelle den Blick auf sich selbst: Was ist dran an der Aussage Antons? Schmerzt mich diese Aussage? Lässt sie mich kalt? Macht sie mich wütend? Mache ich die Mutter dafür verantwortlich? Wie sehe ich mich als Vater in der Vergangenheit? War ich oft abwesend? Interessiere ich mich für meinen Sohn? Es geht also ans „Eingemachte"! Gregor sollte diese und ähnliche Fragen mit sich selbst klären, ehe er überlegt, wie er mit Anton in einen Dialog treten kann. Wenn Gregor eine Chance haben will, mit Anton in Kontakt zu kommen, dann braucht es als Bedingung absolute Ehrlichkeit – zu sich selbst und dann im Gespräch mit Anton.

Fallbeispiel

Anita sagt zu ihrer 5-jährigen Tochter Anna, dass sie gern möchte, dass sie zum Vater gehe, doch sie solle dort nicht zu viel Süßes essen.

Darf ich als Mutter darauf Einfluss nehmen, wie sich mein Kind beim Vater ernährt?

Wir gehen immer noch davon aus, dass Anita Sperber in bester Absicht handelt. Sie möchte, dass ihre Tochter sich nicht ungesund ernährt und sorgt sich um den Zustand ihrer Zähne. Die beste Absicht zieht reicht jedoch manchmal nicht aus, um sich weiterhin als „gute Mutter" bezeichnen zu dürfen. Grundsätzlich ist es so, dass Gregor van Aaken selbst entscheiden kann, welche Ernährung er für richtig hält. Zu empfehlen ist jedoch, dass sich die Eltern über Grundsätze der Ernährung einig sind. Zwar können Kinder Unterschiede oft besser aushalten, als wir glauben, aber das klappt nur, wenn diese Unterschiede klar formuliert sind und sich im Toleranzbereich beider Eltern befinden. Gehen wir hier davon aus, dass sich die Eltern in vielen Fragen nicht einig sind und sich sogar bekämpfen, dann birgt eine harmlos scheinende Äußerung Anitas bereits Konfliktpotential.

Soll ich meinem Kind nicht meine Meinung sagen, wenn sie mir wichtig ist?

Nicht in jedem Fall. Umgangsgestaltungen bei sich stark streitenden Eltern sind sensible Gebilde. Ist eventuell Anna sehr stark mit ihrer Mutter verbunden und bietet ihr der Vater dann beim Umgang etwas Süßes an, könnte sich Anna bereits in einem Loyalitätskonflikt befinden. Denn was bedeutet „nicht zu viel Süßes" für eine 5-Jährige?

Fallbeispiel

Anita sagt nicht nur zu ihrer 5-jährigen Tochter, dass sie gern möchte, dass sie zum Vater gehe, doch nicht zu viel Süßes essen solle, sondern ergänzt ihre Aussage um den Satz: „Du weißt doch, dass Mama das sehr traurig macht, wenn Du so viel Süßes isst."

Ob wir in diesem Fall noch von bester Absicht sprechen dürfen, wird wohl unklar bleiben. Wir wissen nicht, ob Anita nur unbedacht spricht oder ob bestimmte Aussagen bewusst getroffen werden. In jedem Fall setzt die obige Aussage der Mutter Anna mit Sicherheit unter Druck und erschwert ihr einen entspannten Umgang.

Wie soll ich als Vater reagieren, wenn meine Tochter zu mir sagt, dass Mama ihr verboten hätte, etwas Süßes zu essen?

Immer sollten Sie im Blick haben, dass Sie möglichst alles versuchen, um ihre Kinder aus dem Elternkonflikt herauszuhalten. Werden Sie mit solch einer Aussage ihres Kindes konfrontiert, besteht der „Königsweg" darin, sich Ihrem Kind zuzuwenden und zu sagen, dass sie respektieren, was Mama gesagt hat. Gleichzeitig erklären Sie ihrem Kind, dass sie mit Mama reden werden und dass sie für die

Zukunft gemeinsam eine Lösung für das „Süßigkeitenproblem" finden werden – das Ergebnis wiederum können Sie ihrem Kind dann mitteilen.

Fallbeispiel

Anna sagt zu ihrer Mutter, dass sie nicht mehr zum Papa gehen will. Sie kann keinen Grund dafür benennen: „Ich will einfach nicht."

Es könnte sein, dass Anna nicht mehr zu Gregor gehen möchte, weil sie erstens den Konflikt zwischen ihren Eltern spürt und nicht aushalten kann und weil sie zweitens ihre Mutter Anita nicht traurig machen will.

Was kann ich als Vater tun, wenn ich glaube, dass die Mutter unser Kind emotional erpresst?

An erster Stelle sollte Gregor mit Anita das Gespräch suchen und versuchen zu erklären, dass Anna darunter leidet, wenn Anita von ihrer eigenen Traurigkeit spricht. Gregor sollte nicht von emotionaler Erpressung sprechen, weil Anita wahrscheinlich (verständlicherweise) nicht gut damit umgehen kann. Gregor sollte Anna in den Mittelpunkt stellen und klar machen, dass ihre gemeinsame Tochter darunter leidet, wenn „Mama traurig ist", weil….

Ist kein gemeinsames Gespräch möglich, empfehlen wir wieder die Hilfe Dritter.

Fallbeispiel

Gregor sagt zu seinen Kindern während des Umgangs, dass er glaubt, dass Mama gerade „durch den Wind ist" und sich eigentlich nicht gut um sie kümmern könne. Bei ihm wären sie besser aufgehoben.

Nun haben wir es mit direkter Beeinflussung der Kinder durch Gregor zu tun, die unbedingt unterbleiben sollte, weil sie den Kindern eine Last aufbürdet, die sie nicht tragen dürfen.

Was soll ich als Mutter tun, wenn der Vater die Kinder auf seine Seite ziehen will?

Es ist zu vermuten, dass ein direktes Gespräch zu dieser Thematik zwischen den Eltern nicht stattfinden wird, weil wir davon ausgehen müssen, dass Gregor versucht, seine Kinder direkt gegen ihre Mutter zu beeinflussen. Trotzdem sollte Anita das Gespräch mit Gregor suchen, wenn sie den Verdacht hat, dass er die Kinder auf diese Weise manipuliert beziehungsweise wenn ihre Kinder ihr davon berichten. Sollte es erwartungsgemäß nicht möglich sein, miteinander zu sprechen, ist dringend empfohlen, sich durch Dritte beraten zu lassen. Auf jeden Fall sollten Eltern sich darum bemühen, auch in diesem Fall ihre Kinder nicht zu befragen oder sie gar auszufragen oder von ihnen eine Meinung zu verlangen oder ein Bekenntnis zu Ihnen. Versuchen Sie auf der Ebene Ihrer elterlichen Verantwortung für Ihre Kinder zu bleiben. Sie können Ihren Kindern erklären, dass Sie sich Unterstützung holen, dass sie versuchen, mit „Papa darüber zu sprechen". Diese Transparenz ist nützlich, weil die Kinder wissen, was sie bewegt, worüber sie nachdenken und was sie tun wollen – wenn Sie sie daran teilhaben lassen.

> ### Fallbeispiel
>
> Gregor sagt zu seinen Kindern während des Umgangs, dass er alles dafür tun werde, damit sie bei ihm leben könnten. Mama gehöre in die Psychiatrie und sei nicht in der Lage, sich um sie zu kümmern.

Von dieser Aussage bis zur Entführung der Kinder liegt gefühlt kein großer Schritt mehr. Auf jeden Fall ist diese Aussage des Vaters in hohem Maß schädlich für die Kinder und wird sie in schwierige Gefühlslagen bringen. Versetzen Sie sich in die 15 Monate alte Eva: Wie soll sie mit einer solchen Aussage umgehen? Es ist wahrscheinlich, dass sie Angst bekommt. Die 5-jährige Anna und die 7-jährige Naomi werden wahrscheinlich auch Angst bekommen, vielleicht mit einer Beimischung von Wut bei Naomi (was gut wäre) über Gregor. Der 12-jährige Anton entwickelt im besten Fall Wut gegenüber seinem Vater, die er auch äußern kann. Es hängt natürlich von der Konstitution der Kinder, von ihrer Resilienz, ab, wie (gut) sie mit dieser Situation umgehen können. Auch wenn es der 12-jährige Anton schafft, berechtigterweise wütend auf seinen Vater zu sein und weniger Angst zu entwickeln, so bleibt die Aussage des Vaters eine Zumutung für die Kinder, deren Bearbeitung enorm viel Kraft und Nerven kostet. Im schlimmsten Fall werden die Kinder nachhaltig psychisch geschädigt, wenn sie keinen guten Umgang mit ihrer Angst und Wut finden können. Trifft Gregor eine solche Aussage im Affekt und ist anschließend in der Lage, sich dafür bei den Kindern zu entschuldigen und klar zu machen, dass er es nicht ernst gemeint hat, würde dies die Kraft seiner Aussage deutlich mildern. Trotzdem würden wir Gregor auch in diesem Fall dringend empfehlen, für sich selbst (therapeutische) Unterstützung zu suchen.

Die Weigerung eines Kindes, zum getrennt gehenden Elternteil zu gehen, ist aus unserer Sicht immer im Kontext der Gesamtsituation zu sehen. Oftmals mischen sich Ängste von Kindern mit Ängsten der Eltern und das Ergebnis ist eine erschwerte Umgangsregelung. Wichtig finden wir, dass Eltern wissen, dass ihre Ängste und Sorgen naturgemäß mindestens atmosphärisch oder stärker auf ihre Kinder wirken. Ein anderer Fall läge vor, wenn Anita klar sagen würde, dass sie es ablehnen würde, dass die Kinder zu Gregor gingen und dass sie auch entsprechend handeln würde. Dies wäre dann ein Fall von mütterlicher Umgangsverweigerung und bedürfte mit hoher Wahrscheinlichkeit die Hilfe einer gerichtlichen Klärung.

Carola Fuchs, Autorin von „Mama zwischen Sorge und Recht", München:

Katja war damals mittlerweile fast vier Jahre alt und T. hat sich leider nicht an sein Versprechen ihr gegenüber gehalten, sie abends wieder nach Hause zu fahren, sodass Katja lange weinen musste bis er sich endlich erbarmte und heimbrachte. Das hat das Vertrauensverhältnis zu ihrem Vater schwer belastet, sodass Katja irgendwann gar nicht mehr zu ihm wollte, nicht mal untertags.

Diese Komplettverweigerung dauerte fast ein ganzes Jahr. Aber dann fragte sie von sich aus, ob sie den Papa denn mal wiedersehen könne.

Nach anfänglichen kurzen Treffen verbrachte sie von da an einige Jahre lang jeden zweiten Samstag bei ihrem Vater. Dann holte er sie irgendwann Samstag und Sonntag aber ohne Übernachtung, was für ihn aufgrund der Distanz von 60 km viel Fahrerei bedeutete. Seit Katja elf ist, hat sich die Situation nochmal sehr verändert, und zwar zum Guten. T. hat geheiratet und die neue Frau hat deutlich zur Entspannung beigetragen. Sie ist zu Katja unglaublich nett und hat außerdem einen kleinen Hund im Schlepptau. Katja sagte eines Tages: „Mama, jetzt wo Siegrid (Frau) und Lotti (Hund) da sind, fühle ich mich sicher", und packte gut gelaunt erstmals seit vielen Jahren ihre Übernachtungstasche für das Papa-Wochenende. Meiner Meinung nach bringt es gar nichts, Kinder zum Umgang, noch dazu mit Übernachtung zu zwingen, wenn sie noch nicht so weit sind. Man täte besser daran, günstige Voraussetzungen zu schaffen, also Vertrauen und Bindung aufbauen, denn das gibt den Kindern die notwendige Sicherheit. Dann klappt der Umgang von ganz allein.

2. Umgangsverhinderung

Beschäftigen wir uns nun damit, wenn ein Elternteil den Umgang verhindern will.

Auf die Praxis bezogen haben wir es überwiegend damit zu tun, dass eine Mutter einem Vater den Umgang zum gemeinsamen Kind verweigert; seltener versucht der umgangssuchende Vater den Umgang zu verhindern. Zu dieser besonderen Konstellation präsentieren wir später einen, auch der Öffentlichkeit, bekannten Fall und kommen auf diesen Aspekt auch im Interview mit Herrn Feldt, → 5. Kapitel, einem Sozialarbeiter des Jugendamtes, zurück, der sich dazu ausführlich geäußert hat.

In jedem Fall entsteht für den umgangssuchenden Elternteil eine **sehr belastende** Situation. Wenn ich als Vater weiß, dass mein Kind mich sehen will, jedoch durch die Mutter daran gehindert wird, dann befinde ich mich als Vater in einem sehr schwierigen Spannungsfeld.

Fallbeispiel

Anita Sperber verhindert, dass die Kinder ihren Vater sehen. Sie begründet die Umgangsverweigerung damit, dass sie den Vater für außerstande hält, sich angemessen um die Kinder zu kümmern, wirft ihm vor, psychische Probleme zu haben und außerdem früher gewalttätig gegen sie und die Kinder geworden zu sein.

Die Dimension dieser Vorwürfe lässt vermuten, dass der Streit zwischen den Eltern sehr weit eskaliert ist. Ein klärendes Gespräch zwischen den Eltern ohne Unterstützung scheint schwer vorstellbar.

Fassen wir deshalb an dieser Stelle erst einmal kurz zusammen, welche Hilfeangebote in welcher Reihenfolge wir vorschlagen würden:

Kennen Anita und Gregor eine dritte Person in ihrer Bekanntschaft, der sie beide vertrauen, dann könnten sie sich zuerst an diese Person wenden mit der Bitte, sie bei ihrem Problem beratend und schlichtend zu unterstützen. Oft sind leider Verwandte und Bekannte auf eine Weise in den Konflikt involviert, dass sie entweder selbst nicht die nötige Distanz zum Prozess aufbringen bzw. von mindestens einer „Seite" nicht akzeptiert werden in einer beratenden Rolle.

Der nächste Schritt wäre, sich außerhalb des Familiensystems oder Bekanntensystems Hilfe zu suchen. Der Weg in eine Mediationspraxis wäre ein möglicher Schritt oder in eine Beratungspraxis eines (systemischen) Coaches.

Noch einen Schritt weiter gehen Sie, wenn Sie sich an das Jugendamt wenden oder eine öffentliche Beratungsstelle – wie zum Beispiel eine Erziehungs- und Familienberatungsstelle, → 7. Kapitel. Dieser Schritt kostet oft Überwindung, weil Sie mit intimen Problemen in den öffentlichen Raum gehen. Bei hochstrittigen Eltern ist dieser Schritt nach außen jedoch häufig der einzige Weg, angemessene Unterstützung zu finden.

Manchmal reichen einige Beratungsstunden, z. B. in einem Jugendamt, → 5. und 7. Kapitel, aus, um wieder gemeinsam auf die Elternebene zu finden und das gemeinsame Kind wieder in den Blick zu bekommen.

Reicht dieser Schritt nicht aus, vermittelt das Jugendamt Ihnen möglicherweise eine Hilfe bei einem freien Träger der Jugendhilfe – z. B. in der Form eines Begleiteten oder Kontrollierten Umganges, → 5. Kapitel.

Und der letzte Schritt, sich Unterstützung zu holen, führt Sie in das Familiengericht, → 5. und 7. Kapitel, inklusive weiterer selbst beantragter beziehungsweise vom Gericht auferlegter Hilfen.

Eine weitere Möglichkeit, einen Umgang „in die Tiefe" zu prüfen, besteht im Einsatz eines Sachverständigengutachtens, → 5. und 7. Kapitel, zur Umgangsfähigkeit des Vaters bzw. zur Erziehungsfähigkeit der Mutter in diesem Zusammenhang.

Wie angekündigt, wollen wir es nicht versäumen, Ihnen kurz einen interessanten Sonderfall, der sich tatsächlich so in der Praxis ereignet hat, vorzustellen:

Fallbeispiel

Gregor lehnt es ab, seine Kinder zu sehen. Obwohl Anita alles dafür tut, dass Gregor seine Kinder nach der Trennung sehen kann, lehnt der Vater dies ab mit der Begründung, dass er nicht mehr mit den Kindern und der Mutter zu tun haben will.

Der echte Fall in der Praxis sah so aus, dass der Vater allerdings seinen Sohn jahrelang nicht gesehen hatte und sich in dieser Zeit eine neue Familie aufgebaut hatte. Zum Zeitpunkt der Trennung war sein Sohn noch ein Baby gewesen. Die Mutter hatte vor Gericht in erster Instanz durchgesetzt, dass der Vater den gemeinsamen Sohn sehen müsse – er habe ja auch die Pflicht dazu. Eine zweite gerichtliche Instanz hat diesen Beschluss dann wieder aufgehoben.

Soll ich als Mutter darauf drängen, dass der Vater gegen seinen Willen trotzdem Umgang mit den Kindern hat?

Wir können Anita prinzipiell loben, dass sie sich so darum bemüht, dass die Kinder Gregor sehen. Den Vater durch gerichtlichen Beschluss zwingen zu wollen, dass er gegen seinen Willen seine Kinder sieht, halten wir für ein gut zu bedenkendes Unterfangen. Versetzen wir uns in die Kinder hinein: Sie befinden sich als Ergebnis in einem Raum mit ihrem Vater (eventuell auch im Rahmen eines BU), der nicht mit ihnen spricht beziehungsweise, wenn er etwas sagt, dann klingt das nicht freundlich und schon gar nicht zugewandt. Mit jeder Faser seines Körpers gibt Gregor zu verstehen, dass er keine Zeit mit seinem Kind verbringen will. Kein Erwachsener würde sich ohne Not einer solchen Situation aussetzen, sondern möglichst schnell den Raum verlassen. Unsere Verantwortung für die Kinder ist, sie keinen Situationen auszusetzen, die sie schädigen. Für den Selbstwert der Kinder ist es unter Umständen nicht förderlich, sich in einer solchen Situation mit ihrem Vater zu befinden. Zwar können die Kinder je nach Alter die Situation unterschiedlich reflektieren, aber emotional wäre der solchermaßen abweisende Vater in jedem Fall für jedes Kind eine enorme Belastung. Wiederum ist vorstellbar, dass ein solchermaßen zum Umgang gezwungener Vater seine abwehrende Haltung vielleicht nicht lange aufrechterhalten vermag. Diese Frage ist schlussendlich nicht gültig zu beantworten.

3. Kindesentführung

Beim Stichwort „Kindesentführung" – einer sehr drastischen Form der Umgangsverhinderung – denken viele von uns zuerst an spektakuläre Schlagzeilen, wenn Kinder aus Industriellenfamilien gegen Lösegeldforderungen in Millionenhöhe gekidnappt werden. Strafrechtlich bedeutet eine Kindesentführung, dass dem Sorgeberechtigten die Ausübung der elterlichen Sorge unmöglich gemacht oder erschwert wird. Kindesentführung ist somit der Oberbegriff und umfasst auch die Mitnahme durch Fremde. Bei einem Elternteil spricht man in der Regel von **Kindesentzug** oder **Kindesmitnahme**. Strafrechtlich sind alle Fälle gleich zu bewerten und entscheidend ist, dass mindestens einem Elternteil die Ausübung seines Sorgerechts bzw. die Ausübung seines Umgangsrechts erschwert wird.

Teilen sich beide Eltern das Sorgerecht, dann liegt der objektive Tatbestand einer Kindesentführung somit bereits vor, wenn ein Elternteil gegen den Willen oder ohne das Wissen des anderen die Kinder mitnimmt, beispielsweise in ein anderes Land. Im Zuge der Globalisierung und damit verbunden immer mehr internationalen Paaren/Ehen kommt dies recht häufig vor. Um hierfür gute Regelungen zu finden, wurde zwischen zahlreichen Staaten das **Haager Übereinkommen** abgeschlossen. Ein wesentlicher Teil des Abkommens sieht vor, dass jedes beteiligte Land eine zentrale Behörde gründet (in Deutschland im Bundesamt für Justiz in Bonn angesiedelt), die sich um Kindesentführungsfälle kümmert. Der zurückgelassene Elternteil kann in dem Land, in dem er sein Kind vermutet, innerhalb einer gewissen Frist Antrag auf Rückführung des Kindes in das Land beantragen, in dem es vorher seinen gewöhnlichen Aufenthalt hatte. Sollte die Mitnahme des Kindes rechtswidrig sein, also bei gemeinsamen Sorgerecht ohne Zustimmung des anderen Elternteils, dann wird das Kind in das andere Land zurückgeführt.

Die dahinterstehende Idee, ist, dass sich eigenmächtige Mitnahmen nicht lohnen sollen und somit der vorige Zustand wiederhergestellt wird. In der Praxis ergeben sich hier einige Schwierigkeiten, insbesondere bei der Entführung sehr kleiner Kinder, weil der entführende Elternteil nicht zurück in das Land gebracht werden kann, das Kind also gegebenenfalls ohne entsprechende Begleitung ist. Bei Abschluss des Abkommens hatten die Staaten in erster Linie solche Fälle im Hinterkopf, bei denen Väter gegen den Willen der Mütter die Kinder in ihr Herkunftsland brachten, damit sie dort eine ihrer Ansicht nach ideale Kindheit verbrächten. Heute zeigt sich, dass vor allem Mütter ihre Kinder gegen den Willen der Väter mitnehmen. Hauptgrund hierfür ist, dass Frauen immer noch häufiger mit ihren Partnern in deren Heimatland ziehen und dann nach der Trennung so schnell wie möglich zurück in ihr eigenes Land gehen wollen, wo sie familiäre Unterstützung und auch beruflich bessere Chancen erhoffen. Ihre Kinder nehmen sie „einfach" mit, oft gar nicht mit ausgeprägtem Unrechtsbewusstsein.

Da die Rückführung des Kindes oft zu schwierigen Situationen führen kann, versuchen die zuständigen Gerichte, die Eltern zu einer Mediation zu motivieren, wo eine einvernehmliche Lösung für den Aufenthaltsort, den Umgang und auch andere Fragen, wie beispielsweise Schulwahl, Finanzen geregelt werden. In Deutschland werden solche Fälle beispielsweise von MIKK e.V., → 7. Kapitel, betreut, wo sich Eltern auch kostenfrei beraten lassen können.

Fallbeispiel

Anita Sperber und Gregor van Aaken haben ein Kind: den 3-jährigen Felix. Die Eltern konnten sich nach der Trennung nicht lange auf ein Umgangsmodell einigen und stritten sich über den Umgang. Anita hat einen Antrag auf BU im Familiengericht gestellt. Gregor ist damit nicht einverstanden und hat sich mit seiner An-

> wältin beraten, wie er dagegen vorgehen könne. Gregor ist schließlich für 6 Wochen mit Felix in eine andere Stadt „verschwunden", ohne die Mutter darüber zu informieren.

Mit dieser Vorgeschichte kamen die Eltern zu uns in die Beratung im Rahmen eines vom Jugendamt initiierten Begleiteten Umgangs.

Wie kann ich als Mutter dem Vater vertrauen, dass sich so eine Entführung nicht wiederholt?

Dies ist wirklich eine sehr schwierige Situation. In unserem Fall haben wir durch die Gespräche mit dem Vater den Eindruck bekommen, dass der Vater sich durch seine Anwältin schlecht beraten ließ. Im Gespräch mit uns hat Gregor van Aaken deutlich gemacht, dass er auf Rat seiner Anwältin gehandelt hat. Die Idee hatte darin bestanden, durch die Entführung Tatsachen zu schaffen und auf deren Basis dann über die Teilung des Sorgerechts vor Gericht und eine 50/50 Umgangsregelung zu sprechen. Dabei blieb die Perspektive von Felix völlig auf der Strecke, der schließlich, als die Mutter den Aufenthalt herausgefunden hatte, mit Polizeieinsatz aus der Wohnung des Vaters geholt werden musste.

Die einzige Möglichkeit für Anita, wieder Vertrauen zu Gregor aufzubauen, wären gemeinsame Gespräche, in denen Gregor glaubhaft machen kann, dass er falsch gehandelt habe, dass es ihm leidtue und er verspreche, dass sich so etwas nicht wiederholen werde.

Im konkreten Fall hat die Mutter solche Gespräche (leider) abgelehnt und der Fall befindet sich nach dem abgebrochenen BU zu Klärung vor Gericht. Aktuell finden keine Umgangskontakte statt.

Ist Felix nicht zwangsläufig durch die Entführung traumatisiert?

Nein. Es hängt sehr von den Umständen ab, wie Felix alles wahrgenommen hat. Im besten Fall hat Gregor zu Felix gesagt, dass sie eine Reise unternehmen und Spaß haben werden. Während der Umgangskontakte zwischen Vater und Sohn bei uns konnten wir beobachten, dass es zwischen den beiden eine sehr enge und liebevolle Beziehung gibt. Wir können nicht sagen, wie der Anblick der Polizisten bei der Abholung auf Felix gewirkt hat und wie stark. Der gesunde Menschenverstand sagt uns, dass es zum Wohl eines Kindes vermieden werden sollte, von fremden Menschen plötzlich abgeholt zu werden. Das soll die Tatsache, dass wir es mit einer Entführung zu tun haben, nicht schmälern. Wir könne nur nicht mit Gewissheit sagen, wie dies alles auf Felix gewirkt hat und ob Felix langfristig darunter leiden wird. Worunter er mit Sicherheit leidet ist der Punkt, dass die Eltern nicht miteinander reden. Felix spürt all diese Spannungen. Wir wiederholen uns an dieser Stelle gern noch einmal: Das gemeinsame (moderierte) Gespräch von Eltern ist und bleibt der Königsweg für eine Lösung aller Streitigkeiten zum Umgang.

4. Psychische Krankheiten

Psychische Erkrankungen nehmen in der Bevölkerung zu und sind längst keine Seltenheit mehr. Oft werden psychische Erkrankungen in Verbindung mit Stress im beruflichen Kontext gestellt, denken Sie an die rasante Zunahme von Burnout- Diagnosen. In unseren beiden folgenden Beispielen haben wir es zuerst mit einem Vater zu tun, der seine Erkrankung anerkennt und diagnostiziert bekommen hat, danach sehen wir einen Vater, der seine Erkrankung nicht wahrhaben will und dem auch keine Diagnose gestellt wurde.

Fallbeispiel

Anita Sperber hat sich kürzlich von Gregor van Aaken getrennt. Gregor van Aaken hat eine Diagnose medizinische Diagnose bekommen: „Schizophrenie mit psychotischen Schüben". Anita hat es einfach nicht mehr ausgehalten, mit Gregor zusammen zu leben. Gregor versteht Anita, ist ausgezogen und befindet sich seit einiger Zeit in psychiatrischer Behandlung. Die Kinder wollen Gregor gern sehen – sie lieben ihren Vater. Auch Anita möchte, dass die Kinder ihren Vater sehen – nur vorerst nicht allein.

Wie organisieren wir den Umgang der Kinder mit dem Vater?

Dieser „Fall" ist ein klassisches Beispiel dafür, wie durch äußere Unterstützung dafür gesorgt werden kann, dass die Kinder ihren Vater sehen und sich trotz der psychischen Erkrankung des Vaters sicher fühlen können. Wir nehmen wieder Bezug auf einen realen Fall aus unserer Praxis, in dem wir im Rahmen eines BU Kinder und Eltern unterstützt haben, eine passende Regelung für den Umgang zu finden:

Zuerst einmal haben wir mit den Eltern gesprochen, zuerst einzeln, dann auch gemeinsam, weil das möglich war. In diesen Gesprächen haben die Eltern miteinander eine erste Umgangsvereinbarung erarbeitet. Wie oft finden die Umgänge statt? Wie lange? Wo finden die Übergaben statt?

Was sagen wir den Kindern?

Kinder wollen nicht belogen oder unterschätzt werden. Wir haben mit den Kindern darüber gesprochen, was ihre Eltern sich „ausgedacht" haben und es ihnen erklärt. Der 15 Monate alten Eva ist so etwas natürlich verbal nicht zu erklären; Eva war trotzdem mit dabei bei den Gesprächen, um zumindest atmosphärisch beteiligt zu sein. Denn wie Sie wissen, „verstehen" Kinder sehr viel über das Gefühl aus einer Atmosphäre heraus, wenn sie noch zu klein sind, Worte darüber zu begreifen. Wir haben den Kindern auch gesagt, dass sie ihre Eltern immer fragen können (und uns), wenn ihnen etwas komisch vorkommt bzw. sie etwas wissen wollen. Wir haben die Eltern auch darauf vorbereitet, was sie wie mit ihren Kindern besprechen können.

Wie sah der Umgang in der Praxis aus?

Der Vater hat seine Kinder in Begleitung des Umgangsbegleiters bei der Mutter abgeholt. In der Wohnung der Mutter haben die Eltern kurz Informationen über die Kinder ausgetauscht. Dann ist der Vater mit den Kindern und dem Umgangsbegleiter auf einen nahe gelegenen Spielplatz gegangen oder in ein Eltern-Kind-Café. Der Umgangsbegleiter hat sich während des gesamten Umgangs im Hintergrund gehalten und diente als Ansprechpartner für die Kinder und den Vater bei Bedarf. Bei der Rückübergabe der Kinder in der Wohnung der Mutter war der Umgangsbegleiter mit anwesend als Unterstützung.

Was tun wir, wenn der Vater langfristig psychisch erkrankt ist – wir werden nicht „ewig" einen BU in Anspruch nehmen können, oder?

In der Regel wird ein BU für 6 Monate vom Jugendamt bewilligt, mit der Option für eine einmalige Verlängerung. Im Sonderfall eines psychisch erkrankten Elternteils ist es jedoch möglich, einen BU über einen sehr viel längeren Zeitraum in Anspruch zu nehmen. Es hängt dann von unterschiedlichen Faktoren ab, ob der BU länger bewilligt wird. Ist davon auszugehen, dass der Vater über einen sehr langen Zeitraum oder „für immer" psychisch beeinträchtigt ist und hat der zuständige Sozialarbeiter erstens genug Erfahrung mit seiner Tätigkeit und ein gutes „Standing" bei seinen Vorgesetzten, dann kann er es schaffen, einen BU über mehrere Jahre zu bewilligen. Dazu braucht es natürlich auch kooperationswillige und -fähige Eltern, die diesen BU umsetzen können.

Gibt es für den Vater eine Perspektive der Besserung oder gar Heilung, dann kann auch der BU so weiter einwickelt werden, dass der Vater wieder selbständig Umgang mit seinen Kindern haben kann.

Im geschilderten konkreten Fall haben die Eltern miteinander einen Notfallplan erarbeitet, was geschehen soll, wenn der Vater während eines Umgangs mit den Kindern z. B. einen psychotischen Schub bekommen sollte. Die Kinder hatten Notfalltelefonnummern dabei und waren über alle Absprachen zwischen den Eltern informiert. Die 15 Monate alte Eva war anfangs bei den unbegleiteten Umgangskontakten nicht mit dabei; der Vater besuchte sie stattdessen zu Hause bei der Mutter, → 4. Kapitel. Später (das haben uns die Eltern erzählt) hat der Vater auch allein Kontakt zu Eva gehabt, und die Umgangskontakte haben gut geklappt.

Fallbeispiel

Anita Sperber hat sich vor zwei Jahren nach langjähriger Beziehung von Gregor van Aaken getrennt, weil Gregor psychische Auffälligkeiten entwickelt hat. Er zeigt paranoide Züge und ist gegenüber seiner eigenen Mutter einmal handgreiflich geworden. Gregor van Aaken fühlt sich von der Mutter seiner Kinder abgeschoben und von den Kindern ferngehalten. Er vermutet, dass die Mutter ihm die Kinder entziehen will. Der Vater hat keine Einsicht in seine Erkrankung. Er lehnt den vom Jugendamt eingesetzten BU ab und möchte seine Kinder in einem Wechselmodell 50/50 sehen. Seine Kinder, die 9-jährige Anna und die 11-jährige Naomi lieben ihren Vater und dieses Gefühl wird vom Vater erwidert. Die Familie hatte bereits einen BU bei einem Träger der freien Jugendhilfe.

Ich (Anita) finde es schwierig, dass Gregor gar keine Einsicht zeigt, dass er Hilfe braucht. Ich habe Angst, dass er die Kinder im Umgang manipuliert.

Diese Angst ist verständlich. Die Umgangsbegleiter achten während des Umgangs darauf, dass der Vater die Kinder nicht manipuliert oder sie mit Dingen belastet, mit denen sie nicht belastet werden sollten. Mit den Kindern finden deshalb in solch einer Situation regelmäßig Gespräche statt um sicherzustellen, dass die Kinder entspannt den Umgang mit dem Vater genießen können.

Die 11-jährige Naomi klagt öfter über Kopf- oder Bauchschmerzen. Soll sie trotzdem in den Umgang gehen?

Auch hier beziehen wir uns als Referenz auf den realen Fall: In diesem Fall haben wir intensiv mit Naomi gesprochen und herausgefunden, dass sie sich von ihrem Vater unter Druck gesetzt fühlte. Außerdem hatte Naomi das Gefühl, sie müsse auch zusätzlich auf ihre jüngere Schwester Anna aufpassen. Wir haben mit Naomi vereinbart, dass die Umgangskontakte etwas seltener stattfinden und dass wir mit ihrem Vater darüber sprechen, was sie uns erzählt hat. Außerdem haben wir eingeführt, dass Naomi und ihre Schwester alle vier Wochen eine Umgangspause haben sollten und stattdessen die Möglichkeit, mit den Umgangsbegleitern Gespräche zu führen, wovon die Kinder auch regelmäßig Gebrauch gemacht haben.

Und wenn der Vater auf der ursprünglichen Umgangsfrequenz besteht?

Das war leider auch der Fall. Dazu kam noch, dass der Vater immer mehr das Vertrauen darin verlor, dass sowohl die Mutter als auch die Umgangsbegleiter sich sehr darum bemühten, dass der Vater regelmäßig seine Kinder sehen konnte. Wir haben Gregor van Aaken schließlich damit konfrontiert, dass wir bei ihm psychische Auffälligkeiten sehen, die einen selbständigen Umgang mit den Kindern erschweren würden. Der Vater konnte unserer Analyse nicht folgen und hat sich in der Folge darum bemüht, andere Umgangsbegleiter des Trägers „zu bekommen". Die Kinder haben uns gegenüber jedoch deutlich gemacht, dass sie auf keinen Fall mit anderen Umgangsbegleitern zusammen sein wollten, dann würden sie lieber ihren Vater nicht mehr sehen. Diese Information hat der Vater zur Kenntnis genommen und sich notgedrungen noch einmal mit uns als Umgangsbegleitern arrangiert. Jedoch stand diese Arbeitsbeziehung von diesem Zeitpunkt an auf wackligen Füßen.

Der Vater schreibt Naomi immer wieder seltsame Nachrichten per WhatsApp und ist auch an unserem Haus erschienen. Naomi möchte nicht, dass der Vater dies tut und ist etwas verängstigt.

Wir bleiben bei unserem realen Fall: Wir haben mit Naomi gesprochen und erarbeitet, wie sie am besten mit solchen Dingen umgehen will. Wir haben mit dem Vater gesprochen und klar gemacht, dass, wenn er diese Form von Stalking nicht unterlässt, die Kinder den Umgang mit ihm (schweren Herzens, weil sie ihn ja lieben) abbrechen würden. Dieses Gespräch hat der Vater wütend abgebrochen. Später hat er sich bei der Sozialarbeiterin des Jugendamtes krankgemeldet. Seitdem finden keine Umgangskontakte mehr statt. Die Kinder haben uns in den Nachgesprächen deutlich gemacht, dass sie die Pause der Umgangskontakte zum Vater als große Entlastung empfänden. Wir selbst fanden den Verlauf des Prozesses sehr bedauerlich, weil die Kinder ihren Vater lieben und der Vater seine Kinder. Doch die fehlende Einsicht in seine Erkrankung verhinderte letztlich die Fortsetzung der Umgangskontakte.

5. Häusliche Gewalt

Von „häuslicher Gewalt" ist die Rede bei körperlichen, sexuellen und psychischen Gewalttaten zwischen Menschen, die zusammen in einem Haushalt leben. Dies beinhaltet u. a. die Gewalt zwischen Paaren und gegenüber Kindern.

Fallbeispiel

Gregor van Aaken will sich nicht von Anita Sperber trennen. In einem Gespräch macht Anita deutlich, dass sie jedoch fest entschlossen ist, sich von Gregor zu trennen. In einer affektiven Reaktion schlägt Gregor Anita ins Gesicht und verlässt dann die Wohnung. Dies ist das erste Mal, dass Gregor gegenüber Anita gewalttätig geworden ist. Die Kinder haben diese Aktion gesehen.

Wenn mein Vater (Anton) so „ausflippt", wie kann ich dann sicher sein, dass dies mit uns nicht auch passiert, wenn wir ihn besuchen?

Absolute Sicherheit gibt es leider nicht, um das Verhalten eines Menschen vorherzusagen. Mit Blick auf das Verhalten in der Vergangenheit lassen sich jedoch zumindest Prognosen anstellen. Es ist ein Unterschied, ob ein Vater wie Gregor nach fast 20 Jahren Zusammenleben angesichts des Trennungsstresses einmal seine Nerven nicht unter Kontrolle hat oder ob es bereits zuvor Gewalttätigkeiten in der Beziehung gab.

Meine kleinen Schwestern Anna und Naomi (Anton) haben gesehen, wie Gregor Anita geschlagen hat. Sie sind schockiert und wollen nicht zu ihrem Vater gehen.

Anna und Naomi zu erklären, dass ihr Vater sich in einer akuten Krisensituation befunden hat wird nichts daran ändern, dass die Kinder schockiert sind. Es ist verständlich, dass sie nicht zu ihrem Vater gehen wollen – und sie sollten auch nicht gezwungen werden. Am besten wäre es, wenn sich Gregor bei Anita vor den Kindern entschuldigen würde für diese Aktion und den Kindern versichern würde, dass so etwas nicht mehr vorkommen wird. Dabei könnte Gregor auch versuchen, seine Situation den Kindern altersgerecht zu erklären. Viel wichtiger ist jedoch, dass die Kinder echte Reue spüren und Gregor ihnen die Sicherheit vermitteln kann, dass so etwas tatsächlich nicht noch einmal passiert und dass sie als Kinder auch nicht zu befürchten haben, dass er ihnen gegenüber die Nerven verliert.

Ich (Anton) glaube nicht, dass mein Vater nicht wieder die Nerven verlieren kann. Das kenne ich schon aus der Vergangenheit. Da hat Gregor zwar nicht geschlagen, doch laut geschrien, und er hat auch uns Kinder angeschrien. Ich will und werde nicht zum Umgang gehen.

Niemand kann Anton zwingen, seinen Vater unter diesen Umständen zu sehen. Es kann sein, dass seine Geschwister ihren Vater sehen wollen und werden, während Anton dies verweigert. Prinzipiell gibt es in der Fachwelt zwei gegensätzliche Einstellungen bezüglich der Gewaltthematik. Eine Seite spricht einem Vater wie Gregor grundsätzlich das Recht auf Umgang mit seinen Kindern ab, weil sie davon ausgeht, dass Gregor gezeigt hat, dass er durch das Anwenden von Gewalt nicht in der Lage sei, seiner elterlichen Verantwortung ausreichend nachzukommen. Gregor habe beweisen, dass er nicht in der Lage sei, sich ausreichend gut um die Kinder kümmern zu können. Die andere Seite separiert die Gewalt vom Recht des Vaters auf Umgang. Gregor sei durchaus ein liebevoller Vater und könne Umgang mit seinen Kindern haben; sein Gewalttätersein könne man nicht auf seine gesamte Person ausdehnen.

Wer hat Recht?

Niemand kann sagen, was hier richtig oder falsch ist. Sie müssen die Situation in ihrem Kontext sehen und dann abwägen, was Ihnen wichtiger ist: Soll die Bindung des Kindes an den Vater als wichtige Größe für das Kind gesichert werden, verbunden mit dem Risiko, dass der Vater Verhalten zeigt, welches schädlich für das Kind ist? Oder ist es Ihnen wichtiger, Ihr Kind vor dem Risiko schädlicher Verhaltensweisen des Vaters zu schützen und dabei in Kauf zu nehmen, dass Ihr Kind sich dem Vater entfremdet und seine Bindung verliert? Dieses Spannungsfeld ist nicht allgemeingültig aufzulösen. Schauen Sie auf Ihre individuelle Situation, holen Sie sich Beratung und dann entscheiden Sie.

> **Fallbeispiel**
>
> Gregor van Aaken will sich nicht von Anita Sperber trennen. In einem Gespräch macht Anita deutlich, dass sie jedoch fest entschlossen ist, sich von Gregor zu trennen, weil er gewalttätig sei. Als Reaktion auf diese Aussage schlägt Gregor Anita. In der in-

> zwischen fast 20-jährigen Beziehung zwischen Anita und Gregor ist es regelmäßig vorgekommen, dass Gregor Anita geschlagen hat.

Wie soll ich (Anita) unter diesen Umständen meine Kinder in die Obhut des Vaters zum Umgang geben?

Anita Sperber hat sich von Gregor van Aaken getrennt, weil Gregor immer wieder gewalttätig geworden ist. Das ist ein bedeutsamer Unterschied zu unserem Beispiel davor. Anita hat das Problem, dass sie sich in einer Zwickmühle befindet. Sie möchte einerseits eine „gute Mutter" sein und ihren Kindern ermöglichen, ihren Vater zu sehen. Sie fühlt sich in dieser Hinsicht auch von ihrer Verwandtschaft unter Druck gesetzt, dass sie doch die Kinder nicht darunter leiden lassen solle, dass ihre Beziehung mit Gregor nicht funktioniert habe. Andererseits hat sie Angst um ihre Kinder und auch sich selbst. Sie will (und sollte) Gregor auf keinen Fall begegnen. Sie macht sich Sorgen um ihre eigene Sicherheit. Anita sollte sich beraten, wie sie am besten mit der schwierigen Situation umgehen kann. Bis dahin sollten keine Umgangskontakte der Kinder mit ihrem Vater stattfinden.

Wird Gregor ohne den emotionalen Stress innerhalb der Partnerbeziehung sich nicht „beruhigen" und ein guter Vater für die Kinder sein können?

Internationale Studien zeigen, dass knapp die Hälfte der Männer, die Frauen schlagen, auch ihre Kinder schlagen. Davon abgesehen können sowohl die direkte Erfahrung von Gewalt als auch das bloße „Zeugesein" von Gewalt, also wenn ein Kind sieht, dass seine Mutter misshandelt wird, traumatische Auswirkungen auf das Kind haben. Oft entwickeln Kinder, die gesehen haben, dass ihre Mutter regelmäßig geschlagen wurde, Verhaltensstörungen und langfristig emotionale und kognitive Probleme. Außerdem neigen diese Kinder, das ist ein allseits bekannter Fakt, später selbst zu Gewalt. Sehr bedeutsam ist auch die Tatsache, dass eine Mutter, die regelmäßig misshandelt wurde, kurz nach der Trennungssituation in der größten Gefahr schwebt, misshandelt oder gar getötet zu werden. Diese Gefahr besteht gerade auch in Übergabesituationen der Kinder zwischen den Eltern. Wir empfehlen, dass Sie sich in einer solchen oder vergleichbaren Situation unbedingt fachliche Hilfe und Beratung und auch Schutz suchen und auf keinen Fall allein versuchen, Umgangskontakte zu organisieren.

6. Kindesmissbrauch

Wir wollen uns mit den Fällen befassen, in denen es um eine Verdachtsäußerung der Mutter gegenüber dem Vater geht: Die Mutter äußert den Verdacht, dass der Vater das Kind sexuell missbraucht hat. Die Fälle, in denen es einen nachgewiesenen sexuellen Missbrauch gibt, haben wir hier nicht im Fokus, weil in diesen Fällen fast immer keine Umgangskontakte zwischen Kind und Vater stattfinden. Sollten doch Umgangskontakte stattfinden, dann zwingend in einem therapeutischen Setting, welches der BU nicht bietet.

Fallbeispiel

Anita Sperber hat sich vor zwei Jahren nach langjähriger Beziehung von Gregor van Aaken getrennt. Es fanden Umgangskontakte zwischen dem Vater und den Kindern statt. Nach einem Kontakt mit Gregor hat die 7-jährige Naomi der Mutter etwas erzählt, was Anita glauben lässt, dass Gregor Naomi sexuell missbraucht hätte. Anita Sperber hat daraufhin den Umgang abgebrochen; inzwischen ist die Familie über das Jugendamt zu einem Träger der Jugendhilfe vermittelt wurden, und dort findet ein KU statt.

Ist es nicht so, dass immer mehr Mütter auf die Idee kommen, Umgangskontakte verhindern zu wollen, indem sie einfach mit dem Vorwurf des sexuellen Missbrauchs „hantieren"?

Diese Vermutung ist zwar naheliegend, entspricht jedoch nicht der Realität. Zuerst einmal ist es wichtig zu konstatieren, dass sich der Schutz der Kinder in Deutschland, den der Gesetzgeber vorsieht, im Weltmaßstab auf einem sehr hohen Niveau befindet. Wir achten auf unsere Kinder, wir schützen unsere Kinder vor Gewalt und anderen schädlichen Einflüssen. Aus diesem Fokus folgt, dass generell Übergriffigkeiten gegenüber Kindern gesellschaftlich stärker thematisiert und verurteilt werden.

Untersuchungen zeigen jedoch, dass die Mehrzahl der angezeigten Fälle von sexuellem Missbrauch nicht darauf beruht, dass eine Mutter eine bewusste falsche Anschuldigung vorbringt – der sog. Missbrauch mit dem Missbrauch –, sondern dass eine Mutter darauf reagiert, was sie von ihrem Kind wahrnimmt.

Welche Unterstützung können wir uns holen, um mit dem Verdacht bzw. Vorwurf umzugehen?

Dass die Umgangskontakte in einem geschützten Raum unter Beobachtung eines Umgangsbegleiters stattfinden, ist bereits eine wertvolle Hilfe für die Beteiligten. Darüber hinaus empfehlen wir, dass sich die Eltern an eine therapeutische Beratungsstelle wenden, die auf die Thematik spezialisiert sind. In Berlin wäre das z. B. eine Beratungsstelle wie KIZ (Kind im Zentrum).

Werden viele Verdachtsfälle im Verlauf von entsprechenden Untersuchungen bestätigt?

Im Gegenteil. Es ist so, dass ein sehr hoher Anteil von Verdachtsfällen sich nicht bestätigt. Dafür können wir einige Gründe benennen. Anita Sperber und Gregor van Aaken sind Eltern, die ein sehr hohes Streitniveau erreicht haben. Verknüpft mit dem Ärger und der Wut über die Trennung ist Anita schneller bereit, dass von Naomi gehörte vorschnell zu interpretieren bzw. tendenziös zu interpretieren. Außerdem hat Anita Naomi mehrmals suggestiv befragt, was denn genau passiert sei und Naomi erzählt ihrer Mutter inzwischen vor allem das, von dem sie glaubt, dass es ihre Mutter von ihr hören möchte. Und drittens ist Anita beeinflusst vom oben erwähnten gesellschaftlichen Klima, welches dem Thema Missbrauch einen großen Platz einräumt in der öffentlichen Debatte. Dazu gehört zum Beispiel auch, dass Verwandte von Anita ihr geraten haben, das von Naomi gesagte sehr ernst zu nehmen.

7. Pflegeeltern

Als Umgangsbegleiter haben wir es nicht selten mit der Konstellation zu tun, dass wir den Umgang eines Kindes, welches in einer Pflegefamilie lebt, zu einem oder beiden leiblichen Elternteilen organisieren. An Pflegeeltern stellen sich **komplexe Anforderungen**, wenn ein Umgang zu den leiblichen Eltern organisiert werden soll. Oft werden diese Umgangskontakte deshalb von Dritten begleitet.

> ### Fallbeispiel
>
> Anita Sperber und Gregor van Aaken haben drei Kinder: den 3-jährigen Felix, den 4-jährigen Max und den knapp 1-jährigen Hans. Die Eltern sind vor einigen Wochen mit Hans in einer Unfallklinik erschienen, weil ihr Sohn starke Schmerzen hatte. In der Klinik wurde festgestellt, dass Hans Verletzungen hatte, die nur mit Gewalteinwirkungen von außen zu erklären waren. Die Eltern konnten dazu keine Angaben machen. Hans wurde daraufhin vom Jugendamt in Obhut genommen und in eine Pflegefamilie vermittelt – geplant für wenige Wochen. Die Eltern haben im Jugendamt einen Antrag auf Umgang gestellt. Das Jugendamt hat den Eltern einen BU gestattet.

Wir orientieren uns erneut an einem realen Fall, den wir insgesamt mehr als zwei Jahre begleitet haben.

Wieso haben die Eltern Recht auf Umgang, wenn sie doch wahrscheinlich ihr Kind misshandelt haben?

Die Misshandlung des Kindes stellt eine Vermutung dar, es gibt keinen Beweis, was genau mit Hans passiert ist. Um das Wohl von Hans zu schützen, hat das Jugendamt einen Vormund, → 6. Kapitel, für Hans bestellt. Dieser Vormund übernimmt temporär Teile des Sorgerechts, wie das Aufenthaltsbestimmungsrecht und hat dafür gesorgt, dass Hans in die Pflegefamilie vermittelt wird. Trotzdem haben die Eltern das Recht, ihren Sohn unter Aufsicht zu sehen. Das wäre auch der Fall, wenn es Beweise für eine Misshandlung geben würde. Kind und Eltern wird eine Chance eingeräumt, sich in einem geschützten Raum zu begegnen. In Deutschland geht der Gesetzgeber davon aus, dass alles unternommen werden soll, damit ein Kind entweder in seiner leiblichen Familie bleiben oder möglichst wieder in seine Herkunftsfamilie zurückkehren kann. In der Fachwelt werden nach wie vor zwei konträre Ansätze diskutiert. Eine Seite fokussiert auf die oft traumatischen Erfahrungen von Kindern in ihren leiblichen Familien und steht Umgangskontakten – Stichwort: Retraumatisierung – sehr kritisch gegenüber. Die andere Seite verweist auf das im Grundgesetz beschriebene Recht des Pflegekindes, seine leiblichen Eltern zu sehen, auch wenn die Eltern sich nicht „optimal" dem Kind gegenüber verhielten und verhalten.

Wie lange bleibt Hans bei den Pflegeeltern?

Hier klaffen Theorie und Praxis oft auseinander. Prinzipiell lassen sich drei unterschiedliche Arten von Pflegeformen definieren: Erstens – die Kurzzeitpflege. Wäre Anita alleinerziehende Mutter ohne Erziehungsdefizite und müsste eine Kur antreten, würde Hans für diese Wochen in eine Pflegefamilie kommen, um nach der Kur wieder zurück zur Mutter zu gehen. Zweitens – die Vollzeitpflege. Im Rahmen von Vollzeitpflege kann ein Kind dauerhaft oder für einen befristeten Zeitraum in einer Pflegefamilie leben. Sollten die leiblichen Eltern zukünftig in der Lage sein und sich aktiv darum bemühen, dass das Kind wieder zu ihnen zurückkehrt, so wäre das, nach entsprechender Prüfung der leiblichen Eltern, zu einem bestimmten Zeitpunkt möglich. Drittens – die Bereitschaftspflege. Das Pflegekind lebt als Gast bei dieser Familie bis entschieden worden ist, wo das Kind dauerhaft leben soll: wieder bei seinen leiblichen Eltern, dauerhaft in einer anderen Pflegefamilie oder in einer Heimeinrichtung. Dies traf auf Hans aus unserem Beispiel zu. Die Pflegefamilie nahm Hans als Gast auf und es sollte geschaut werden, dass Hans nach einigen Wochen in eine andere Pflegefamilie vermittelt wird, wo er eventuell dauerhaft beziehungsweise über einen recht langen Zeitraum leben sollte. In der Praxis sah es in unserem Beispiel so aus, dass Hans letztlich mehr als 2 Jahre in der Pflegefamilie lebte, in der er eigentlich nur einige Wochen bleiben sollte.

In welcher Form finden die Umgangskontakte statt?

Nach einigen Wochen der Eingewöhnung hat Hans seine Eltern im Rahmen eines Begleiteten Umgangs bei uns gesehen. Dabei mussten wir konstatieren, dass der Vater von Hans sehr unzuverlässig war. Er hat anfangs öfter den Termin abgesagt, dann ist er einige Male nicht gekommen und dann doch wieder und schließlich kam der Vater überhaupt nicht mehr. Zu Beginn haben beide Eltern gemeinsam den Umgang wahrgenommen. Weil die Spannungen zwischen den

Eltern zu groß waren, haben wir dies später beendet und die Umgänge einzeln organisiert. Als Schutz für Hans – erinnern wir uns daran, der Hans zu Beginn 1 Jahr alt war – war die Pflegemutter immer mit bei den Umgangskontakten anwesend.

Wie oft finden die Umgangskontakte statt?

Die Umgangskontakte fanden anfangs alle 14 Tage statt für ca. eine Stunde. Zu bedenken bei der Frequenz der Kontakte ist immer, dass Hans sowohl die Chance haben muss, gut bei den Pflegeeltern anzukommen, als auch die Möglichkeit, die Beziehung zu seinen leiblichen Eltern zu erhalten. In diesem Spannungsfeld gibt es keine schablonenhaften Lösungen.

Weshalb ist Hans viel länger als geplant bei der Pflegefamilie geblieben?

Ein Grund dafür ist, dass es nicht genügend geeignete Pflegefamilien gibt. Im konkreten Fall kamen noch zwei weitere Gründe hinzu: Erstens sagte die schließlich für Hans gefundene Pflegefamilie kurzfristig ab, womit ein monatelanger Prozess ohne Ergebnis abgeschlossen wurde. Zweitens beantragte die Mutter vor Gericht die Rückführung von Hans zu sich.

Wie schaffen wir es als Pflegeeltern Hans eine gute Bindung zu uns zu ermöglichen, wenn wir doch wissen, dass Hans nicht „ewig" bei uns bleiben wird?

Auch hier streitet die Fachwelt bereits seit vielen Jahren um den richtigen Ansatz. Ohne diesen Streit in die Tiefe beleuchten zu wollen, stellen wir hier kurz die beiden Ansätze vor: Das Konzept der „Ergänzungsfamilie" und das Konzept der „Ersatzfamilie". Sehr einfach gesagt: Die Pflegefamilie als Ergänzungsfamilie zu sehen, bedeutet, dass der Fokus darauf gerichtet ist, das Kind so bald wie möglich wieder zurück in die leibliche Familie zu bringen. Pflegeeltern sollen sich als temporäre Unterstützung begreifen und zwar so lange, bis die leiblichen Eltern in der Lage sind, wieder angemessen für das Kind sorgen zu können. In diesem Sinn wird die Pflegefamilie als Hilfe für die Eltern verstanden. Die Pflegefamilie als Ersatzfamilie ist als Hilfe für das Kind zu verstehen, und zwar in dem Sinne, dass dem Kind, im Gegensatz zu den Erfahrungen bei den leiblichen Eltern, eine gesunde Sozialisation ermöglicht werden soll.

Im Zuge dessen darf das Kind die Pflegeeltern zu seinen „psychologischen" Eltern machen, also richtige Bindungen aufbauen mit dem Ziel, dass die Pflegeeltern als Ersatzeltern den gleichen Wert haben wie die leiblichen Eltern.

Aus unserer Praxis könne wir berichten, dass die Mehrzahl der in Pflegefamilien untergebrachten Kinder, die wir in Umgangsverfahren begleitet haben, entweder deutlich länger als geplant dortbleiben beziehungsweise sogar dauerhaft bei den Pflegeeltern leben.

Und wenn die leiblichen Eltern ihr Kind zurückwollen?

Der Gesetzgeber hat zwei klare Kriterien benannt, die vor einer Rückkehr eines Kindes zu seinen leiblichen Eltern erfüllt sein müssen. Die Eltern müssen an erster Stelle nachweisen, dass sich die Erziehungsbedingungen nachhaltig gebessert haben. Und dieser Nachweis muss in einer Zeitspanne erfolgen, die für das Kind vertretbar ist. Also: Je jünger das Kind, desto schneller muss dieser Nachweis erfolgen. Der Grund dafür liegt im unterschiedlichen Zeitempfinden von Kindern. Im Fall des 1-jährigen Hans müssten die Eltern sich recht schnell stabilisieren, damit Hans sich nicht zu eng zu lange an die Pflegeeltern bindet.

In unserem Beispiel hat die Mutter von Hans den gerichtlichen Antrag auf Rückführung von Hans gestellt. Das Gericht hat folgende Auflagen gestellt: Die Mutter muss sich zwingend von ihrem Mann trennen, eine eigene Wohnung beziehen und eine Therapie beginnen. Die Trennung von ihrem Mann als Auflage lag darin begründet, dass allgemein davon ausgegangen wurde, dass der Vater Hans misshandelt hat, ohne dass die Mutter dies mitbekommen hat. Dies bestreitet der Vater übrigens bis heute.

Anita Sperber hat es letzlich geschafft, diese Auflagen zu erfüllen. Im Jugendamt wurde mit den Umgangsbegleitern, der Mutter und den Pflegeeltern besprochen, welche Schritte konkret unternommen werden sollen, um die Rückführung des Kindes zu Anita durchzuführen.

Wir haben diese Rückführung über mehrere Monate begleitet und erfolgreich abgeschlossen. Zwar sind die Zweifel an der Mitschuld oder Schuld der Mutter bezüglich der Verletzungen von Hans nicht ausgeräumt, sie sind jedoch auch nicht beweisbar. Die Pflegeeltern haben die Rückführung, trotz ihrer starken Bedenken über die Glaubhaftigkeit der Mutter, professionell unterstützt und damit überhaupt erst möglich gemacht.

Was ist besser im Rahmen einer Rückführung: schnell und kurz oder langsam und lange?

Hans war ein Jahr alt, als er zu den Pflegeeltern kam, und er war knapp drei Jahre alt, als er zurück zu seiner Mutter ging. In dieser Zeit hat sich Hans eng an die Pflegeeltern gebunden. Um die Gefahr einer Bindungsstörung und späteren Beziehungsstörungen zu minimieren, sollte der Wechsel von Hans von den Pflegeeltern zu Anita behutsam, langsam und am Kind orientiert erfolgen. Wir haben mit Anita und den Pflegeeltern einen Rückführungsplan erarbeitet, der konkrete Schritte der Rückführung beschreibt. Wir haben einige Wochen länger gebraucht für den Prozess, weil Hans zwischendurch krank geworden ist und wir deshalb die Rückführung verzögert haben. Insgesamt hat der Prozess der Rückführung ungefähr sechs Monate gedauert. Der Prozess lief über die Etappen: Umgang zwischen Hans und Anita einmal in der Woche, mehrmals in der Woche, dann zu Hause bei Anita, Rückzug der Pflegeeltern aus dem Umgang, Rückzug der Umgangsbegleiter – damit selbständiger Umgang über einen Tag, über zwei Tage hintereinander ohne Übernachtung, dann mit Übernachtung, Einbezug der Geschwister in den Umgang, dann Einbezug der Mutter mütterlicherseits. Zuletzt befand sich Hans vier Tage und Nächte hintereinander bei der Mutter und sollte eigentlich ein letztes Mal zurück zu den Pflegeeltern gehen. Die Pflegeeltern und Anita haben dann vor dem Hintergrund der so gut verlaufenden Rückführung vereinbart, dass Hans bereits eine Woche eher als geplant endgültig bei der Mutter bleiben kann. Diese Absprachen haben die Pflegeeltern und die Mutter ohne uns Umgangsbegleiter vorgenommen; wir hielten uns zu diesem Zeitpunkt bereits im Hintergrund. Parallel zur Rückführung haben wir mit Anita und den Pflegeeltern den Prozess immer wieder in gemeinsamen Gesprächen reflektiert und gegebenenfalls Anpassungen vorgenommen.

III. Jugendamt und Jugendhilfe

Für viele von uns ist das Jugendamt nicht gerade ein Sehnsuchtsort. Schlimmer noch: Für viele von uns ist das Jugendamt ein Ort, der auf jeden Fall zu meiden ist! Wir erinnern uns an die Meldungen aus der Presse, in denen davon die Rede ist, wie ein überlasteter Mitarbeiter eines Jugendamtes ein Kind nicht aus einer verwahrlosten Wohnung geholt hat und die Eltern nicht in der Lage waren, das Kind nicht verhungern zu lassen. Immer wieder gelangen solche Meldungen an die Öffentlichkeit und prägen vielerorts ein Bild vom Jugendamt als Haus der Ohnmacht, Überforderung oder des Schreckens.

Unsere Erfahrungen als Kooperationspartner des Jugendamtes (in Berlin und Brandenburg) sind glücklicherweise differenzierter. Besonders bei der Wiederaufnahme von Umgangskontakten nach einem Umgangsausschluss in der Vergangenheit oder einer Umgangsverweigerung können Sie im Jugendamt gut die Beratung der Sozialarbeiter in Anspruch nehmen.

Fallbeispiel

Gregor van Aaken schafft es einfach nicht, mit Anita Sperber über wichtige Dinge den Umgang mit den Kindern betreffend zu reden. Die Umgänge finden seiner Meinung nach zu selten und auch nicht regelmäßig statt. Er berät sich mit einem befreundeten Vater, der ihm empfiehlt, sich an einen Mitarbeiter des Jugendamtes zu wenden zur Beratung.

Erlauben wir uns einen kurzen Blick zurück in die Geschichte: Seit knapp hundert Jahren (1922) gibt es in Deutschland Jugendämter. Vor dem zweiten Weltkrieg, währenddessen und bis 1953 waren die Jugendämter unter staatlicher Kontrolle, seit 1953 verwalten die jeweiligen Kommunen ihre Jugendämter selbst. Der 11. August 1961 ist ein Meilenstein in der Entwicklung der Jugendämter, denn an diesem Tag wurden durch eine Gesetzesnovelle zum ersten Mal individuelle Rechtsansprüche auf bestimmte Leistungen der Jugendhilfe eingeführt. 1990 markiert einen nächsten Meilenstein, weil in diesem Jahr vom Bundestag das Kinder- und Jugendhilfegesetz (SGB VIII heute) verabschiedet wurde. In der Folge und bis heute entwickelte sich das Jugendamt zu einer dienstleistungsorientierten Behörde mit den zwei Schwerpunkten: Organisation einer kinderfreundlichen Umwelt (Kita, Spielplätze) und Beratung und Unterstützung von Eltern bei der Erziehung. In den letzten Jahren sind die Aufgaben des Jugendamtes zum Schutz von Kindern und Jugendlichen vor Gefährdungen deutlich konkretisiert worden. Deshalb entsteht heute schnell der Eindruck, dass Jugendamt sei vor allem damit beschäftigt, Kinder aus ihren Familien zu nehmen (oder es eben fahrlässig zu unterlassen), wenn die Kinder in ihrer Familie gefährdet sind. Es ist zu begrüßen, dass wir allerorts stärker dafür sensibilisiert sind, was gut für Kinder ist und was nicht – und wann Kinder geschützt werden müssen, auch gegen den Willen ihrer Eltern. Doch der Anteil von Eltern, die ihre Kinder nicht ausreichend (emotional) versorgen können ist verglichen mit dem Anteil fähiger Eltern verschwindend gering! Für die meisten Eltern könnte das Jugendamt ein Partner sein, der kompetente Hilfe anbieten kann.

An welches Jugendamt soll ich mich wenden, wenn wir als Eltern keine Regelung zum Umgang mit unseren Kindern schaffen?

Prinzipiell können Sie zu einem Jugendamt Ihrer Wahl gehen, um sich beraten zu lassen. Sinnvoller ist es jedoch, zu dem Jugendamt zu gehen, das sich in dem Bezirk befindet, in dem das Kind lebt. In Berlin sind die Jugendämter regional in einzelnen Fachdiensten organisiert.

Wie finde ich mich da zurecht?

In der Regel sind für alle Fragen zum Umgang die Fachdienste zuständig, die sich mit der „Förderung der Erziehung in der Familie" beschäftigen. Diese Fachdienste beraten auch zu allen Fragen bei Trennung und Scheidung. Sollte die Struktur des Jugendamtes unklar sein, empfiehlt sich ein Anruf bei der jeweiligen zentralen Auskunft des Jugendamtes, um dort das Anliegen vorzubringen und sich weitervermitteln zu lassen zum richtigen Ansprechpartner.

Ich will nicht ins Jugendamt gehen, weil dann über mich geredet wird – wie komme ich trotzdem an Hilfe?

Zuerst einmal: Vielleicht reicht für den Anfang ja ein Telefonat mit einem sachkundigen Mitarbeiter des Jugendamtes. Wollen Sie jedoch einen Antrag auf Umgang stellen, weil Sie sonst Ihre Kinder nicht sehen, müssen Sie früher oder später als Person im Jugendamt erscheinen. In einer großen Stadt wie Berlin, München oder Köln sind auch die Jugendämter in der Regel große Häuser, in denen die vielfältigen Aufgabenfelder der Jugendhilfe gebündelt bearbeitet werden. Die schiere Größe dieser Ämter garantiert Ihnen eine gewisse Anonymität. In ländlichen Kommunen, in denen das Jugendamt eventuell nur über vier Mitarbeiter in einem einstöckigen Haus mit 8 Zimmern verfügt, ist die Wahrung der Anonymität sicher ein schwieriges Unterfangen. Mit der Perspektive, dass Sie mit dem Jugendamt eine Partnerschaft zum Wohl Ihres Kindes eingehen wollen, fällt der Schritt über die Schwelle des Amtes vielleicht leichter. Informieren Sie sich vorher über die Struktur des für Sie zuständigen Amtes und klären Sie vorab telefonisch, welcher Mitarbeiter für Ihr Anliegen zuständig ist, mit dem Sie dann gezielt einen Termin vereinbaren können. Wie schon an anderer Stelle erwähnt gibt es auch freie Beratungsstellen außerhalb des Amtes. Wollen Sie jedoch konkret einen Umgang mit ihrem Kind beantragen, müssen Sie den Schritt ins Jugendamt wagen.

Die Mitarbeiterin des Jugendamtes ist mir unangenehm.

Wenn Sie einkaufen gehen und der Kassierer ist Ihnen unangenehm, können Sie einfach dort nicht mehr hingehen und den Einkaufsort wechseln. Im Jugendamt ist das nicht so einfach. Denn die Mitarbeiter dort sind nach einem bestimmten System (nach Straßen zum Beispiel) in Ihrer Zuständigkeit für Sie organisiert, so dass ein ganz bestimmter Pool von Mitarbeitern für Sie zuständig ist. Sind Sie couragiert, dann sprechen Sie das Dilemma mit Ihrem Gegenüber an. Beruht Ihr Verhältnis auf gegenseitiger Antipathie findet sich in seltenen Fällen ein anderer Mitarbeiter für Sie. Doch im Normalfall sollten Sie versuchen mit dem Menschen klarzukommen, der vor Ihnen sitzt, auch wenn es schwerfällt.

Der Mitarbeiter des Jugendamtes wirkt auf mich inkompetent

Der Königsweg: Sprechen Sie an, was Sie bewegt! Im besten Fall lösen sich Ihre Bedenken im Zuge der kompetenten Antwort auf. Im schlechtesten Fall werden Sie bestärkt und bekommen das Gefühl, am völlig falschen Ort mit der falschen Person zu sein. In diesem Fall bitten Sie darum, dass sich ein anderer Mitarbeiter um Sie kümmert. Denken Sie immer daran: Sie kommen zwar mit einer Bitte ins Jugendamt, aber Sie kommen mit dem Anspruch, dass Ihnen kompetent geholfen wird.

Die Mehrheit der Mitarbeiter der Jugendämter, mit denen wir kooperieren, ist kompetent.

Der Mitarbeiter des Jugendamtes hat sich als tatsächlich inkompetent herausgestellt. Wie kann ich ihn „loswerden"?

Sollte es tatsächlich nicht möglich sein, mit dem Sozialarbeiter zusammen zu arbeiten, dann sollten Sie ihm das mitteilen und darum bitten, dass er eine Vertretung organisiert, also einen anderen Sozialarbeiter, der zukünftig mit Ihnen arbeitet. Dies ist jedoch keine leichte Aufgabe auch für den Sozialarbeiter, der wahrscheinlich davon überzeugt ist, dass er Ihnen gut helfen kann, auch wenn Sie das anders sehen. In der Praxis ist es schwierig, die Zusammenarbeit mit einem Sozialarbeiter abzulehnen.

Gibt es formale Wege, sich über einen Sozialarbeiter zu beschweren?

Fruchtet das direkte Gespräch mit dem betreffenden Sozialarbeiter nicht, haben Sie die Möglichkeit zur Gruppenleitung bzw. Regionalleitung – also dem direkten Vorgesetzten des Sozialarbeiters zu gehen, um dort Ihr Anliegen auf Ablösung vorzubringen. Schauen Sie im Netz in das Organigramm des Jugendamtes, um die konkrete Person zu finden, die Ihr nächster Ansprechpartner ist.

Inzwischen gibt es in Berlin – als Zeichen erhöhter Kundenorientierung – eine Abteilung, die sich um das Beschwerdemanagement kümmern soll. In Berlin-Pankow beispielsweise befindet sich das Beschwerdemanagement innerhalb der Abteilung „Ergänzender Sozialdienst" des Jugendamtes. Dort können Beschwerden mündlich und auch schriftlich vorgebracht werden. Es wird versichert, dass diese Beschwerden tatsächlich im Einzelfall intern geprüft werden und dass der Beschwerdeführer schließlich eine Antwort beziehungsweise Auswertung dieser internen Prüfung erhält. Möchten Sie noch einen Schritt weitergehen, als eine undefinierte Beschwerde vorzubringen, dann sind gesetzlich im Wesentlichen zwei Arten von Beschwerden vorgesehen: Die Dienstaufsichtsbeschwerde und die Fachaufsichtsbeschwerde.

Die Dienstaufsichtsbeschwerde wird dann vorgebracht, wenn Sie etwas am grundsätzlichen Verhalten des Sozialarbeiters auszusetzen haben – eventuell fühlen Sie sich diskriminiert oder beleidigt durch eine Äußerung. Die Fachaufsichtsbeschwerde bringen Sie in dem Fall vor, wenn Sie mit einer Entscheidung bzw. dem inhaltlichen Vorgehen des Sozialarbeiters nicht einverstanden sind.

Im Kontakt mit den Sozialarbeitern im Jugendamt kann es nicht schaden sich stets vor Augen zu führen, dass die Sozialarbeiter eine sehr verantwortungsvolle, in der Regel schlecht bezahlte Tätigkeit ausüben, die sie als junge Menschen hoffentlich mit mindestens einer Spur Idealismus begonnen haben, ehe der harte Arbeitsalltag sie manchmal an ihre Grenzen führte und führt. In den Berliner Jugendämtern gibt es einige freie Stellen – die Jugendämter sind also zum Teil mit zu wenig Personal besetzt. Das soll die Fehlleistungen einiger Sozialarbeiter nicht entschuldigen. Doch versuchen Sie, trotz aller eigenen Sorgen, die Sie ja erst zum Jugendamt führen, eine Prise Empathie für die Sozialarbeiter mit ins Amt zu bringen und dort auch sichtbar zu machen. Erfahrungsgemäß reagieren die Kollegen im Jugendamt sehr gut auf eine kleine Bemerkung oder ein Zeichen der Wertschätzung – so können Sie vielleicht den Beginn Ihrer Zusammenarbeit vor Ort auf ein Fundament gegenseitiger Wertschätzung gründen.

Wir haben ein Interview mit einem Sozialarbeiter des Jugendamtes Berlin Reinickendorf geführt, um eine Stimme von innen zu hören. Das Interview beschäftigt sich mit wesentlichen Fragen zur Rolle des Jugendamtes, mit Umgangsfragen und grenzt das Thema Unterhalt von Umgangsfragen ab.

Interview mit Jens Feldt, Sozialarbeiter Jugendamt Reinickendorf, Berlin

Hr. Feldt, können Sie zu Beginn kurz etwas zu ihrer Person sagen und wie lange Sie den Beruf schon ausüben?

Im RSD (Regionaler Sozialer Dienst) arbeite ich seit 1989. Ich bin ausgebildeter Berater des Human Social Functioning nach Eugen Heimler, Entwicklungspsychologischer Berater, insofern erfahrene Fachkraft Kinderschutz und in meiner Region des Jugendamtes der Kinderschutzmultiplikator. Wir, der RSD, sind ja gewissermaßen *der* Grund: Oft will ich einen anderen Bearbeiter, wenn mir die Entscheidungen des Mitarbeiters nicht einsichtig sind oder ich nicht akzeptieren kann, was da gesehen wird. Nun sind wir aber in aller Regel gut ausgebildete Fachkräfte und unsere Urteile halten Überprüfungen (durch Vorgesetzte, durch Gerichte, durch Gutachter) eher oft stand. So dass ein Bearbeiterwechsel gar keine inhaltlich in eine andere Richtung weisende Konsequenz hätte. Weil der nächste Sozialarbeiter die zur Beschwerde geführt habende Haltung ebenfalls vertritt.

Kommen wir zum Thema Umgang. Wir erleben immer wieder, dass Eltern Umgang und Unterhalt mischen, also denken, dass Unterhalt und Umgangsrecht irgendwie zusammenhängen. Wir wollen differenzieren. Also, wie gehen Eltern vor, die Unterhalt von ihrem Expartner wollen, jedoch keinen bekommen?

Ich würde zunächst als Elternteil zur Unterhaltsvorschusskasse gehen, auch wenn ich noch nicht weiß, ob ich Anspruch auf Unterhaltsvorschuss habe. Beraten werden können Eltern bei uns (im RSD) schon auch, bezogen darauf, welchen Anspruch Sie haben oder nicht. Eine nicht unerhebliche Zahl von Müttern, vor allem Mütter mit akademischen Abschluss, verzichten darauf, den Unterhalt einzufordern. Es gibt Mütter, die die Väter auffordern, Unterhalt zu zahlen und dann im Fall der Weigerung nichts weiter unternehmen. Es gibt Mütter, die zu *uns* kommen, es gibt Mütter, die sich einen Rechtsanwalt nehmen. Es besteht die Möglichkeit, eine Beistandschaft zu beantragen, in dem Teil des Jugendamtes, der sich mit dem Kindschaftsrecht beschäftigt – das ist für alleinerziehende, nicht verheiratete Mütter eine Möglichkeit. Dort kann man dann die Unterhaltsbelange an einen Beistand abtreten, der sich dann um alle Angelegenheiten diesbezüglich kümmert, inklusive des Eintreibens des Unterhaltes, bis hin zur Lohnpfändung.

Wie ein Anwalt?

Genau. Den man sich mit dieser Lösung dann eben spart. Der Nachteil ist klar: Alle Verantwortung wird abgegeben an eine andere Person.

Muss man dafür zwingend den richtigen Ansprechpartner im Jugendamt kennen? Oder kann man erst einmal in eine Beratung gehen, um dann weiter vermittelt zu werden?

Wir wissen im Jugendamt alle, an wen der Betroffene sich zu wenden hätte. Sich erst einmal zu beraten ist auch kein Problem. Schließlich gibt es noch, als letzte Variante, den Unterhalt familiengerichtlich einzuklagen. Und das führt uns zu der Beantwortung der Frage, wie es denn zu der Verknüpfung zwischen Unterhalt und Umgang kommt: Aus der Perspektive der Mütter ist die Verknüpfung erst einmal legitim so: Sie sind von ihren Kerlen sitzengelassen worden bzw. haben die rausgeschmissen und müssen allein klarkommen und haben also die komplette Verantwortung für ihre Kinder. Der Kerl ist weg, lebt sein eigenes Leben und sorgt nicht einmal dafür, dass er einen Ausgleich in finanzieller Form schafft. Da kann man sich als Mutter durchaus schon mal die Frage stellen, inwieweit dieser Vater das Recht habe, Umgang mit seinen Kindern zu pflegen. Legitim aus Sicht des Jugendamtes mit Blick auf das Kindeswohl ist es hingegen nicht. Es ist hier die Frage zu beantworten, ob der Umgang dem Kindeswohl schadet. Das ist nicht die Regel, kommt jedoch vor. Es gibt durchaus Väter mit sachfremden Motiven, die durch den Umgang z. B. wieder die Nähe zur Mutter haben wollen und sich für die Kinder eher weniger interessieren.

Nicht selten in unserer Praxis als Umgangsbegleiter.

Genau. Das Thema Aufenthalt für nichtdeutsche Väter spielt in der Praxis auch eine Rolle als Motiv. Prinzipiell würde ich Umgangswünsche von Vätern erst einmal unterstützen. Wenn ich jedoch den Eindruck bekomme, dass es eine Motivation dieser Väter gibt, ihr Kind zu sehen, die nichts mit dem Kind selbst zu tun hat, wird es schwierig.

Führt das Jugendamt selbst noch Umgänge durch oder werden alle Fälle an die freien Träger der Jugendhilfe abgegeben?

Das machen wir vereinzelt noch. In der Regel ist das von unseren Kapazitäten her nicht möglich. Wenn wir sehen, dass die Eltern es eigentlich gut schaffen und evtl. nur für eine kurze Zeit Beratung brauchen und anfangs einen Raum für die Umgangskontakte, dann organisieren wir das hier im Amt. Wenn wir von klassischen Begleiteten Umgängen sprechen, dann spielt aus Sicht des Jugendamtes sehr oft Gewalt eine große

Rolle. Dass der Vater gegenüber der Mutter gewalttätig geworden ist. An dieser Stelle erwarten wir von den Vätern, auch, wenn das scheinbar nichts mit der Umgangssache zu tun hat, ein Eingeständnis ihrer Schuld. Jemand, der leugnet, dass er seinen Kindern geschadet hat, weil er der Mutter geschadet hat und dann Umgang mit seinen Kindern haben will – das finde ich schon problematisch. Ich sorgte in einem Fall dafür, dass der Vater seit 10 Jahren seine Kinder nicht sieht. Wir sind alle nie dabei gewesen, doch in diesem Fall glaube ich der Mutter, dass der Mann sie jahrelang unterdrückt hat und regelmäßig ihr gegenüber gewalttätig geworden ist. Bis zu dem Tag, an dem sich die Mutter getraut hat, Schutz im Frauenhaus zu suchen. Dieser Mann leugnet bis heute, dass diese Gewalttätigkeiten wahr sind. Zwei Gutachten wurden in diesem Fall angefertigt, die letztlich der Argumentation der Mutter folgten.

Wenn – als Regelfall – Väter gegenüber den Müttern gewalttätig werden – das ist das, was wir als häusliche Gewalt bezeichnen?
Ja.

Hier schließt sich die naheliegende Frage an: Wenn die Kinder trotzdem gern Umgang mit ihrem Vater haben wollen in solch einer Situation, wie gehen Sie damit um?
Wenn das so ist, dann spricht das natürlich für einen Umgang. Gleichwohl muss sich der Vater mir gegenüber positionieren. Wenn der Vater z. B. die Kinder gegenüber der Mutter vereinnahmt – z. B. auch in Bezug auf frühere Gewalttätigkeiten – dann ist das problematisch. Wenn der Vater z. B. die Position der Mutter im Umgang mit den Kindern so stark schwächt, dass die Kinder nicht mehr bei ihrer Mutter leben wollen, das würde ich nicht riskieren wollen – das darf man auch für die Kinder nicht riskieren. Insofern: eine gewisse Reue möchte ich schon sehen. Und auch dass er sich bei den Kindern entschuldigt. Mir ist klar, dass die Konflikte in der Regel keine einseitige Sache sind, dass es eine Geschichte gibt, die zu den Auseinandersetzungen geführt hat und zur Gewalt. Aber ich brauche wenigstens das Eingeständnis von Mitverantwortung seitens eines Vaters, der gewalttätig geworden ist. Wenn der Vater seine Verantwortung komplett leugnet und zur Mutter schiebt, dann ist dies in meinen Augen für die betroffenen Kinder von Nachteil.

Was für Kinder auch manchmal problematisch ist: Wenn neue Partner in das Leben ihrer Eltern kommen. Warum sollten denn Kinder überhaupt Kontakt zu ihrem leiblichen Vater haben, wenn doch der neue Partner der Mutter als sogenannter sozialer Vater phantastisch für die Kinder sorgt?

Über diese Frage denke ich schon lange nach. Ich sehe es heute nicht mehr so, im Sinne eines kategorischen Imperativs, dass Kinder unbedingt Kontakt zu ihrem leiblichen Vater haben müssen. Die entscheidende Frage ist immer: Dient dieser Kontakt dem Kindeswohl? Unstrittig ist wohl, dass die Väter für die Identitätsbildung der Kinder, gerade im Zeitraum der Adoleszenz, nicht außen vor zu lassen sind. Spätestens in dieser Phase bekommen die Väter, egal ob sie da waren oder nicht, eine Bedeutung, mindestens als Imago oder Archetyp; in der Regel schon auch als Person. Ein Kind entdeckt in dieser Zeit Aspekte in und an sich, die nicht allein mit der Mutter zu verbinden sind. Viele Kinder wollen auch gern wissen, wie es damals eigentlich zwischen den Eltern gewesen und was schiefgelaufen ist. An dieser Stelle kennst Du als Kind die Perspektive Deiner Mutter und vermisst die Perspektive des Vaters. In dem Sinne ist der leibliche Vater in jedem Fall von Bedeutung. Nicht sagen kann man, dass der leibliche Vater nicht durch eine andere Person ersetzbar wäre – so sehe ich das heute. Natürlich kennen wir auch diese Entwicklungen, wenn Mütter den Vater aus dem Leben der Kinder hinausdrängen wollen, z. B. weil sie ihre neue Familie schützen, abschotten wollen. Hier kommt es auch wieder darauf an, wie ich als Vater damit umgehe. Lasse ich mich hinausdrängen und signalisiere, dass ich kein Interesse an meinen Kindern mehr habe, dann wird das einfach passieren. Engagiert sich der Vater hier weiter für die Kinder, entwickelt vielleicht sogar Verständnis für seine Expartnerin und kann einfach als Vater für seine Kinder da sein, ohne die Kinder unter Druck zu setzen, dann ist dies für das Wohl der Kinder vermutlich gut. Denn dann werden die Kinder durch den Vater nicht in ein Konfliktfeld hineingezogen, welches es ja ohne ihn gar nicht gäbe! Das ist jedoch sehr viel verlangt von einem Vater. In der Regel sind wir Menschen nicht so reflektiert, dass wir in einer konfliktreichen Positionierung die Haltung des Anderen in uns wiederfinden und daraus ein für die Kinder gut verdaubares Verhaltensmuster „stricken" können.

Gerade im Moment der Trennung, also in einem krisenhaften Moment, ist das viel verlangt.

Genau. In solchen Momenten ist das fast nicht möglich.

Im Idealfall hat das Kind zwei Väter: Einen leiblichen Vater, der reif ist oder wird, und den sozialen Vater, der sich auch als reifer Mann herausstellt. Das wäre eine win-win-Situation.
Ja. So kann man das sagen.

Nehmen wir folgende Situation an: ein Kind war zum Umgang bei seinem Vater, kommt zur Mutter zurück und sagt: Papa hat mich geschlagen. Wie soll die Mutter reagieren?
Da kenne ich auch den Idealfall: Die Mutter sucht das Gespräch mit dem Vater, ohne dass das Kind darin inhaltlich involviert wird. Die Mutter sagt dem Kind so etwas wie: „Das regele ich." Je nachdem, wie das Gespräch mit dem Vater verläuft, kann sich die Mutter dann dem Kind gegenüber positionieren. Außerhalb des Idealfalls: Wenn die Mutter ihrem Kind glaubt, hat sie das Recht, den Umgang erst einmal auszuschließen – dieses Recht hat jede Mutter. Wenn die Mutter ihrem Kind nicht glaubt, sollte sie sich Unterstützung bei dieser Angelegenheit suchen – in einer EFB, im Jugendamt. Steht dieser Verdacht im Raum, ist das schon ein massiver Vorwurf, der aufzuklären wäre. Der Vorwurf ist ernst zu nehmen. Bestätigt er sich als zutreffend, ist es wieder am Vater klar zu stellen, wie weit er dieses Verhalten erklären und bereuen kann. Er muss sich seinen Kindern erklären und deutlich machen, warum das passiert ist. Es muss für die Kinder glaubhaft sein. Es kann auch sein, dass ein Kind übertreibt oder lügt. Auch in diesem Fall muss der Vater sehen, wie das zustande kam und es dann mit den Kindern thematisieren. Dann lässt sich der Umgang manchmal wieder einrenken. Aber grundsätzlich dürfen wir den letzten Aspekt nicht vergessen: Der Missbrauch mit dem Missbrauch. Das müssen wir als Sozialarbeiter immer im Hinterkopf haben, dass wir mit Behauptungen konfrontiert werden können, deren Wahrheitsgehalt gegen Null geht. Fakt ist: Wir müssen jede Meldung aufnehmen und so behandeln, als ob sie der Wahrheit entspricht. Und dann müssen wir die Vorwürfe prüfen.

Apropos Missbrauch mit dem Missbrauch: Wenn ein Kind von sexuellen, missbräuchlichen Handlungen des Vaters erzählt, welche Möglichkeiten für Eltern, sich an Dritte zu wenden, können Sie empfehlen?
Gehen Sie damit nicht zum Jugendamt. Ich empfehle KIZ (Kind im Zentrum) oder Wildwasser, hier in Berlin. Die Kollegen vor Ort leisten zum einen Aufklärung und darüber hinaus geben Sie Tipps für das Verhalten dem vermeintlichen Missbraucher gegenüber. Wenn es richtig ernst wird, können Sie die Polizei einschalten. In diesem Fall sollten Sie sich jedoch schon sehr sicher sein. Denn Sie setzen im Rahmen der Strafver-

folgung eine Spirale – vor allem für die Kinder – in Bewegung, deren Auslösen gut bedacht sein will. Es ist eine Riesentortur für die Kinder. Die Kinder müssen vor der Polizei, vor der Staatsanwaltschaft und vor dem Gericht – also dreimal – eine differenzierte, konkrete und kohärente Aussage darüber treffen, was wann wie passiert ist. Gerichte tun sich ausgesprochen schwer damit, ohne weitere Zeugen, nur auf der Aussage eines Kindes beruhend, einen Menschen eines Verbrechens zu überführen und entsprechend zu bestrafen. Das kommt extrem selten vor und ist deshalb von Beginn an mitzudenken, wenn man sein Kind auf diesen Weg schickt. Es bleibt eine sehr heikle Angelegenheit. Deshalb sage ich es noch einmal: Auch wenn eine Mutter nur den Verdacht hegt, dass der Vater das Kind missbraucht hat, hat sie in meinen Augen das Recht bzw. sogar die Pflicht, den Umgang auszusetzen, bis der Verdacht geklärt ist. Ich betreue einen Fall, indem ich sicher bin, dass der Vater sein Kind missbraucht hat. Es gab mehrere Meldungen und Hinweise. In diesem Fall habe ich den Umgang ausgesetzt. Es laufen jedoch mehrere Verfahren und Begutachtungen und ich fürchte, dass der Mann im Anschluss seine Tochter sehen darf und wird. Wir leben in einem Rechtsstaat, das ist auch gut so, jedoch kann das im Einzelfall einem Kind zum Nachteil gereichen – aus meiner Sicht.

Noch einen Schritt weitergedacht: Wenn Mütter mit diesem Verdacht spielen? Wir haben das in unserer Praxis dreimal erlebt, wo wir uns sicher waren, dass die Mütter solch einen Verdacht inszeniert haben, um den Umgang abzubrechen.
Das macht die Angelegenheit sicher nicht leichter. Wir holen uns in den hier besprochenen Fällen immer Rat durch Dritte und nutzen Supervision für uns selbst. Wie bereits gesagt: Die Kollegen von KIZ sind Fachleute und sollten in Fällen, wie den hier vorgestellten, immer konsultiert werden.

Umgang im Gefängnis – welche Haltung vertreten Sie? Auch mit Blick auf den Unterschied, den solch ein Umgang für ein 4-jähriges oder ein 12-jähriges Kind bedeuten würde?
Ich würde dem Kind die Situation darstellen. Ich denke, es hängt auch davon ab, was der Vater getan hat, also wofür er im Gefängnis ist. Am konkreten Fall: Ich betreue eine Familie, in der der Vater sein Stiefkind massiv misshandelt hat und deshalb, auch in der Akkumulation anderer Straftaten, im Gefängnis sitzt. Die Situation ist schwierig, weil seine leiblichen Kinder ein starkes Bedürfnis haben, ihren Vater zu sehen. Die Mutter ist hin und her gerissen. Für die misshandelte Stieftochter ist die

Ambivalenz der Mutter ein Desaster. Die Mutter hält vage den Kontakt zu diesem Mann und will ihn mir den kleineren Kindern besuchen. Unabhängig von diesem Fall lässt sich sagen: Jemanden im Gefängnis zu besuchen ist dann eben eine Realität. Das gehört dann in die Biographie eines Kindes mit hinein, ob es den Vater besucht hat oder eben nicht. Unter bestimmten Umständen käme es ja einer Leugnung gleich, wenn das Kind den Vater im Gefängnis nicht besucht. Also, wenn es keine Straftat an dem Kind selbst war, würde ich zunächst geneigt sein, die Kontakte zu unterstützen. In der Folge hängt die Fortsetzung solcher Kontakte auch wieder davon ab, ob sie dem Kindeswohl dienen oder nicht. Mache ich als Kind die Erfahrung, dass sich der Vater für mich gar nicht interessiert, sondern nur für Mama, dann dienen diese Kontakte sicher nicht dem Kindeswohl und sollten nicht stattfinden.

Die Frage nach der Motivation, sein Kind zu sehen oder nicht, bringt uns zu einem Fall, der durch die Presse gewandert ist und den wir auch an anderer Stelle unseres Buches schon erwähnt haben: Wir meinen den Fall, in dem der Vater seinen Sohn nicht sehen wollte und die Mutter trotzdem darauf bestanden hat, dass diese Kontakte stattfinden. Der Fall ging damals durch mehrere gerichtliche Instanzen, wobei die letzte Instanz es als sehr zweifelhaft angesehen hat, ob es dem Kindeswohl dienlich sein könnte, wenn dieser Sohn seinen total abweisenden Vater sieht?
Ich denke, wir sprechen vom selben Fall, denn ich kann mich nur an einen einzigen Fall erinnern, der jemals bis zum Bundesverwaltungsgericht vorgedrungen ist. Ich halte es für eine fragwürdige Entwicklung der deutschen Rechtsprechung, dass man in Deutschland einen Vater nicht zwingen kann, Umgang mit seinem Kind zu haben. Ich finde das befremdlich. Als Mutter kann man also nicht durchsetzen, dass der Vater sein Kind sieht. Als Mutter steht dir dieses Recht nicht zu – der Vater hat wiederum das Recht darauf, sein Kind zu sehen. Ich finde das sehr problematisch, dass man als Vater in dieser Situation so gut gestellt ist. Ich hätte mir gewünscht, dass das Gericht entschieden hätte, dass der Vater gezwungen werden kann, sein Kind zu sehen. Mir ist nicht vorstellbar, dass der Vater sein Kind schlecht behandelt. Es ist ja legitim, sich zu trennen und auch eine neue Familie zu gründen. Aber das Kind aus der ersten Familie dann zu verleugnen, ist doch für dieses Kind eine völlig unangemessene Situation. Und wenn der Vater sein Recht nicht wahrnehmen will, sollte ein Gericht das Recht des Kindes darauf, seinen Vater zu sehen, durchsetzen können. Ich weiß, dass die Praxis u. U. pädagogisch fragwürdig sein kann. Ich erlebe hier jedoch immer wieder,

dass Mütter um den Umgang des Vaters mit dem Kind geradezu betteln müssen und sich in unwürdige Situationen begeben. Es müsste eher so sein, dass Männer sich strafbar machen, wenn sie den Umgang mit ihren Kindern nicht wahrnehmen.

Es ist auch deshalb schwierig, weil der Begriff des Kindeswohls ja recht schwammig ist. Was genau ist denn das Kindeswohl? Darüber können wir ja immer nur in einem bestimmten Kontext sprechen. Das Urteil in diesem Fall wies darauf hin, dass dem Kind(eswohl) nicht zugemutet werden könne, 2 Stunden schweigend mit seinem abwehrenden Vater zu sitzen.
Natürlich soll eine Regelung keine Qual für ein Kind sein. Aber die Erfahrung machen zu dürfen, dass mein Vater mich nicht sehen will – das sollte schon möglich sein.

Welche Erfahrungen haben Sie bei getrennten Eltern im Fall der psychischen Erkrankung eines oder auch beider Elternteile – bezogen auf eine Umgangsthematik?
Also psychische Erkrankungen sind inzwischen so verbreitet, dass es für mich gar kein besonderer Faktor mehr ist! Zuerst einmal: Mir fehlt hier das psychiatrische Handwerkszeug festzustellen, ob jemand eine psychische Störung hat. Ich erfahre oft hinterher, dass jemand depressiv ist oder war, oder eine Borderline-Erkrankung hat oder bipolar ist. Ich finde, dass dies in der Praxis keine Rolle spielen darf. Es geht vielmehr immer um das Verhalten, welches jemand einem Kind gegenüber aufbringen kann oder nicht. Dieses Verhalten muss dem Kind mehr nützen als schaden – das ist eigentlich simpel. Manchmal müssen solche Umgänge dann auch begleitet werden, um Schaden an den Kindern zu verhindern. Es gibt dann durchaus Umgänge, die auf Dauer angelegt werden.

In der Regel werden Umgangshilfen für 6 Monate bewilligt?
Das ist richtig. Wir sprechen andernfalls von sogenannten kompensatorischen Hilfen, die sich eigentlich mit dem Geist des Kinder- und -Jugendhilfegesetztes nicht vertragen. Das ist jedoch problematisch, weil es eben Familien gibt, die eine dauerhafte Unterstützung durch das Jugendamt benötigen. Verwaltungstechnisch ist das hochschwierig, weil es die begrenzten Stundenbudgets eben gibt. Wenn die Alternative jedoch ist, die Kinder aus der Familie rauszunehmen und wenn durch eine Maßnahme die Kinder unterstützt werden können – z. B. im Umgang mit ihrem Vater oder ihrer Mutter, dann braucht es nicht zwingend die

147

Maßgabe, dass die Eltern in ihrer Erziehungsleistung unterstützt werden und hier auch Ergebnisse im Sinne von Entwicklung erzielt werden müssen. Dann muss es möglich sein, die Familien dauerhaft und kostenintensiv zu unterstützen.

Der Vater ist in eine andere Stadt umgezogen – wie soll der Umgang organisiert werden Gibt es gute Standards?

Es gibt keine Standards. Alles hängt von den Ressourcen der Eltern ab. Haben sich die Eltern im Guten getrennt, finden Sie in der Regel gute Lösungen. Es bleibt immer ein Zeitaufwand und vor allem auch ein finanzieller Aufwand, der zu leisten ist in der neuen Situation.

Darf der Vater Fotos (auch gegen den Willen der Mutter) von den Kindern machen und veröffentlichen?

Grundsätzlich kann einem getrennt von seinen Kindern lebendem Vater nicht verwehrt werden, Fotos oder Filme von seinen Kindern zu machen, wenn die Kinder dem zustimmen. Mit einer Veröffentlichung sieht es anders aus: Hier braucht der Vater die Zustimmung des anderen sorgeberechtigten Elternteils. Es kommt immer wieder vor, dass Väter unberechtigterweise Fotos ihrer Kinder bei Facebook veröffentlichen – das ist nicht legitim. Dagegen würde ich als Mutter gerichtlich vorgehen, weil solch ein Vorgehen nicht mit dem Kindeswohl vereinbar ist; ich halte solch ein Vorgehen für den Ausdruck narzisstischer Störung, wenn ich ehrlich bin.

Wie kommen andere Verwandte, wie z. B. Großeltern, zu „ihrem" Umgang – gerade bei sehr schwierig verlaufenden Trennungen?

Dafür hat der Gesetzgeber ja inzwischen auch klare Rechte formuliert. Wenn die Familie keine Lösungen findet, würde ich als Großmutter beispielsweise schon ins Jugendamt gehen, um mich zu beraten. Auch Großeltern können inzwischen ihr Recht auf Umgang mit dem Enkel vor Gericht einklagen. Auch hier ist zu beachten: Das Kindeswohl steht immer im Zentrum der Debatte. Sollten die Großeltern zum Beispiel der Mutter absprechen, ihr Enkelkind gut genug erziehen zu können, dann würde ich das unter Umständen schon zumindest als Beeinträchtigung des Kindeswohls sehen. Ein eventuelles gerichtliches Verfahren der Großeltern, die zu ihrem Umgang mit dem Enkelkind kommen wollen, ist in jedem Fall auch immer abgekoppelt von etwaigen anderen Umgangs- oder Sorgerechtsverfahren der Eltern.

Abschlussfrage, Herr Feldt: Was ist das wichtigste Handwerkszeug eines Sozialarbeiters im JA – mit Blick auf das Thema Umgang/BU?

Zunächst braucht ein Sozialarbeiter Unvoreingenommenheit. Ich muss in der Lage sein, jedem Menschen, der an meine Tür klopft, unabhängig von Status, Kultur oder anderen Parametern, Wertschätzung entgegenbringen zu können. Das ist das Allerwichtigste. Wenn ich dazu nicht in der Lage bin, wird es schon schwierig. Meine Klienten müssen das Gefühl bekommen, dass sie nicht beurteilt, vorverurteilt zu werden.

Das kann man auf einer Hochschule nicht lernen, oder?

Nicht jeder kann das lernen, das ist mein Eindruck. Aber ohne diese Einstellung geht es nicht. Zweiter Punkt: Ich muss in der Lage sein, mich mit dem Kind zu identifizieren, ohne mich mit dem Kind zu identifizieren! Also die Identifikation darf nicht so weit gehen, dass ich die Kindesinteressen ungeprüft verteidige und vertrete. Es geht wieder um das Kindeswohl an dieser Stelle, das nicht immer dem Kindeswillen entspricht und also zu unterscheiden ist. Man sollte also schon eine Ahnung von dem komplexen Begriff des Kindeswohls haben. Das ist der Grundsatz. Und dann muss man den Menschen begegnen. Dazu gehört, die Grenzen jedes Einzelnen zu respektieren und gleichzeitig dafür zu sorgen, dass die Menschen an ihre Grenzen geführt werden, also zu dem Bereich, wo die Menschen signifikant erkennbar werden. Gleichzeitig achte ich darauf, dass die Hürde, um mit mir überhaupt ins Gespräch zu kommen, so niedrig wie möglich ist. Die Menschen wollen anständig behandelt werden, und dies versuche ich mit jedem Einzelnen, der hier vor mir sitzt. Diese Offenheit zu behalten und gleichzeitig unangenehme Wahrheiten zu verkünden, die oft nicht gern gehört werden – und hier klar zu sein, diese Verbindung hinzubekommen, ist nicht immer einfach. Früher war ich langsamer. Inzwischen positioniere ich mich vor dem Hintergrund meiner Berufserfahrung recht schnell und halte meine Klienten nicht unnötig hin, wenn ich eine deutliche Haltung in mir gefunden habe. Gerade bezogen auf Umgangsthemen ist das auch nötig. Die Menschen wollen hier mit einem Ergebnis rausgehen. In meinen Anfangsjahren war ich ein überaus akademischer Sozialarbeiter. Das gehört sich auch so, dass man erst einmal ein Handwerkszeug braucht, auf das man zurückgreifen kann, wenn keine Erfahrungen vorhanden sind. Allerdings sind die mich damals bestimmenden Theorien in den Hintergrund getreten.

Zum Beispiel?

Ich glaube z. B. inzwischen nicht mehr so sehr daran, dass Kinder, um mit Freud und Marx zu sprechen, vor allem das Produkt der Erziehung ihrer Eltern, bzw. ihrer Umwelt sind. Ich dachte, wenn ich das Verhalten der Eltern ändern kann, verändert sich das Verhalten des Kindes. Das mag im Grundsatz nicht falsch sein und darf als Maxime schon noch gelten. Aber der Aspekt, dass Kinder von Anfang an eigenständige Individuen sind, sobald sie auf die Welt kommen, dass sie Persönlichkeiten sind, dieser Aspekt hat sich deutlich verstärkt. Ich würde lügen, wenn ich sagen würde, dass diese Entwicklung nicht mit meiner eigenen Erfahrung als Vater zu tun hätte.

Herr Feldt, wir danken ihnen für das Gespräch.

IV. Begleiteter Umgang (BU)

Der Begleitete Umgang ist eine Hilfemaßnahme des Jugendamtes, → 5. und 7. Kapitel, für Eltern, die ohne Unterstützung Dritter keine Regelungen für ihr Kind vereinbaren können, damit das Kind den getrenntlebenden Elternteil regelmäßig sehen kann. Die Grundidee des BU ist es, **trotz** Streitigkeiten, **Gegenindikatoren** und Verdacht auf Kindeswohlgefährdung dem umgangssuchenden Elternteil einen **regelmäßigen persönlichen Kontakt** zum Kind zu ermöglichen. Dies verdeutlicht erneut, wie hoch der Gesetzgeber den Anspruch des Kindes und beider Eltern auf Umgang stellt und wie wichtig ihm dessen Erhaltung, selbst bei deutlichen Gegenkennzeichen, ist. Beim BU führen die Mitarbeiter des Jugendamtes diese Hilfe nicht selbst durch, sondern vergeben diesen Auftrag an einen Träger der Jugendhilfe – an dieser Stelle kommen wir als Umgangsbegleiter ins Spiel. Diese achten auch den Schutz des Kindes und dessen Wohlergehen, beobachten Interaktionen und hören bei Gesprächen zu. Der Umgang findet an einem neutralen Ort statt, oft in den Räumen des Trägers oder draußen und wird von einem oder zwei Umgangsbegleitern begleitet. Hauptaufgabe ist die Gewährleistung des Schutzes des Kindes und gleichzeitig die Ermöglichung des Elternteils, in Kontakt mit dem Kind zu kommen und zu bleiben. Begleiteter Umgang ist für den umgangssuchenden Elternteil und das Kind erst einmal gewöhnungsbedürftig, weil durch die Anwesenheit von zwei „Aufpassern" sowie die häufig fremden Räume zunächst keine Leichtigkeit und familiäre Stimmung aufkommen mag. Erstaunlicherweise legt sich dies schnell und nach spätestens einer halben Stunde sind die beiden meist innig miteinander im Kontakt. Dennoch stellt BU für einen Elternteil, der vorher das Kind möglicherweise tage- oder in Urlaubszeiten sogar wochenweise hatte, eine enorme Einschränkung seiner Kontaktzeit mit dem Kind dar, weil BU zunächst auf wenige Stunden pro Woche oder sogar nur alle zwei Wochen beschränkt wird. Es kann aber ein erster Schritt sein, nach einer Pause überhaupt wieder in Kontakt zum Kind zu kommen und Vertraulichkeit wiederherzustellen und auszubauen. Sofern die Umgangsbegleiter nach einer gewissen Zeit den Eindruck haben, das Kind ist beim Elternteil sicher und fühlt sich wohl, können sie die Begleitung lockern, die beiden beispielsweise eine gewisse Zeit alleine lassen oder später nur noch die Übergaben zu begleiten sowie während der Umgänge telefonisch in Kontakt zu bleiben. Der BU ist in aller Regel **befristet** und führt zu einem verselbständigten, eigenverantwortlichen und sicheren Umgang, dessen Regelung die Eltern in den begleitenden Elterngesprächen finden. Dort erlernen sie gleichzeitig, ihre Kommunikation zu verbessern, alte Streitigkeiten hinter sich zu lassen und als Eltern für das Wohl des Kindes zukünftig gut zu kooperieren.

Interessant zu wissen: Fast die Hälfte aller Väter hat nach einer Trennung kaum noch oder gar keinen Kontakt mehr zu den Kindern. Zum Teil liegt das daran, dass sie schon während der Partnerschaft keine enge Beziehung zum Kind hatten, zum Teil aber auch daran, dass Konflikte auf der Paarebene auf die Kinder übertragen werden, diese als Pfand oder Racheobjekt genutzt und gegen den weggegangenen Elternteil eingesetzt werden. Bewusst oder unbewusst wird hierdurch der Umgang erschwert und teilweise unmöglich gemacht. Kinder geraten in einen Loyalitätskonflikt, wollen den traurigen Elternteil nicht alleine lassen und lehnen den weggegangenen Elternteil ab, bis zur Umgangsverweigerung, → 5. Kapitel. Dies wird verstärkt, wenn der weggegangene Elternteil zeitnah eine neue Familie gründet und es so aussieht, als wäre hier kein Raum für Kinder aus der vorigen Beziehung.

Fallbeispiel

Anita Sperber und Gregor van Aaken streiten sich zu stark und über zu viele Dinge und können sich nicht auf eine Umgangsregelung für ihre Kinder einigen. Gregor verfügt prinzipiell über zwei Möglichkeiten, Umgang zu seinen Kindern bekommen. Der eine Weg führt über eine Klage vor dem Familiengericht und dort eventuell zu einer Vereinbarung zwischen den Eltern für zukünftige Umgänge oder zu einem Beschluss des Gerichtes. Gregor berät sich mit einem befreundeten Vater und wählt den anderen Weg direkt zum Jugendamt, wo er einen Antrag auf Begleiteten Umgang stellt, weil er glaubt, dass Anita seiner Idee zustimmen könnte, dass er die Kinder unter Beobachtung von professionellen Umgangsbegleitern sieht. Weil Anita vor allem keine gerichtliche Auseinandersetzung will, folgt sie der Aufforderung des Jugendamtes zu einem Gesprächstermin zwischen ihrem Mann und ihr und einer Mitarbeiterin des Jugendamtes. In diesem Gespräch einigen sich die Beiden auf den Einsatz eines Begleiteten Umgangs, der durch einen freien Träger der Jugendhilfe durchgeführt werden soll. Die Sozialarbeiterin des Jugendamtes vereinbart mit den Eltern einen Termin für eine Hilfekonferenz, zu der die Umgangsbegleiter eingeladen werden, damit sich alle Beteiligten kennenlernen können.

Seit wann gibt es diese Hilfe?

Ungefähr seit Mitte der 60er Jahre ist in Deutschland diese Hilfe bekannt. Anfangs sprach man noch vom Betreuten Umgang und es gab nur wenige bestimmte Voraussetzungen für den Einsatz dieser Hilfe.

Wie haben sich die Bedingungen für den Einsatz eines BU geändert?

Seit den 60er Jahren des vorigen Jahrhunderts sind einige Jahre ins Land gegangen und die Voraussetzungen, einen BU zu gewähren haben sich verändert. Bis 1998 gab es hauptsächlich zwei typische Bedingungen, um einen BU durchzuführen: erstens der (unbewiesene) aber nicht auszuschließende Verdacht des sexuellen Missbrauches und zweitens eine vermutete Entführungsgefahr – vor allem mit Blick auf binationale Beziehungen, also die Vermutung, dass der aus einem außereuropäischen Land stammende Vater sein Kind entführen wolle.

Seitdem ist das Kindschaftsrecht gravierenden Veränderungen unterzogen worden und hier vor allem: Das Recht auf Umgang. Die Reform des Kindschaftsrechtes im Jahr 1998 in Deutschland stellt einen Meilenstein hinsichtlich der Stellung von Kinderrechten dar und hatte direkte Auswirkungen auf die Interpretation und Durchführung zukünftiger Begleiteter Umgänge. Denn im Rahmen dieser Reform wurde zum ersten Mal festgelegt, dass das Recht eines Kindes auf Umgang vor dem Gesetz an erster Stelle steht, noch vor dem Recht (und der Pflicht) der Eltern auf Umgang. Das bedeutet, dass die Rechte von Kindern, den abwesenden Elternteil regelmäßig zu sehen, massiv gestärkt wurden. Und das bedeutet auch, dass fortan die Hilfemaßnahme BU eine viel größere Bedeutung bekam, weil es seit 1998 sehr viel mehr Gründe geben kann, damit ein BU eingesetzt werden kann.

An wen muss ich mich wenden, wenn ich einen BU beantragen will?

Gregor van Aaken hatte sich vor seiner Entscheidung zum Jugendamt zu gehen über die Möglichkeiten informiert, was er tun könne, wenn seine Frau die Kinder nicht zu ihm gehen lässt. Das Gespräch mit dem befreundeten Vater hat ihn darin bestärkt, erst einmal nicht zum Familiengericht zu gehen, sondern direkt zum Jugendamt. Ein wichtiger Grund für diese Entscheidung war seine Befürchtung, dass die Kinder vor Gericht befragt werden würden – das wollte er ihnen ersparen. Also hat er im Internet herausgefunden, welches Jugendamt für ihn und seine Kinder zuständig ist, hat dort angerufen, sein Problem geschildert und einen Termin für ein Einzelgespräch vereinbart. Dort hat ihm die Sozialarbeiterin erklärt, dass er einen Antrag auf BU stellen könne, was er getan hat. Seine Frau hat zugestimmt, dass er die Kinder zusammen mit einem Umgangsbegleiter sehen darf, das gibt ihr Sicherheit, dass die Kinder gut versorgt werden.

Dass die Familie nur mit Hilfe des Jugendamtes auf dem Weg ist, dass die Kinder ihren Vater wieder sehen können ist in den letzten Jahren allerdings zu einer Ausnahme geworden. Überwiegend führt der Weg heute die Eltern über das Familiengericht zu einem BU. Um vor dem Familiengericht gehört zu werden, muss Gregor einen Antrag auf Umgang mit seinen Kindern stellen. Dafür sollte er sich die Hilfe eines mit dem Umgangsrecht vertrauten Anwaltes holen, der ihn auch vor Gericht in einer Verhandlung vertreten kann. Nach unseren Erfahrungen ist es äußerst wichtig, sich einen Anwalt an die Seite zu holen, der sich die notwendige Zeit für alle notwendigen Vorgespräche nimmt. Auch wenn Gregor der Meinung ist, dass er seine Kinder durchaus allein sehen kann und will, merkt er doch, dass Anita diesem Wunsch zurzeit nicht zustimmen kann und wird. Sollte also sein Anwalt vor Gericht zum Beispiel mit der Forderung auftreten, die Mutter müsse die Kinder sofort jedes zweite Wochenende zum Vater lassen (einschließlich Übernachtungen) und im Fall einer Weigerung zu prüfen wäre, ob ihr nicht das Sorgerecht für die Kinder entzogen werden müsse, so sollte sich Gregor gut überlegen, ob er mit solch einer Maximalforderungsstrategie zum Ziel kommen will und wird. Sollte der Anwalt der Mutter eine ähnliche Strategie anwenden, dann würde dem Gericht vielleicht ein Schreiben ihres Anwaltes vorliegen, aus dem hervorginge, dass Anita Sperber begründete Ängste habe, dass ihr Expartner die Kinder entführen wird und dass deshalb gar kein Umgang stattfinden könne, sondern der Vater erst einmal eine Therapie durchführen müsse…

Dann könnte es sein, dass der Streit der Eltern zu einem Streit der Anwälte geworden ist, der die Möglichkeit einer Einigung für die Kinder eher erschwert. Denn sind erst einmal bestimmte Vorwürfe in der Welt, egal, wie absurd sie sind, entfalten sie doch eine Wirkung. Posten Sie auf Facebook ein Foto von sich und bedauern diesen Post später, weil das Foto sie in einem Zustand zeigt, den sie eigentlich nicht veröffentlichen wollen, so ist dieses Foto jetzt in der Welt und kann nicht mehr zurückgenommen werden. Wenn vor Gericht gesagt wird, dass Gregor ein labiler Mensch sei, der angedroht habe, seine Kinder zu entführen, so mag diese Behauptung völlig absurd sein. Sie ist jedoch in der Welt und entfaltet ihre Wirkung.

Sollte das Gericht die Familie so wahrnehmen, dass sie ohne Hilfe und Beratung keine gute Lösung für die Umgänge der Kinder mit dem Vater finden können, wäre eine Möglichkeit, dass das Gericht einen BU anordnet. An dieser Stelle käme dann wieder das Jugendamt ins Spiel, an welches sich die Eltern dann wenden müssten und schließlich kämen wir als Umgangsbegleiter eines freien Trägers der Jugendhilfe dazu, um die Vorgaben des Gerichts umzusetzen. Dazu soll noch bemerkt werden, dass das Jugendamt den Vorgaben des Gerichts nicht zwingend in allen Details folgen muss. Es darf die Vorgaben des Gerichts als Empfehlungen verwenden. Dieser Hinweis ist wichtig, da wir es schon einige Male erlebt haben, dass Gerichte Entscheidungen treffen, die im Kern sinnvoll sind, jedoch nicht in der Praxis so umgesetzt werden können, wie es geschrieben steht. Wir erinnern uns an einen Fall, in dem das Familiengericht angeordnet hatte, dass ein Vater dreimal in der Woche morgens mit seiner damals 4-jährigen Tochter BU haben sollte. Nach dem morgendlichen BU von zwei Stunden, sollte das Kind dann vom Vater und Umgangsbegleiter in die Kita gebracht werden. Diese Regelung, die wir damals als junge, unerfahrene Umgangsbegleiter genauso umsetzten, führte dazu, dass das Mädchen erstens sehr spät in der Kita ankam, zweitens dreimal in der Woche den wichtigen Morgenkreis in der Kitagruppe verpasste und drittens oft emotional durcheinander in der Kita erschien. Solch eine Regelung würden wir heute kritischer betrachten und in dem Fall so verändern, dass das Kind einen entspannten Umgang haben kann und trotzdem am Morgen und Vormittag in seiner Kitagruppe sein kann – die Umgänge würden also nachmittags stattfinden.

Wer bezahlt den BU?

Die Hilfemaßnahme bezahlt das Jugendamt. Finanzstarke Eltern können die Maßnahme, wenn sie wollen, auch selbst bezahlen – dafür müssten sie sich entweder an einen Träger der Jugendhilfe wenden oder an andere Personen, die diese Hilfe dann durchführen.

Ich brauche keine Beobachter, ich verstehe diese Hilfe als Schikane der Mutter, wie kann ich mich auf eine Sache einlassen, die ich eigentlich ablehne?

Es kann sehr kränkend sein, dass angezweifelt wird, dass Sie gut mit ihrem Kind umgehen können. Daher ist es verständlich, dass viele Väter einen BU erst einmal ablehnen. Die meisten Väter machen jedoch gute praktische Erfahrungen mit dem BU. An erster Stelle ist zu bemerken, dass der BU die Möglichkeit bietet, die Kinder überhaupt zu sehen. Viele Väter berichten auch später, dass sie nach relativ kurzer Zeit die Umgangsbegleiter kaum noch wahrnehmen.

Das setzt natürlich voraus, dass die Umgangsbegleiter über die Fähigkeit verfügen, sich, sensibel für die künstliche Situation zwischen Kind und Vater, im Hintergrund zu halten und nur dann aktiv einzugreifen, wenn sie das Wohl des Kindes gefährdet sehen.

Wie lange dauert ein BU und was kostet die Hilfemaßnahme?

In der Regel wird ein BU für sechs Monate angeordnet. Unter bestimmten Bedingungen ist eine Verlängerung, auch mehrmals, möglich.

Der BU ist eine Hilfeleistung, die durch das Jugendamt finanziert wird. Eltern entstehen keine Kosten. Allerdings kostet die Durchführung eines BU Zeit und Kraft, auch deshalb verpflichten sich Eltern, die einen BU durchführen lassen, ausdrücklich dazu, aktiv daran mitzuwirken, dass eine gute Umgangsvereinbarung für die Kinder erarbeitet werden kann. Auch Eltern kostet der BU Zeit und Kraft, weil in der Regel im Rahmen der Hilfekonferenz vereinbart wird, dass die Eltern mit den Umgangsbegleitern Gespräche führen, zuerst einzeln und später gemeinsam.

Muss ich mit dem Vater unbedingt Gespräche führen?

In der Regel steht im Hilfeplan, der während der Hilfekonferenz im Jugendamt besprochen wird, dass die Eltern perspektivisch miteinander Gespräche führen sollen, moderiert von den Umgangsbegleitern. Der gesunde Menschenverstand sagt uns, dass es natürlich wünschenswert wäre und wahrscheinlich langfristig der beste Weg, wenn Sie als Eltern wieder miteinander sprechen können – mindestens über die Belange der Kinder. Der gesunde Menschenverstand sagt aber auch, dass die Hilfemaßnahme BU ja genau deswegen angeordnet wird, weil eben die Eltern nicht ohne Hilfe miteinander kommunizieren können. Wenn Anita im Augenblick kurz nach der Trennung von ihrem Partner Gregor sich nicht in der Lage fühlt, mit ihm zu sprechen, dann ist das emotional verständlich. Die Umgangsbegleiter führen in diesem Fall Einzelgespräche und es wird besprochen, zu welchem Zeitpunkt ein gemeinsames Gespräch mit Gregor stattfinden könnte

Was berichten die Umgangsbegleiter wem über mich und warum bekomme ich den Bericht nicht direkt von den Umgangsbegleitern mitgegeben?

Die Umgangsbegleiter schreiben zum Abschluss des BU einen Bericht, den sie an das Jugendamt schicken – und nur dorthin – welches sie mit dem BU beauftragt hat. Davor wird der Bericht mit den Eltern – einzeln oder gemeinsam – besprochen, damit sie wissen, was über sie berichtet wird. In diesem Bericht schreiben die Umgangsbegleiter über ihre Wahrnehmungen, also: Wie hat das Kind den Umgang erlebt, wie haben sich die Eltern verhalten, kamen die Eltern zuverlässig zu den Terminen, wie viele Umgangskontakte und Gespräche haben stattgefunden, was wurde im Prozess erreicht und was nicht und was sind die Empfehlungen der Umgangsbegleiter für die Zukunft. Es kann sein, dass sowohl Anita als auch Gregor mit bestimmten Dingen, die im Bericht stehen, nicht einverstanden sind. In diesem Fall hätten sie in der Abschlusshilfekonferenz im Jugendamt die Gelegenheit, ihre eigene Wahrnehmung zu erläutern. Manchmal schleichen sich jedoch Fehler in den Bericht ein (ein falsches Geburtsdatum), die dann nach der Lektüre mit den Eltern noch korrigiert werden können.

V. Kontrollierter Umgang (KU)

Die Unterscheidung in Begleitete und Kontrollierte Umgänge mag auf den ersten Blick etwas irreführend sein. Denn ein wesentlicher Faktor eines Begleiteten Umgangs ist, dass die Umgangsbegleiter auch kontrollieren, ob die umgangssuchende Person sich so verhält, dass das Kind mindestens keinen Schaden nimmt. Beim Kontrollierten Umgang erfolgt diese **Kontrolle** noch **engmaschiger** und sind in der Regel die gesamte Zeit **zwei** Begleiter anwesend, so dass selbst bei kurzen Toilettenpausen immer ein Begleiter da ist. Darüber hinaus geben die Begleiter dem Elternteil mit dem Kind auch weniger Freiheit, bleiben also noch näher dran, hören die Gespräche mit und sind jederzeit bereit, falls erforderlich, dazwischen zu gehen. KU findet daher auch zunächst in geschlossenen Räumen statt, meistens vom Träger der Jugendhilfe, → 7. Kapitel. In anschließenden Gesprächen mit dem umgangssuchenden Elternteil wird dessen

Verhalten während des KU besprochen. Lockerungen werden erst nach eingehender Prüfung gewährt, dann geht der KU in den BU über. Bei dauerhafter Gefährdung kann ein KU auch unbefristet durchgeführt werden.

Fallbeispiel

Anita Sperber und Gregor van Aaken streiten sich nicht nur zu stark und über zu viele Dinge und können sich nicht auf eine Umgangsregelung für ihre Kinder einigen, sondern werfen sich auch gegenseitig schwerwiegende Dinge vor. Der Vater wirft der Mutter vor, dass sie alles dafür tue, dass er die Kinder nicht sehen dürfe, dass sie ihn von seinen Kindern *entfremde*. Anita unterstellt Gregor, dass er sich vor allem um Eva nicht gut genug kümmern würde, er könne einfach nicht gut mit kleinen Kindern umgehen und sie habe Angst, dass er ihr Schaden zufügen würde. Außerdem finde sie, dass Gregor ein psychisch labiler Mensch sei und sie habe Angst, dass er die Kinder entführe. Sie könne nicht zulassen, dass er die Kinder allein sehe, es müsse immer eine dritte Person anwesend sein.

Welche anderen Bedingungen gibt es noch, damit ein KU angeordnet wird?

Zusammenfassend kann man sagen, dass alle Verhaltensweisen, die ein Vater in der Vergangenheit gezeigt hat, die als potentiell schädlich für ein Kind eingeschätzt werden, möglicherweise einen KU nach sich ziehen. Wir zählen hier einige wesentliche Bedingungen auf, die eher einen KU als einen BU nach sich ziehen könnten:

– Drogenkonsum

– Androhung einer Entführung der Kinder

– Androhung, sich und/ oder die Kinder zu töten

– Androhung, die Kinder zu vergiften

– süchtiges Verhalten

– Kontakte zur kriminellen Szene

– Umgangskontakte im Gefängnis

– Missbrauch oder starker, fundierter Verdacht eines Missbrauchs der Kinder

- stattgefundener Missbrauch der Kinder (äußerst selten allerdings)
- häusliche Gewalt (also Gewalt gegen die Mutter)
- Stalking.

Dabei möchten wir betonen, dass es in allen Fällen nicht darum gehen darf, bloßen Behauptungen (einer Mutter) zu folgen, sondern dass es **Nachweise** bzw. **starke Indizien** geben muss, damit ein KU eingesetzt wird. Und auch dann prüft das Jugendamt genau im Einzelfall, ob der Umgang wirklich in kontrollierter Form stattfinden muss. Denn ist bereits ein BU verständlicherweise nicht sehr angenehm für Kind und Vater aufgrund der künstlichen Situation, in der sie sich befinden, so vertieft ein KU diese Künstlichkeit noch weiter, weil die Umgangsbegleiter sich stets ohne Pause in unmittelbarer Nähe befinden müssen, das bedeutet, nicht mehr als ein bis zwei Meter entfernt.

In der Praxis ist es leider manchmal noch so, dass allein ein stark geäußerter Verdacht bzw. eine überzeugend vorgebrachte Behauptung ausreicht, damit ein KU angeordnet wird. Sensible Sozialarbeiter im Jugendamt und in den freien Trägern bemühen sich jedoch, genau hinzuschauen und hinzuhören, um dann zu entscheiden, ob ein KU wirklich nötig ist.

Warum darf ich nicht in meiner Muttersprache mit dem Kind reden?

Eigentlich ist es eine schöne Sache, in seiner Muttersprache mit dem Kind reden zu können. Der simple Grund, weshalb in den BU und KU immer deutsch gesprochen wird, ist, dass die Umgangsbegleiter verstehen müssen, was gesprochen wird. Dabei wird in der Regel toleriert, dass der Vater sein Kind mit seinem Kosenamen in seiner Muttersprache anspricht. Doch dafür braucht es ein gutes Vertrauensverhältnis zwischen den Beteiligten. Es wird nicht unterstellt, dass Eltern schlecht über den anderen Elternteil reden wollen, manchmal sagen jedoch Eltern Dinge zum Kind, die unserer Meinung nach schädlich für das Kind sind, ohne dass die Eltern dies merken. An dieser Stelle greifen wir ein und das können wir nur, wenn wir alles Gesagte auch verstehen.

Werden die Kinder nicht durch die Anwesenheit Dritter traumatisiert?

Eine gute Herangehensweise zu Beginn eines Umgangsprozesses ist es, dass die Umgangsbegleiter die Kinder vorher kennenlernen. Wir besuchen die Kinder in der Regel zu Hause, sie zeigen uns ihr Kinderzimmer, und wir spielen mit den Kindern oder – je nach Alter – erklären auch, wer wir sind und warum wir „da" sind. Danach laden wir die Kinder mit ihrer Mutter in unsere Räume ein und lernen uns weiter kennen. Dabei achten wir darauf, dass die Kinder zu uns eine vertrauensvolle Beziehung aufbauen können, die eng genug ist, dass sie sich ans uns wenden, wenn sie uns brauchen aber auch nicht zu eng, dass verhindert wird, dass sie mit ihrem Vater eine gute Beziehung eingehen können. Wir verhalten uns also sehr beziehungssensibel und diese Haltung verhindert Irritationen bei den Kindern oder gar Traumata.

Sehr wichtig für die Kinder ist, dass wir ehrlich zu ihnen sind. Die Kinder erfahren also von uns, weshalb wir Mama und Papa unterstützen. Diese Klarheit ist deswegen so wichtig, weil viele Kinder eine Zeit großer Unklarheit hinter sich haben oder sich noch mittendrin befinden: wie oft sehe ich Papa, zieht er in eine andere Stadt, bin ich auch schuld daran, dass meine Eltern sich trennen – mit solchen und ähnlichen Fragen beschäftigen sich viele Kinder und mit der Unklarheit, welche weiteren Auswirkungen die Trennung der Eltern auf ihr Leben hat und haben wird.

Darf ich mein Kind wickeln trotz der Missbrauchsvorwürfe der Mutter? Und sollte ich darauf nicht lieber verzichten?

Um diese Fragen zu für sich zu beantworten ist es wichtig, sich selbst als Vater gut einschätzen zu können. Nehmen wir an, dass die Vorwürfe haltlos sind. Schreiben wir sie der Kränkung einer Mutter wie Anita zu, die keinen anderen Weg findet, mit einer Kränkung – zum Beispiel, dass Gregor sie verlassen hat, – umzugehen. Findet nun ein BU unter diesen Umständen statt, sollten Sie als Gregor davon überzeugt sein, dass sie mit ihrer kleinen Tochter sicher umgehen können, auch wenn Sie sie wickeln. Sollten Sie Zweifel daran haben, dass Sie dies gut bewältigen, wäre ein Gespräch mit den Umgangsbegleitern sinnvoll um zu klären, wie mit der „Wickelsituation" umgegangen werden soll und ob Sie wirklich darauf verzichten sollten. Es könnte dann besprochen werden, ob das Wickeln erst einmal von den Umgangsbegleitern übernommen wird. Prinzipiell sollte dies jedoch die Ausnahme sein; die Umgangsbegleiter werden Sie darin unterstützen, dass sie voll und ganz Vater sein dürfen mit ihrer Tochter, dazu gehört auch das Wechseln der Windel.

Was darf ich meinem Kind sagen über ihre Mutter (ihren Vater), was nicht?

Es ist generell heikel, über den anderen Elternteil während eine Umgangskontaktes zu sprechen, weil wir keine Kontrolle darüber haben, wie die Kinder das Gehörte interpretieren, bewerten und dann weitergeben. Selbst gut Gemeintes entwickelt oft eine Dynamik, die der Elternkommunikation nicht guttut. Aus diesem Grund sind die Vorgespräche der Eltern mit den Umgangsbegleitern so wichtig. Stellen Sie sich vor, ihr 7-jähriger Sohn fragt sie, warum Sie sich getrennt haben. Sagen Sie ihrem Sohn dann dass sich Mama und Papa nicht mehr geliebt haben, dass Sie sich viel gestritten haben und dann (gemeinsam) entschieden haben, sich zu trennen, dann wäre dagegen nichts einzuwenden. Sagen Sie jedoch so etwas wie – „Da musst Du deine Mutter (deinen Vater) fragen", zum Beispiel weil Sie die Trennung gar nicht oder zumindest viel weniger wollten als der Andere, dann geben Sie mit dieser Aussage möglicherweise eine Vorlage für Missverständnis und Streit. Ihr 7-jähriger Sohn geht mit dieser Aussage zu seiner Mutter und sagt: „Papa hat gesagt, dass Du schuld an der Trennung bist." Damit gibt er nicht die Aussage seines Vaters wieder, sondern seine Interpretation dessen, was er gehört hat. Was könnten Sie als Mutter hören? Der Vater hetzt das Kind gegen mich auf, in dem er mir die Schuld für unsere Trennung gibt. Diese Art der missverständlichen Kommunikation erleben wir sehr häufig in unserer Praxis. Die Empfehlung lautet also: Sprechen sie sich erstens mit den Umgangsbegleitern ab und üben Sie zweitens im Zweifelsfall Zurückhaltung bei allen Fragen, die den abwesenden Elternteil betreffen.

Was soll ich tun, wenn sich mein Erziehungsstil komplett von dem des anderen Elternteils unterscheidet?

Auch nicht getrennte Eltern führen nicht selten Auseinandersetzungen über die Erziehung ihrer Kinder. Das ist an sich nicht ungewöhnlich oder schwierig, solange es einen Grundkonsens über wesentliche Werte und Ziele innerhalb der Erziehung gibt. Schaffen Sie als Eltern es, gut miteinander ins Gespräch zu kommen über alle Belange ihrer Kinder und respektieren Sie vorhandene unterschiedliche Auffassungen zur Erziehung des Anderen, können ihre Kinder im besten Fall sogar davon profitieren, weil sie nicht nur einem Erziehungsstil „ausgesetzt" sind sondern zwei Erziehungsstilen, die nebeneinander existieren können. Sie lernen dann etwas in der „Mamawelt" und in der „Papawelt". Im schlechtesten Fall spielen Sie als Eltern sich gegeneinander aus: Gregor überhäuft die Kinder mit Geschenken, weil er es sich leisten kann und verbindet diese Geschenke mit dem Hinweis, dass Anita sich das ja nicht leisten könne. Die Kinder verlangen in der Folge von ihrer Mutter Geschenke in ähnlicher Dimension wie die des Vaters. Anton sagt zu seiner Mutter, dass er lieber zum Vater ziehen wolle, weil sie ihm keine Markensachen kaufen könne....

Versuchen Sie also, über das Thema Erziehung ins Gespräch zu kommen und wesentliche Absprachen den Kindern als gemeinsame Absprachen zu vermitteln. Diese Aufgabe können auch, wenn es günstiger erscheint, zeitweise die Umgangsbegleiter übernehmen. Perspektivisch wäre es jedoch besser, wenn Sie als Eltern eine gemeinsame Sprache diesbezüglich fänden und Ihre Kinder davon wüssten.

Das folgende Interview mit dem erfahrenen Umgangsbegleiter David Olivier beschäftigt sich mit Fragen zur Haltung des Umgangsbegleiters und Bedingungen, unter denen Begleitete Umgänge gut gelingen können.

Interview mit David Olivier, Umgangsbegleiter, Berlin

Herr Olivier: Bitte stellen Sie sich unseren Lesern kurz vor und sagen uns als erstes, welches Ziel ein Begleiteter Umgang hat.
Ich bin Diplom-Psychologe mit systemischer therapeutischer Zusatzausbildung und seit 2008 Umgangsbegleiter. Das Ziel eines BU ist grundsätzlich die Verselbständigung der Umgangskontakte, d. h. die Eltern sollten nach erfolgreichem Abschluss eines BU in der Lage sein, die Kontakte selbständig zu regeln. Es gibt dafür allerdings keine schematischen Lösungen.

Hat sich das Konzept des BU in den letzten Jahren verändert?

Ich führe auch für andere Träger BUs durch und weiß deshalb, dass es durchaus unterschiedliche konzeptionelle Standards geben kann. Der Träger, bei dem ich angestellt bin, hat ein klares Phasenkonzept für den BU. Prinzipiell ist zu sagen, dass es keine einheitliche Methode gibt, mit der die Träger BUs durchführen. Das handhaben die Träger sehr unterschiedlich. Es lässt sich schwer sagen, ob sich in den letzten 10 Jahren konzeptionell etwas verändert hat. Es gibt auch keine richtige Ausbildung zum Umgangsbegleiter; ich habe mir das Handwerkszeug learning by doing angeeignet.

Trial and Error….

Ja, das kann ich nicht bestreiten.

Mit Blick auf die BU selbst in den letzten Jahren: Haben sich die Indikationen bzw. Fragestellungen verändert? Gibt es bestimmte Tendenzen?

Nur nach meinem Gefühl zu urteilen: Die Fälle sind schwieriger geworden. Die Klientel hat sich verändert. Der Anteil nichtdeutscher Klienten ist stark gestiegen, damit auch die kulturelle Vielfalt. So einfach ist die Frage trotzdem nicht zu beantworten, weil wir nicht vergessen dürfen, dass ich mich ja seit meinen Anfangszeiten auch verändert habe und damit auch meinen Blick auf den BU. Somit fällt es mir auch schwer, einen Blick von außen einzunehmen, einen supervisorischen Blick zu entwickeln.

Haben Sie ein Beispiel, wie sich Ihr Blick auf den BU verändert hat?

Ein sehr wichtiger Aspekt ist die Haltung, die man einnehmen kann. Ich kann die Klienten beraten mit der Idee, dass meine Lösungen relevant seien und ich nur dafür sorgen muss, dass die Klienten die verstehen und annehmen. Ich bin jedoch nicht verantwortlich für die Lösungen der Klienten, sondern sie selbst. Ich denke inzwischen, dass es keine schablonenhaften Lösungen gibt. Die Menschen sind einzigartig, auch in ihren Problemlagen und sollen deshalb darin unterstützt werden, ihre eigene Lösung zu finden. Sucher gibt es Ähnlichkeiten in den Fällen, das ist unbestritten. Wenn man jedoch schablonenhaft arbeitet, finde ich das sehr problematisch. Wenn ich an meine Anfänge denke, erinnere ich mich an meine Ideale und Ideen: Wie kann ich erfolgreich sein im BU. Natürlich bin ich damals meinem Ideal gefolgt und habe gehofft, dass es klappt. Manchmal klappt es jedoch überhaupt nicht, weil es eben meine Idee war und nicht die Idee der Klienten. Ich denke man lernt mit der Zeit, die eigenen Ansprüche zwar weiter zu verfolgen, aber eben nicht in den Vordergrund zu stellen. Man lernt besser zuzuhören. Mit welchem Menschen habe ich zu tun? Was wäre eine angemessene Art zu kommunizieren? Es geht also nicht darum, eigene Ansprüche an die Arbeit zu mindern, es geht darum zu begreifen, dass man es mit Menschen zu tun hat, die man erst einmal verstehen und erreichen muss.

Im BU wird häufig im CO-System, also zu zweit, gearbeitet. Ist dieses System mit Bezug auf die eben diskutierte Frage eher hilfreich oder hinderlich?

Es wird in der Regel versucht, paritätisch zu arbeiten, also eine Frau und einen Mann im CO-Team. Das macht schon Sinn, weil ja die Klienten in mehr als 80 Prozent der Fälle als Mutter und Vater auftreten. Immer notwendig ist es jedoch in meinen Augen nicht, das hängt von den Klienten ab. Manche Klienten empfinden es als hilfreich, wenn eine Person des gleichen Geschlechts anwesend ist, anderen ist es egal. Letztlich gilt: Nicht das Geschlecht des UB ist entscheidend, sondern die Kompetenz. Es würde auch zu weit gehen, wenn die Klienten zu uns kämen, und sich dazu äußern würden, mit welchen Personen sie arbeiten wollen und mit welchen nicht. Ich glaube, dass CO-Arbeit wichtig ist. Denn wir haben es in der Regel mit Menschen in Krisen zu tun; diese Arbeit ist sehr fordernd und manchmal verlieren wir den Überblick. In dem Fall ist es gut, nicht allein unterwegs zu sein, um sich austauschen zu können mit dem CO und sich Rückmeldungen zu holen. Außerdem ist es wichtig, die Situation unter unterschiedlichen Perspektiven zu sehen. Zu zweit im Fall haben wir häufig unterschiedliche Sichtweisen und Interpretationen. Für die Eltern im gesamten Prozess ist dies ein Gewinn.

Stichwort Zusammenarbeit: Viele Eltern haben Vorbehalte und Ängste in der Zusammenarbeit mit Jugendamt, Gericht und anderen am Umgangsverfahren Beteiligten. Wie beschreiben Sie Ihre Erfahrungen mit diesen Beteiligten? Oder anders formuliert: Was braucht denn eine gute Zusammenarbeit, damit die Klienten davon etwas haben?

Ich denke, dass es wichtig ist, dass die Kooperationspartner einander grundsätzlich vertrauen. Mit Blick auf das Jugendamt als Beispiel: Zu Beginn jeder Hilfe gibt es eine Hilfekonferenz im Jugendamt, an der die Eltern, wir als Umgangsbegleiter und der Sozialarbeiter des Jugendamtes teilnimmt, der auch zu dieser Konferenz eingeladen hat. Dort besprechen wir den Fahrplan der Hilfe, die in der Regel 6 Monate bewilligt wird. Wir sind dann die Ansprechpartner für die Eltern und brauchen deren Vertrauen. Und das Jugendamt, welches für die Zeit der Hilfe in den Hintergrund tritt, muss uns vertrauen, dass wir unsere Hilfe erfolgreich gestalten bzw. alles dafür tun. D. h., der Sozialarbeiter im Jugendamt muss in der Lage sein, die Gestaltung der Hilfe an uns zu delegieren. Und auch die Eltern brauchen an dieser Stelle das Gefühl, dass Träger und Jugendamt zusammenarbeiten, dass es eine Partnerschaft ist. Und die Eltern sollten auch wissen, dass sie sich, wenn die Zusammenarbeit mit uns nicht klappt, sich wieder zurück an das Jugendamt wenden können. Also Vertrauen ist ein wichtiges Stichwort auch für die Eltern. Die Eltern müssen uns vertrauen, dass wir sie fair behandeln und nach Lösungen für ihr Kind suchen. Sie müssen nicht naiv sein und uns blind vertrauen. Doch ein Grundvertrauen, dass es eine Chance gibt, die Situation zukünftig besser zu lösen als bisher, sollten die Eltern schon aufbringen.

Findet die Kommunikation mit dem Jugendamt über inhaltliche Fragen in den Fällen auf Augenhöhe statt?
Oft, aber nicht immer. Hier stellt sich für den Umgangsbegleiter die Aufgabe: Wie gehe ich damit um wenn der Sozialarbeiter andere Ideen für die Inhaltliche Arbeit entwickelt als der Umgangsbegleiter. Da braucht es manchmal diplomatisches Geschick um die eigene Position zu vertreten oder es braucht Schärfung des eigenen. Es gehört tatsächlich manchmal auch zur Rolle des Umgangsbegleiters, den Sozialarbeiter im Jugendamt zu führen, wenn der spezielle Fall dies erfordert. Dann wird er Umgangsbegleiter auch Profils zum Vermittler und Übersetzer für den Kollegen im Jugendamt für die Klienten. Je mehr Personen in ein Umgangsverfahren involviert sind, desto komplexer werden die Anforderungen an einen Umgangsbegleiter. Man muss aufpassen, dass den Nebenschauplätzen…

Wie z. B. einer gerichtlichen Auseinandersetzung zwischen den Eltern…
…zu viel Aufmerksamkeit eingeräumt wird. Wir empfehlen grundsätzlich, dass die Eltern ihre gerichtlichen Auseinandersetzungen während unserer Hilfe pausieren. Es ist leicht vorstellbar, dass, wenn im Hintergrund sich die Rechtsanwälte böse Briefe schreiben, unsere Vermittlungsarbeit zwischen den Eltern nicht leichter wird. Das ist menschlich ja total verständlich. Wie sollen Eltern miteinander bei uns gute Vereinbarungen treffen, wenn sie gleichzeitig die nachvollziehbare Notwendigkeit spüren, sich gegen die als Feindseligkeit empfundenen Briefe der Anwälte zur Wehr zu setzen? Das passt dann nicht zusammen. Deshalb empfehlen wir die Pausierung dieser Verfahren.

Zum Abschluss der Hilfe wird ein Bericht über den Hilfeprozess geschrieben, den die Eltern vor der Abschlusshilfekonferenz im Jugendamt lesen. Folgt das Jugendamt diesen Empfehlungen in der Regel?
Ja. Das tut es.

Welche unterschiedlichen Anforderungen stellen sich an den Umgangsbegleiter, je nachdem, ob er es mit einem 2-jährigen oder 10-jährigen Kind zu tun hat?
Es besteht schon einmal der signifikante Unterschied, dass man mit sehr kleinen Kindern nicht über den Umgang sprechen kann. Mit älteren Kindern und Jugendlichen kann man sprechen und ihnen mit Worten erklären, in was für einem Prozess sie sich eigentlich befinden. Ein BU ist ja immer eine künstliche Situation. Die Kinder und Eltern treffen sich in fremden Räumen mit fremden Menschen, den Umgangsbegleitern. Also eine sehr intime Situation zwischen Eltern und Kindern wird von fremden Menschen beobachtet. Darüber kann man mit älteren Kindern sprechen, ihnen alles erklären. Mit Babys und Kleinkindern geht das nicht. Es ist wichtig, zu den Kindern eine gute Beziehung aufzubauen. Da wir als Umgangsbegleiter die ganze Zeit anwesend sind, sollten sich die Kinder wohl fühlen mit uns. Darum verbringen wir, bevor die Umgangskontakte starten, mit den Kindern vorher einige Zeit zum gegenseitigen Kennenlernen. Es gibt sehr schüchterne Kinder, die viel Zeit brauchen, um mit uns und er Situation warm zu werden. Dabei geht es nicht darum, dass wir eine enge Beziehung zu den Kindern aufbauen. Es geht um einen für die Kinder ausreichend guten Kontakt zu uns.

Auch um vorzubeugen, dass die Kinder u. U. den Umgangsbegleiter mehr mögen als ihren Vater, den sie im Rahmen dieses Umgangs sehen. Kommt dies öfter vor?
Das kann passieren. Letztlich ist die Kooperation zwischen den Eltern und den Fachkräften an dieser Stelle entscheidend und die Qualität der Gespräche. Als Umgangsbegleiter gehört es auch zu meiner Verantwortung, mich selbst nicht zu wichtig zu nehmen in diesem Prozess. Mag mich ein Kind mehr als seinen Vater, kann ich diese Verbindung als Brücke benutzen, über die das Kind zu seinem Vater gehen kann und ihn (wieder) mögen lernen kann. Dazu gehört, dass ich alle Entwicklungen im Prozess gut wahrnehme, damit ich sie steuern kann. Ist mein Ego so groß, dass es die Zuneigung eines Kindes im BU braucht, bin ich an der falschen Stelle. Das Bewusstsein dafür, dass wir Umgangsbegleiter sind, die für eine kurze Zeit als Impulsgeber, Berater und Begleiter für die Kinder und Eltern da sind, ist dabei sehr hilfreich. Wir sind nicht

die Lösung des Problems und wir lösen auch kein Problem: Wir unterstützen die Eltern, eine bessere Lösung als bisher zu finden. Deshalb achten wir auf unsere Präsenz im Prozess und stellen nötigenfalls Distanz her zu einem Kind. Die eigene berufliche Rolle muss ständig reflektiert werden. Dann können wir über unsere Beobachtungen offen mit den Eltern sprechen und beraten, wie wir mit der Situation umgehen.

Sie haben gesagt, dass das wichtigste Ziel dieser Hilfemaßnahme die Verselbständigung ist. Gibt es Statistiken, die zeigen, wie hoch die Quote der verselbständigten BUs ist, bezogen auf alle BUs, die vom Jugendamt in Auftrag gegeben werden?
Der Träger, bei dem ich angestellt bin, hat eine Erfolgsquote von ca. 75 Prozent. Doch das sagt nichts darüber aus, ob die Eltern es langfristig schaffen, ohne Hilfe auszukommen. Dazu gibt es meines Wissens keine Zahlen.

Was müssten Eltern bestenfalls lernen in einem BU, damit diese Hilfe nachhaltig wirken kann und die Eltern zukünftig keine Hilfe mehr brauchen?
Ich denke, dass die Eltern lernen müssen, verantwortlich zu sein für ihr Kind. Oft ist es dieser Aspekt, den die Eltern wieder lernen müssen, weil er im Paarstreit verloren gegangen ist. Eltern in der Krise verlieren diesen Fokus oft zu Lasten ihrer Kinder. Die Umgangsbegleiter müssen darauf achten, dass sie diese Verantwortung nicht übernehmen, sondern eben den Eltern überlassen. Es kann funktionieren, dass ein Umgangsbegleiter für 6 Monate die Verantwortung für den Prozess übernimmt. Aber nicht darüber hinaus. Die Eltern müssen also wissen, dass sie etwas leisten müssen.

Müssen die Eltern zwingend gemeinsame Gespräche führen für einen nachhaltigen Erfolg ihres Umgangsmodells?
Idealerweise schon. Manchmal ist dies jedoch nicht möglich. Das einfache Zusammensein ist manchmal für Eltern nicht möglich und dann eskalieren die Gespräche. Das bedeutet, dass in diesen Fällen sich die Eltern nicht begegnen, weder zur Übergabe des Kindes noch im Rahmen von Gesprächen. Das kann funktionieren, sowohl während unserer Begleitung, als auch später ohne Begleitung. Allerdings sollte das Kind wissen, dass Papa und Mama sich nicht persönlich zur Übergabe sehen, weil sie es nicht schaffen – Kinder spüren ja die Spannungen ihrer Eltern sehr genau und sollten deshalb informiert werden, wenn ihr Alter das zulässt. Für Kinder ist es wichtiger darüber informiert zu werden, dass

nicht alles harmonisch zwischen den Eltern ist, als zu spüren, dass es so ist und darüber im Unklaren zu bleiben. Die Dinge müssen ausgesprochen werden.

Gibt es schriftliche Vereinbarungen, die mit den Eltern getroffen werden im Rahmen einer Hilfe?

Natürlich wird zu Beginn der Hilfeplan besprochen im Jugendamt und abgestimmt. Dieser Plan ist die Basis der Zusammenarbeit. Später werden für die Umgangskontakte selbst Vereinbarungen besprochen und aufgeschrieben, die regeln, wann, wie lange und unter welchen Umständen die Kontakte stattfinden. Z. B. steht in einer solchen Umgangsvereinbarung auch drin, ob der Vater Geschenke mitbringen darf oder ob Fotos erlaubt sind. Oder ob und wie die Eltern sich begegnen.

Versetzen wir uns in eine Umgangssituation: Der Vater sagt dem Kind etwas, was Sie nicht tolerieren können. Gibt es in diesem Fall eine beste Vorgehensweise?

Die beste Vorgehensweise hängt stark von der Situation ab. Stellen Sie sich vor, dass der Vater dem Kind schlechte Dinge über die Mutter sagt. In solch einem Fall müssen Sie sofort intervenieren und klarstellen, dass sie das nicht tolerieren. In einem Nachgespräch müsste dem Vater deutlich gemacht werden, dass sein Kind nicht von dem Kontakt profitieren kann, wenn er während des Kontakte schlecht über die Mutter spricht und dass der Kontakt sofort abgebrochen wird, wenn er sein Verhalten nicht ändert. In weniger drastischen Fällen mache ich dem Vater im Umgang deutlich, dass er etwas zu unterlassen hat und vertiefe dies jedoch nicht in der Umgangssituation. Vertieft wird es in einem Nachgespräch mit dem Vater, bei dem das Kind nicht anwesend ist. Es gibt oft Situationen mit Vätern, in denen es um das Mitbringen von Geschenken geht. Ich hatte kürzlich wieder so eine Situation mit einem Vater, mit dem vereinbart war, dass er zum nächsten Termin kein Geschenk für das Kind mitbringen soll. Der Vater hat trotzdem ein Geschenk mitgebracht zum Umgang. Das ist für mich eine Situation, in der ich nicht sofort intervenieren würde. Denn das Kind freut sich über das Geschenk, und ich will nicht sofort darüber sprechen, weil ich das Kind nicht irritieren will. In solch einem Fall spreche ich danach mit dem Vater, dass er sich nicht an die Vereinbarung gehalten habe und dies zu ändern sei.

Mit der Erfahrung von unzähligen begleiteten Umgangskontakten: Kommt es häufiger vor, dass man als Umgangsbegleiter intervenieren muss oder ist das eine Ausnahmesituation?

Es ist keine Ausnahmesituation, passiert jedoch auch nicht ständig. In Zahlen ausgedrückt: Ich interveniere in weniger als 50 Prozent der Fälle. Die beste Chance, um wenig intervenieren zu müssen während der Umgangskontakte bieten die vorbereitenden Gespräche mit den Eltern, um die Eltern erstens gut kennenzulernen und zweitens ausreichend erklärt zu haben, unter welchen Bedingungen ein Umgangskontakt gut gedeihen kann. Also: Eine gute Vorbereitung ist enorm wichtig.

Kommt es häufig vor, dass die Kinder sich dem Umgang verweigern?

Das kommt tatsächlich häufig vor in unserer Praxis. In diesen Momenten ist es wichtig, dass ein Umgangsbegleiter gut differenzieren kann, was diese Ablehnung eines Kindes bedeutet. Sie bedeutet nicht zwingend, dass es keine Umgangskontakte geben kann. Sie dürfen nicht vergessen, dass die Kinder permanent in einem Spannungsfeld leben: Sie leben bei einem Elternteil und sind mit diesem Elternteil verbunden. Die Kinder bekommen die Haltung dieses Elternteils gegenüber dem getrenntlebenden Elternteil mit und bekommen somit auch mit, wenn der eine Elternteil den anderen Elternteil ablehnt, auch wenn darüber nie gesprochen wird. Kinder bekommen das mit und müssen schauen, welche Haltung sie selbst in diesem Spannungsfeld einnehmen können. Das ist keine leichte Aufgabe. Im Einzelfall ist es schwierig zu entscheiden, ob das Kind nun eine eigene Haltung vertritt oder nur die Haltung eines Elternteils unbewusst übernommen hat. Doch genau mit dieser Aufgabe muss sich der Umgangsbegleiter auseinandersetzen. Dazu kommt, dass es einen Unterschied macht, ob ein 14-jähriges Kind den Umgang verweigert oder ein 4-jähriges Kind. Und die Kinder selbst sind, unabhängig vom Alter, auch unterschiedlich in ihren Fähigkeiten, die schwierige Trennungssituation ihrer Eltern gut zu meistern. Deswegen, da wiederhole ich mich, ist das gegenseitige Kennenlernen zu Beginn des Prozesses so wichtig und sollte genügend Raum einnehmen. Es gibt auch diese Situationen, dass ein Kind durch die Trennung traumatisiert wurden ist. In diesem Fall können keine Umgangskontakte stattfinden, bevor diese Traumatisierung nicht therapeutisch aufgelöst worden ist. Und ich spreche nicht davon, dass Mama oder Papa etwas Schlimmes gemacht haben. Aber es gibt Kinder, die diese elterlichen Spannungen wie ein Schwamm aufsaugen und in der Folge nicht in der Lage sind, sich ohne Schaden in diesem Spannungsfeld zwischen den Eltern zu bewegen. Das ist für manche Kinder wie vermintes Gelände.

Unsere Abschlussfrage, Herr Olivier: Was ist das wichtigste Handwerkszeug eines Umgangsbegleiters?

Distanz zum Geschehen wahren zu können, die eigene Tätigkeit reflektieren zu können und sich Übersicht über den einzelnen Fall zu verschaffen und zu behalten. Es ist nicht unsere Aufgaben, Position für den Vater oder die Mutter zu beziehen. Es ist nicht unsere Aufgabe, die Erzählungen der Eltern als wahr oder unwahr zu beurteilen. Wer damit anfängt, Richter oder Polizist sein zu wollen, der steht auf verlorenem Posten. Als normale Menschen, die wir als Umgangsbegleiter auch sind, haben wir die Tendenz, etwas zu glauben oder an etwas zu zweifeln. Das sollen wir nicht ausmerzen und zu Umgangsrobotern werden, aber wir müssen uns dessen bewusst sein und einen guten Umgang damit finden. Unsere Position ist nicht komplett neutral, das wäre nicht menschlich. Deshalb müssen wir stets darüber nachdenken, welche Wirkung die Menschen haben, mit denen wir arbeiten. Diese Reflexionsfähigkeit, verbunden mit der Fähigkeit, die eigenen Beobachtungen, Interpretationen, Urteile immer wieder in Frage zu stellen, das halte ich für essentiell.

Herr Olivier, wir danken Ihnen für das Gespräch.

VI. Verfahren vor dem Familiengericht

Finden Eltern, alleine oder mithilfe vom Jugendamt, → 5. und 7. Kapitel oder beispielsweise Mediation, → 6. Kapitel, oder Coaching, keine einvernehmliche Lösung, dann kann ein Elternteil einen Antrag zur Klärung des Umgangs bei dem zuständigen Familiengericht stellen.

Carola Fuchs, Autorin von „Mama zwischen Sorge und Recht", München: Ich würde jedem empfehlen, wenn irgend möglich eine außergerichtliche Einigung zu finden. Denn selbst wenn man vor Gericht den „Krieg" gewinnen sollte, der Frieden ist für alle Zeiten verloren. Die Schriftsätze der beiden gegnerischen Anwälte sind nämlich in der Regel darauf ausgelegt, den anderen Elternteil zu demontieren um damit dem eigenen Mandanten einen Vorteil zu verschaffen. Das verursacht über die Jahre, über die sich Verhandlungen oft strecken, tiefe Wunden auf beiden Seiten, die eine gemeinsame, konstruktive Elternschaft erschweren, wenn nicht sogar unmöglich machen. Ganz besonders aber leiden die betroffenen Kinder unter der vergifteten Atmosphäre.

Gregor van Aaken schafft es einfach nicht, mit Anita Sperber über den Umgang mit den Kindern zu reden. Die Umgänge finden seiner Meinung nach zu selten, und auch nicht regelmäßig und manchmal gar nicht statt. Er berät sich mit einem befreundeten Vater der ihm empfiehlt, sich statt an das Jugendamt an das zuständige Familiengericht zu wenden und dort einen Antrag auf Umgang zu stellen.

Welche Rolle spielt der Richter bzw. was ist seine Aufgabe in diesem Prozess?

Auch der Richter am Familiengericht, → 5. und 7. Kapitel, wird zunächst versuchen, Sie als Eltern zu einer einvernehmlichen Regelung zu bewegen, entweder direkt „bei sich" vor Gericht, oder er verweist Sie an das Jugendamt bzw. eine Familienberatungsstelle. Zwar haben viele Richter keine psychologische oder pädagogische Ausbildung, doch wird jeder verantwortungsvoll handelnde Richter trotzdem erst einmal probieren, die Familie zu unterstützen, eine eigene Lösung zu finden. Sollte dies gelingen, dann erarbeiten die Eltern im Gericht eine Umgangsvereinbarung, an die sie sich halten wollen.

Wir haben davon gehört, dass es Verfahrensbeistände gibt. Was ist ein Verfahrensbeistand und welche spielt er vor Gericht?

Sollte das Gericht der Ansicht sein, die Eltern haben momentan die Bedürfnisse ihre Kinder nicht ausreichend im Blick, dann erhalten die Kinder auf Antrag des Gerichts einen eigenen Anwalt, den Verfahrensbeistand → 7. Kapitel. Diese Person fungiert tatsächlich wie ein Anwalt des Kindes, der die Interessen und Bedürfnisse des Kindes stets im Blick behält und bei den Verhandlungen des Gerichts das Kind vertritt. Das Kind muss dabei nicht zwingend vor Ort sein.

Gregor van Aaken und Anita Sperber gelingt es nicht, eine Vereinbarung zum Umgang vor Gericht zu treffen. Die Eltern streiten sich auch vor Gericht weiter, der Einsatz eines Verfahrensbeistandes ist bereits erfolgt, damit die Interessen der Kinder gewahrt bleiben können.

Wie sollen wir uns einigen, wenn wir total zerstritten sind über wesentliche Dinge den Umgang betreffend?

Sollten Sie wie die van Aaken/Sperbers (noch) keine Vereinbarung treffen können, entscheidet das Gericht durch einen Beschluss. Dieser Beschluss regelt alle Parameter des Umgangs detailliert. In solch einem Beschluss steht also drin, an welchen Tagen, zu welchen Zeiten, welche Kinder ihren Papa zum Umgang sehen, wo die Übergaben dazu stattfinden u. a.

Umfasst der Beschluss einen längeren Zeitraum, dann regelt er auch Urlaubszeiten, Geburtstage und Feiertage, → 3. Kapitel

Und wenn wir es gar nicht schaffen, den Beschluss umzusetzen?

Falls das Gericht Bedenken an Ihrer kindgerechten Umsetzung eines solchen Beschlusses hat, bestellt es einen Umgangspfleger, → 7. Kapitel, der nun dafür zuständig ist, die Regelung des Gerichts in die Praxis umzusetzen. Dieser Umgangspfleger holt Ihr Kind bei Ihnen zu Hause ab, bringt es zum Vater, ist beim Umgang dort anwesend und bringt das Kind wieder zu Ihnen nach Hause zurück. Der Einsatz eines Umgangspflegers ist oft eines der letzten Mittel des Gerichts, überhaupt einen Umgang herzustellen. Manchmal ist der Umgangspfleger das Mittel der Wahl; wir würden jedoch nur schwach widersprechen, wenn Eltern den Umgangspfleger als „Umgangspolizisten" bezeichnen. Diese Wahrnehmung verstehen wir aus unserer Sicht gut. Der Umgangspfleger ist jedoch, im Gegensatz zu einem Polizisten, pädagogisch und psychologisch für genau diese schwierige Situation ausgebildet: Ein Kind zwischen streitenden Eltern von einem Elternteil zum anderen Elternteil zu begleiten und den Umgang zu beobachten.

In der Praxis ist es heute oft so, dass die Gerichte mit den Jugendämtern kooperieren. Das bedeutet, dass sowohl Eltern, die eine Vereinbarung zum Umgang getroffen haben, als auch Eltern, denen ein Beschluss vorgelegt wurde dazu verpflichtet werden, die Umsetzung der Umgangsregelung von einer Beratungsstelle oder dem Jugendamt begleiten zu lassen. Deshalb haben wir als Umgangsbegleiter oft mit Familien zu tun, die bereits vor dem Familiengericht verhandelt haben oder bei denen dies parallel zu unserer Unterstützung stattfindet.

Die Mutter weigert sich, den Gerichtsbeschluss umzusetzen, kann sie gezwungen werden?

Gerichtliche Entscheidungen klären verbindlich, was für Regelungen in bestimmten ungeklärten Situationen zur Anwendung kommen. Die Befolgung dieser Beschlüsse kann hoheitsstaatlich erzwungen werden, dies nennt man Zwangsvollstreckung. Bei Zahlungen, die erzwungen werden sollen, ist das einfacher vorstellbar, beispielsweise, indem Dinge gepfändet werden, wie zum Beispiel das Auto.

Schwieriger wird es, wenn Menschen, insbesondere Kinder, von einer solchen Regelung betroffen sind. Die Durchsetzung einer Forderung von Gregor van Aaken nach Umgang, die ja inhaltlich im Sinne des Kindes sein sollte, darf dann in der Praxis natürlich nicht dem Kindeswohl widersprechen. Die Durchsetzung des Umgangs darf nicht zu Eskalationen und somit möglicherweise traumatischen Folgen für Kinder führen. Stellen Sie sich vor, dass Gregor van Aaken die Polizei einschaltet, um seinen Anspruch darauf, seine Kinder zu sehen, durchzusetzen. Die Polizisten stehen dann vor der Tür Anita Sperbers und dringen darauf, dass die Kinder ihr Recht auf Umgang wahrnehmen können. Können Sie sich das vorstellen? In der Praxis ist es deshalb oft so, dass ein Vater darauf verzichtet, die Ansprüche seines Kindes und seine eigenen Ansprüche durchzusetzen, weil er das Wohl seines Kindes nicht schädigen will. Manchmal ist es in der Praxis so, dass eine Mutter, die um die berechtigten Skrupel des Vaters weiß, sich bewusst über die gerichtliche Entscheidung hinwegsetzt und damit kein Umgang stattfindet.

Gibt es Strafen dafür, wenn eine Mutter sich nicht an den Gerichtsbeschluss hält bzw. ihn torpediert?

Theoretisch werden erhebliche Geldstrafen benannt und auch Gefängnisstrafen. Praktisch ist uns kein einziger Fall bekannt, in dem eine Strafe zur Anwendung gekommen ist. Dafür sind Umgangsverfahren wohl zu komplex.

Kann das Gericht einen Umgang ausschließen?

Ja. Nach § 1684 BGB kann das zuständige Familiengericht den Umgang für eine bestimmte Zeit ausschließen. Dann kann das Gericht aber nur in dem Fall tun, wenn es eine konkrete Gefahr für das

Kind(eswohl) sieht, die auch durch einen KU nicht in Grenzen gehalten werden kann. Grundsätzlich geht der Gesetzgeber in Deutschland davon aus, dass der Umgang eines Kindes zu beiden Elternteilen dem Kind guttut. Umgangsausschluss ist deshalb immer eine Ausnahmeregelung, die zeitlich befristet wird und regelmäßig überprüft werden muss. Eine Möglichkeit, einem Umgangsausschluss doch noch zu verhindern, liegt im Rahmen eines vom Gericht beauftragten Sachverständigengutachten. Um diese Unterstützung für hochstrittige Eltern zu beleuchten, haben wir in der Person Uwe Schillings einen renommierten Berliner Sachverständigen für ein ausführliches Interview gewinnen können, welches die Anforderungen an den Gutachter und die Eltern und die sehr komplexe Gemengelage prägnant vorstellen.

Interview mit Hr. Uwe Schilling, Diplom-Psychologe und psychoanalytischer Psychotherapeut

Wie lange üben Sie Ihren Beruf schon aus?

Sehr lange, seit 1981. Ich habe als Diplompsychologe damals in der Kinder- und Jugendpsychiatrie begonnen und in dem Bereich sehr lange gearbeitet. Und später habe ich dann eine Praxis eröffnet mit einer Niederlassung als psychoanalytischer Psychotherapeut. Gutachten mussten wir damals schon in der Klinik machen, das war Teil der Aufgabenstellung bzw. Element von Weiterbildung dort. Wir haben das gesamte Spektrum abgedeckt, denn es ging nicht nur um Gutachten im familienrechtlichen Bereich, sondern umfasste auch das Strafrecht. Z. B. Reifegutachten bei jugendlichen Straftätern. Später kam die sogenannte Aussagepsychologie – also Glaubwürdigkeitsgutachten dazu; insofern also seit meinem Anfang 1981 – da war ich übrigens das erste Mal im Kriminalgericht Tiergarten in Berlin….

Da war ich 8 Jahre alt….

…habe ich als zweites Standbein die Begutachtung im Rahmen familiengerichtlicher Prozesse fortgeführt, intensiviert und etabliert in meiner Praxis und bin heute fast ausschließlich in diesem Bereich tätig. Zur Qualifikation: ich bin im Grundberuf Diplompsychologe und habe eine Zusatzausbildung als Gruppenpsychotherapeut im Psychodrama und als Analytiker. Und ich habe damals eine Ausbildung zum Familientherapeuten gemacht.

Viele Eltern kommen durcheinander, wenn von Sachverständigengutachten gesprochen wird. Sie haben gerade das Glaubwürdigkeitsgutachten erwähnt – können Sie kurz zusammenfassen, welche Arten von Begutachtungen es eigentlich gibt?
Eine grobe Unterscheidung kann man treffen, indem man unterscheidet erstens in Gutachten, die von Familiengerichten in Auftrag gegeben werden. Dort geht es in erster Linie um Sorgerechtsregelungen, Umgang, Kindeswohlgefährdung, aber auch Unterbringung von Jugendlichen bei Selbst- und Fremdgefährdung, Adoptionsverfahren, Namensänderungen. Das sind die Fälle, mit denen ich zu tun habe. Überwiegend dabei habe ich mit den drei erstgenannten Verfahren zu tun. Zweitens gibt es dann den Bereich der strafrechtlichen Verfahren, in denen es, wie erwähnt, z. B. um die Strafreife von Jugendlichen zwischen 14 und 18 Jahren geht.

Darum, was der Volksmund als Strafmündigkeit bezeichnet?
Ja. Ich habe gerade einen 16-jährigen, bei dem es um die Strafreife geht. Dann geht es bei jungen Heranwachsenden zwischen 18 und 21 Jahren darum, ob sie noch nach dem Jugendstrafrecht behandelt werden oder bereits als Erwachsene zählen. In der Öffentlichkeit bekannt sind in dem Zusammenhang einige spektakuläre Fälle von Migranten, bei denen eben auch die Frage stand, ob sie noch nach dem Jugendstrafrecht behandelt werden oder nicht, was ja in der Folge erhebliche Bedeutung für das Strafmaß hat.

Wenn wir uns Umgangsverfahren ansehen, welche Arten von Gutachten finden dort im Wesentlichen statt?
Die familienpsychologischen Umgangsgutachten beschäftigen sich in der Regel mit der Standardfrage, welche Regelung zum Umgang mit Blick auf das Kindeswohl getroffen werden sollte. Dann gibt es darüber hinaus speziellere Fragestellungen zur Erforderlichkeit eines Umgangsausschlusses. Das wäre die strengste Maßnahme als Eingriff in das Umgangsrecht und nur vertretbar zur Abwendung einer ernsthaften unmittelbaren Kindeswohlgefährdung – dann könnte der Umgang ausgeschlossen werden. Dann will das Gericht aber auch wissen a) für wie lange soll der Ausschluss gelten? Denn solch ein Ausschluss ist keine Vorratsentscheidung bis zum Tag X. Und b) was die Verfahrensbeteiligten tun könnten oder sollten um die Voraussetzungen für die Wiederaufnahme des Umgangs zu erwerben.

Und Verfahren zum Begleiteten Umgang?
Fragestellungen zum Begleiteten Umgang zielen oft darauf ab, wie eine Kontaktanbahnung erfolgen könnte, wenn der Umgang vor langer Zeit abgebrochen wurde. Oder, was ich auch kennengelernt habe, wenn es sich um Säuglinge oder Kleinkinder handelt und ein Elternteil noch gar keinen Kontakt zu seinem Kind gehabt hat. Oder es gibt die Fragestellung, wenn der Umgang zwischen hochstrittigen Eltern ausgesetzt war und bleibt, unter welchen Bedingungen der Umgang trotzdem wieder aufgenommen werden könnte.

Diese Gutachten, die Sie gerade beschreiben, sind diese Gutachten unter dem Begriff Erziehungsfähigkeitsgutachten zusammenzufassen?
Nein. Reine Erziehungsfähigkeitsgutachten werden in der Regel im Verfahren zur elterlichen Sorge in Auftrag gegeben. Da zielt also die Fragestellung darauf ab, ob die Eltern noch bereit und in der Lage sind, gemeinsame Entscheidungen für ihr Kind von erheblicher Bedeutung zu treffen; das gilt auch für nicht getrennte Eltern. Ein wichtiges Kriterium für Sorgerechtsentscheidungen speziell im Umgangsverfahren wiederum wäre dann die Umgangsfähigkeit eines Elternteiles, also die Kompetenz, die ein Elternteil haben sollte, um angemessen mit seinem Kind umzugehen. Etwas holzschnittartig erklärt: Als Sachverständiger sage ich getrennten Eltern, dass die Erziehungsfähigkeit entscheidend ist für das Elternteil, bei dem das Kind lebt und wo es betreut und erzogen wird. Die Umgangsfähigkeit ist relevant für das Elternteil, zu dem das Kind Umgang hat, also wo die Besuchskontakte stattfinden. Dieses Elternteil soll ja das Kind nicht primär erziehen in dieser Zeit, sondern den Kontakt pflegen. Das Kind soll sich mit Papa oder Mama erleben. Natürlich gibt es auch erzieherische Aspekte.

Das hoffen wir.
Aber sie stehen eben nicht im Vordergrund.

Ein Beispiel aus der Praxis: Wenn eine Mutter sich in einem Verfahren – egal ob zur elterlichen Sorge oder zum Umgang – gegen den Vater befindet und keine Umgangskontakte stattfinden: Kann es sein, dass im Gutachten geschaut wird, ob diese Mutter im Rahmen ihrer Erziehungsfähigkeit überhaupt in der Lage ist, den Umgang ihres Kindes zum Vater zuzulassen, unabhängig erst einmal von der auch zu untersuchenden Umgangsfähigkeit des Vaters?
Das kann man so formulieren. Dafür haben die Familienpsychologen den Begriff der Bindungstoleranz geprägt. Der Begriff trifft es für mich

nicht so richtig gut. Weil es nicht darum geht, dass – wie in unserem Beispiel – die Mutter nur toleriert oder erduldet, dass das Kind auch den Vater sehen darf, sondern gemeint ist die Bereitschaft und auch aktive Förderung der Beziehung des Kindes zum getrennten Elternteil. Und das zählt als ein Merkmal ihrer Erziehungsfähigkeit. Es wird dem Elternteil, das das Kind in Obhut hat, abverlangt, dass es respektiert, da gibt es einen anderen Elternteil und diese Beziehung wird auch gefördert. Und das heißt auch: Gut über den anderen Elternteil zu sprechen. Der Umgang soll unterstützt werden.

Mindestens soll nicht schlecht über den anderen Elternteil gesprochen werden.
Ja. Sich zurückhalten vor dem Kind, auch wenn Sie etwas anderes denken. Es bedeutet, die Konflikte mit dem anderen Elternteil nicht offen vor dem Kind auszutragen. Das ist ein ganz zentraler Punkt in den Umgangsgutachten. Es kommt immer wieder der Vorwurf des umgangssuchenden Elternteils, das Kind würde beeinflusst und negativ gegen ihn manipuliert. Das andere Elternteil würde nur als Lippenbekenntnis sagen, es ist für den Kontakt, aber tatsächlich alles dagegen tun. Das ist tatsächlich ein schwieriges Feld. Weil es oft eine Diskrepanz gibt zwischen der verbalisierten Bereitschaft für den Kontakt und dem tatsächlichen Handeln.

Wie kommen denn Eltern dazu, sich in einem Gutachten zu befinden? Können Sie das selbst auch beantragen? Gibt es eine übliche Vorgehensweise?
Wir wissen aus der Familienforschung, dass sehr, sehr viele Trennung- und Scheidungsfamilien unmittelbar nach der Trennung heftige Streitigkeiten und Konflikte haben. Die sie dann aber binnen Monaten überwinden oder lösen. Und wenn das nicht gelingt, dann gibt es niederschwellige Beratungs- und Hilfsmaßnahmen. Man geht zum Jugendamt, zur EFB oder zu einer Mediation. Wenn all das nicht trägt, dann stellen Eltern Anträge am Familiengericht. Die familiengerichtlichen Verfahren führen wiederum in der Regel zu einer Klärung von sehr strittigen Familiensachen für eine Weile. Wenn es jedoch so hochkocht, dass keine Lösung absehbar ist, dass kann entweder das Gericht ein Gutachten in Auftrag geben als Beschluss, oder einer der Verfahrensbeteiligten. Das können die Eltern sein oder auch das Jugendamt oder ein Verfahrensbeistand, die sagen: Hier brauchen wir die fachkundige Hilfe eines Familienpsychologen. Und dann folgt der entsprechende Auftrag. Der Gutachter kommt also ins Spiel, wenn das Gericht einen Auftrag erteilt.

Etwas ganz anderes sind sogenannte Parteiengutachten, wenn Eltern sich auf eigenen Wunsch – und auch eigene Kosten – sich an einen Gutachter wenden mit dem Auftrag: Ich brauche hier eine Expertise und dann wird dieses Gutachten eingereicht vor Gericht. Das ist jedoch etwas problematisch, weil es immer ein Gutachten für eine Seite ist.

Da ist die Frage der Parteilichkeit sofort relevant.
Ja. Sofort. Oder, das gibt es auch vermehrt in den letzten Jahren, dass Eltern mit dem Ergebnis und der Empfehlung des Sachverständigen nicht einverstanden sind. Es gibt dann natürlich die Möglichkeit, Rechtsmittel einzulegen und ins Beschwerdeverfahren zu gehen gegen den Beschluss in erster Instanz – dann sieht man sich am Kammergericht wieder. Was es auch zunehmend gibt sind Sachverständige, die auf Wunsch kritische Gegengutachten gegen Bezahlung erstellen, also das vorliegende Gutachten kritisch prüfen und in der Regel zu der Feststellung gelangen, dass das erste Gutachten nicht verwertbar wäre. Und dieses Gegengutachten wird dann vor Gericht vorgelegt, um in der Konsequenz die aktuelle Empfehlung zu torpedieren.

Wie oft kommt es vor, dass ein Elternteil zu Ihnen kommt und ein solches Gegengutachten haben will?
Ich erstatte meine Gutachten ausschließlich für die Gerichte. Ich würde kein Privatgutachten erstellen. Es gab vor einigen Jahren in den Medien eine sehr kritische Diskussion über die Qualität von Sachverständigengutachten. Es wurde dann an der Universität Hagen eine Studie erstellt, die auf gravierende Mängel bei der Erstellung von Sachverständigengutachten hinwies. Als Reaktion darauf hat eine Arbeitsgruppe von Rechtspsychologen vom BDP (Bund deutscher Psychologen) Mindestanforderungen an die Qualität von Sachverständigengutachten formuliert und zu Papier gebracht. Und diese Mindestanforderungen sollten selbstverständlich beachtet und erfüllt werden.

Im Rahmen von Umgangsverfahren befinden Sie sich in Ihrer Tätigkeit manchmal in „Nachbarschaft" von Jugendamt oder freien Trägern der Jugendhilfe, der BU durchführt. Wie würden Sie in Ihrer Rolle als Sachverständiger die Zusammenarbeit mit Blick auf Kooperation beschreiben?
Zunächst einmal gibt es eine ganze Reihe von rechtlichen Vorgaben, was ein Sachverständiger tun sollte und was er zu unterlassen hat. Wir haben eine Unterscheidung in einmal statusorientierte Gutachten, wo mit objektiven Blick eine Situation beschrieben, diagnostiziert werden

soll, und dann wird das Gutachten dem Gericht vorgelegt. Und zweitens haben wir es mit lösungsorientierten Gutachten zu tun, die beinhalten, dass der Gutachter einen Beitrag dazu leistet, Einvernehmen zwischen den Beteiligten herzustellen. Wie machen Sie das? Sie müssen ins Gespräch mit den betroffenen Eltern gehen und werden damit Teil dieses Systems. Sie bleiben nicht neutral außen vor, sondern suchen nach Lösungen. Sie machen sich Gedanken über Ressourcen und Kompetenzen.

Das geht weit über eine bloße Analyse hinaus.
Genau. Es geht um den Versuch, die aktive Mitarbeit der Eltern zu motivieren und zu helfen, den Blick durch Reframing z. B. wieder auf das Kind zu fokussieren und zu sondieren, welche Lösungsansätze es gibt. Und an dieser Stelle – jetzt komme ich auf Ihre Frage zurück – ist die Verknüpfung wichtig: Wenn schon ein Begleiteter Umgang läuft, oder eine Beratung an einer EFB oder eine Familienmediation stattfindet, dann muss der Sachverständige, sofern ihn die Beteiligten von der Schweigepflicht entbinden, mit diesen anderen Verfahrensbeteiligten Kontakt aufnehmen, Informationen einholen oder auch mögliche Lösungsansätze austauschen. Das gilt für mich bspw. an dieser Stelle, wenn es um die Entwicklung eines Begleiteten Umgangs zu einem unbegleiteten Umgang geht. Wenn es um die Implementierung zusätzlicher ambulanter Hilfen geht oder auch therapeutischer Hilfen oder Trennungsgruppen für Kinder. Und nicht selten kommen wir auch an den Punkt, wo Eltern sich überlegen, ob sie selbst in eine intensive individuelle Psychotherapie gehen sollten. Meine Erfahrungen in der Kooperation sind in der Regel sehr gut. Nach meiner Wahrnehmung sind auch die Gerichte daran interessiert, die oft vielfältigen Hilfen besser zu verknüpfen und zu einem Paket zu schnüren.

Sie bekommen im Rahmen eines Umgangsverfahrens einen Auftrag vom Gericht – schildern Sie bitte kurz das übliche Procedere.
Mit dem Auftrag durch das Familiengericht bekomme ich als erstes einen Stapel Akten! Die Höhe dieses Aktenstapels sagt mir etwas über die Vorgeschichte. Dann schreibe ich die Beteiligten an und bitte um einen ersten Gesprächstermin. Mein erster Schritt ist die Aktenanalyse und die diagnostische Hypothesenbildung. Das meint, ich muss die Fragestellung des Gerichtes in familienpsychologische Fragen und Hypothesen umformulieren, die ich dann prüfen und beantworten kann. Dann kommt die Phase der eigentlichen Untersuchung und Befunderhebung. Das beinhaltet Explorationen und Anamnesen mit den Eltern. Nicht

selten sind das eigene Erziehungsschicksal und die Familienhistorie von
großer Bedeutung. An dieser Stelle kommen verschiedene Diagnostiken
zu Einsatz. Persönlichkeitsdiagnostiken, Intelligenzdiagnostiken, manchmal klinische Verfahren, wenn es Hinweise auf psychische Erkrankungen
gibt. Ich habe auch Fälle mit psychiatrisch kranken Eltern, die sich in Behandlung befinden. In diesen Fällen ist die Schnittstelle für mich dann
logischerweise der behandelnde Psychiater. Das Kernstück der Begutachtung sind für mich die Verhaltensbeobachtungen in den Interaktionen. D. h. ich stelle die Situation her, die ich einschätzen soll – z. B. den
Kontakt des umgangssuchenden Elternteils mit dem Kind. Ich mache
das als freie Verhaltensinteraktionsbeobachtung und nehme die Interaktion auf Video auf. Mein psychoanalytischer Hintergrund leitet mich hier
zu Fragen, wie: Wie entsteht eigentlich der Kontakt, welche Interaktionen wählen die Beteiligten? Gibt es Modelszenen, die repräsentativ
sind – denn ich will ja von dieser Stichprobe zu einer Prognose finden,
wie diese Interaktion dann weiterlaufen würde. Ich habe im Laufe der
Jahre durchaus überraschende Erfahrungen gesammelt. Dass sich die
Beteiligten völlig entgegen der Erwartung verhalten haben – in beide
Richtungen. Alles ist möglich. Man sieht an diesen Stellen oft sehr gut,
wie die Bereitschaft eines Elternteils ist, einen Umgang tatsächlich zuzulassen oder eben nicht. Am Ende der Untersuchungen biete ich immer
gemeinsame Auswertungsgespräche an. Ich erkläre den Eltern, dass ich
keine Entscheidungen treffe, sondern Fragen beantworte und Empfehlungen ausspreche. Ich mache den Eltern immer klar, dass, wenn sie sich
einvernehmlich einigen und ich das fachlich als gut einschätze, ich dies
für das Gericht entsprechend aufschreibe. Dann könnten die Eltern vor
Gericht eine Vereinbarung treffen und das Verfahren beenden. Bleiben
die Eltern strittig, muss am Ende das Gericht einen Beschluss fassen, der
dann verbindlich für die Eltern ist.

**Nach fast 40 Jahren Berufserfahrung: Wie ist das Verhältnis von Verein-
barungen und Beschlüssen? Also wie oft schaffen es die Eltern sich zu
einigen, damit kein Beschluss des Gerichtes nötig wird?**
Nach so vielen Berufsjahren verfüge ich persönlich über eine relativ hohe
Zahl von Familiensachen, die ich untersucht habe. Ich führe dazu keine
Statistik – das wäre vielleicht etwas für den Ruhestand, das mal auszu-
zählen. Von daher ist meine Antwort subjektiv und kann sich nicht auf
konkrete Zahlen stützen. Es ist auch so, wenn man lange diesen Beruf
ausübt, dann bekommt man mit den Jahren auch immer mehr die besonders schwierigen Fälle.

Das können wir aus unserer Tätigkeit als Umgangsbegleiter bestätigen.
Damit sind folgerichtig auch die Möglichkeiten, zu einvernehmlichen Lösungen zu kommen, begrenzter. Es ist natürlich der familientherapeutische Ehrgeiz mit im Spiel. Denn wenn die Eltern nicht bei mir außergerichtlich zu einer Lösung kommen, dann wird dies im Gerichtssaal mit hoher Wahrscheinlichkeit auch nicht passieren. Ich habe aber auch die Erfahrung gemacht, dass die Lösung nachhaltig sein sollte. Es bringt nichts, Druck zu machen und eine Lösung auf dem Papier zu erzielen, die dann nicht umgesetzt wird. In meiner persönlichen Empirie würde ich sagen, ein Viertel der Fälle lässt sich einvernehmlich abschließen. Ich bin aufgrund meiner langen Erfahrung geneigt, in bestimmten Fällen dann nicht noch die fünfte Therapie zu empfehlen, sondern schließlich zu konstatieren: Es geht nicht. Das gilt für einen kleineren Teil meiner Fälle. Die übrigen Fälle werden dann im Gericht durch Beschluss geregelt.

Sie schreiben zum Schluss in Ihren Bericht eine Empfehlung, was die Eltern tun sollten und was nicht bzw. welche Maßnahmen zusätzlich stattfinden sollten. Ist es in der Regel so, dass die Gerichte diesen Empfehlungen folgen?
Ja. Was Sie mit Bericht meinen ist ja das am Ende stehende Sachverständigengutachten. Dieses Gutachten muss, wie erwähnt, bestimmten Formalien, Methoden und inhaltlichen Kriterien entsprechen. Das Entscheidende ist immer, dass Sie Fragestellungen haben, die Sie im Schlusskapitel beantworten und Empfehlungen geben, wenn die gewünscht waren. Jeder Sachverständige sollte sich tunlichst hüten, Fragen zu beantworten, die gar nicht gestellt waren bzw. Empfehlungen auszusprechen, die gar nicht gewünscht waren. Was ich in jedem Fall jedoch tun muss, ist, wenn ich im Verfahren das Kindeswohl in Gefahr sehe, eine Meldung an das Gericht abzugeben.

Wie gehen Sie mit Sympathien und Antipathien gegenüber Eltern oder auch Kindern um? Oder anders gefragt: Wie schützen Sie Ihre nötige professionelle Distanz zu den Beteiligten?
Die Eltern haben selbstverständlich einen Anspruch darauf, dass der Sachverständige sie objektiv und überparteilich beurteilt und nicht voreingenommen ist. Nun ist der Sachverständige kein Roboter, und er bewegt sich in einem hochemotionalen Spannungs- und Konfliktfeld. Ich bin von meiner Ausbildung her ja Psychoanalytiker. Insofern würde ich im Falle eigener Reaktionen auf die Klienten das immer unter dem Aspekt von Übertragungsdynamiken verstehen. Ich registriere durchaus, wenn es bei mir zu emotionalen Einstellungen positiver oder negativer

Art kommt. Ich versuche dies dann zu übersetzen; ich frage mich dann, was mir das über die Dynamik und Struktur des Falles sagen will. Es geht auch um eine Reflexion der eigenen Rolle. Meine Arbeit hat sich z. B. deutlich verändert nach den Erfahrungen, die ich durch meine eigenen Söhne – als deren Vater – gesammelt habe. Auch das Verständnis hat sich verändert. Ich denke es hilft auch, wenn man selbst etwas in Kontakt gekommen ist mit dem Thema Trennung. Wie Menschen irrational blind werden, wie Konflikte eskalieren. Andererseits ist es aber auch wichtig, in der Rolle als Sachverständiger zu bleiben. Man muss auch den eigenen beruflichen Narzissmus verstehen und reflektieren. Man kann nicht alle Probleme lösen oder jedes Kind „retten". Wenn das nicht gelingt, läuft man Gefahr, seine Rolle zu verlieren und befangen zu werden. Im Rahmen lösungsorientierter Verfahren ist es ein schmaler Grat zwischen überparteilichem Vorgehen und manchmal klaren Ansagen, die die Eltern durchaus brauchen. Meine Erfahrung ist die, dass man ab einem bestimmten Punkt die Eltern in die Verantwortung und Pflicht nehmen und ihnen klar sagen muss, was zum Wohl des Kindes angezeigt ist und was nicht. Auch mal ein Stoppschild setzen.

Welche Rahmenbedingungen braucht es aus Ihrer Sicht, damit aus einem Begleiteten Umgang wieder ein unbegleiteter Umgang werden kann?
Meine Erfahrung ist die, dass die meisten Schwierigkeiten nicht während eines BU auftreten, sondern davor und danach. Ich denke an die Fälle, in denen Wochen oder Monate versucht wird, den ganzen Prozess zu torpedieren, in die Länge zu ziehen oder gar mit der Absicht, dass der BU gar nicht erst beginnt. Und ich denke an die Fälle, in denen es zum Ende des BU um den Übergang zu selbständigen Umgängen geht. Einerseits sollte dieser Übergang in der Maßnahme des BU selbst organisiert werden von den verantwortlichen Fachkräften. Dass die Beratungen nach außen verlagert werden an entsprechende externe Beratungsstellen wir die EFB. Dass die Umgangskontakte nach außen verlagert werden bis in den Haushalt des umgangssuchenden Elternteils. Meiner Meinung nach braucht es immer eine flankierende Beratung. Denn besonders in diesen Übergangssituationen kommen die Konflikte verstärkt an die Oberfläche und bedürfen der Einordnung, damit sie nicht wie ein Bumerang in die Umgangskontakte selbst zurückschlagen. Das ist für mich nach all den Jahren zu einer zentralen Formel geworden, dass die Umgangsgutachten, die sich mit der Umgangsfähigkeit eines Elternteiles bezogen auf das Kind beschäftigen, in Wirklichkeit Umgangsgutachten zwischen den Eltern sind.

Apropos Eltern-Kind: Wie stellen Sie fest, ob Kinder im Rahmen von Begutachtungen ihren eigenen Willen demonstrieren und nicht den der Eltern?

Das ist wirklich ein sehr schwieriges Feld. Die zentrale Frage lautet: Hat das Kind einen eigenen, autonom gebildeten Willen? Ist es manipuliert? Ist das Kind im Rahmen einer Parentifizierung für oder gegen einen Elternteil eingestellt? Darauf gibt es tatsächlich keine einfache Antwort und schon gar nicht einzelne Testverfahren, welche dies sicher bewerkstelligen könnten. Eine wichtige Rolle spielen erstens Alter und Reife des Kindes. Wir haben Kinder, die kaum oder noch gar nicht sprachfähig sind. Wir haben Kinder im Vorschulalter, die zwar sprachmächtig sind, jedoch noch keinen konkreten Wirklichkeitssinn haben. Die aus dem Augenblick heraus etwas sagen. Die pseudorationalen Begründungen liefern für ihre Wünsche, die noch mythisch-magisch denken und empfinden und im hohen Maße suggestiv beeinflussbar sind. Die auch noch keine klaren Zeitvorstellungen haben. Anders wird es im Schulalter, wo der Wirklichkeitssinn der Kinder konkreter wird und die Kinder nüchterner, sachlicher werden und man mit ihnen bestimmte Dinge schon besprechen kann. Dann gibt es diese typischen Bindungs- und Loyalitätskonflikte. Kinder sind nicht einfach für oder gegen etwas, sondern ambivalent. Ab dem Jugendalter ab 14 Jahren wird den Kindern ein Mitspracherecht eingeräumt und sie können sich positionieren. Ich kenne aus der Praxis krasse Fälle von Manipulation, die allerdings recht schnell zu entlarven sind. Ich habe es erlebt, dass die Eltern selbst im Beisein des Sachverständigen das Kind massiv unter Druck setzen. Dass Kinder ambivalent auftreten unter dem Einfluss eines deutlichen Loyalitätskonfliktes ist fast der Regelfall. Auffallend ist, dass sich Kinder, wenn die Verfahren sehr lange dauern, oft für eine Position pro oder kontra ein Elternteil entscheiden, einfach um sich vor der Zumutung zu schützen, sich für und/oder gegen ein Elternteil entscheiden zu müssen. Hier sprechen wir nicht von einfacher Manipulation, sondern einer Art Überlebensstrategie des Kindes.

Wir können uns vorstellen, dass es Eltern gibt, die eine Begutachtung nicht als Hilfe sehen, sondern als Zwangsmaßnahme, die noch dazu in intime Bereiche ihres Privatlebens leuchtet?

Ich weise die Eltern zu Beginn jeder Begutachtung darauf hin, dass ihre Teilnahme freiwillig ist. Sie können oder sollten, müssen aber nicht. Ich respektiere die Entscheidung der Eltern. Darüber hinaus bin ich immer bereit, Fragen oder Vorbehalte zu klären. Oft wissen die Eltern nicht, was sie erwartet. Ich mache den Eltern klar, dass ich keine Detektei bin oder einen Lügendetektor benutze. Selbstverständlich ist eine Begutachtung immer damit verbunden, dass man seine Privatsphäre preisgibt. Und deshalb sage ich den Eltern, dass ich gegenüber dem Gericht keine Schweigepflicht habe. Am Ende schreibe ich ein Gutachten, und alles was sie mir berichten, ist Bestandteil dieses Gutachtens. Ich bin aber immer bemüht, die Informationen selektiv zur Beantwortung der Fragestellung zu benutzen. Und die Eltern möglichst wenig in Scham- oder Schuldkonflikte zu bringen. Doch es gibt Grenzen. Meiner Erfahrung nach können die meisten Eltern, im Rahmen einer therapeutischen Gesprächsführung, durchaus die Chancen und Hilfestellung einer Begutachtung sehen und sie annehmen.

Abschlussfrage: Was glauben Sie, Hr. Schilling, ist das wichtigste Handwerkszeug eines Sachverständigen?
Der Sachverständige hat zunächst einmal seine Ausbildung. Sei es zum Psychologen, Sozialpädagogen, Psychiater. Dann benötigt er das gezielte Gespräch mit den Klienten, die Anamnese. Dazu kommen testpsychologische Verfahren, Verhaltensbeobachtungen. Im Einzelnen ist es vor allem die Bereitschaft, Verständnis für hoch eskalierte Prozesse zu haben und keine vorschnellen, pathologischen Zuschreibungen vorzunehmen. Ein gewisser Zweckoptimismus ist hilfreich. Der Glaube an das Gute. Die Fähigkeit, einen Konflikt auch zu halten und nach Kompetenzen und Lösungsansätzen zu suchen. Damit die Beteiligten eine Zeitlang die Chance haben, zusammen mit einem Profi, nach neuer Einordnung und neuen Lösungsansätzen zu suchen. An der Stelle ist das Handwerkszeug des Sachverständigen die Prozessbegleitung im Sinne der benannten Lösungsorientierung.
Hr. Schilling, wir danken Ihnen für das Gespräch.

Wir hoffen, dass wir Ihnen die eine oder andere Frage zum Umgang beantworten konnten. Sollten Fragen offengeblieben sein, scheuen Sie sich nicht, uns persönlich zu kontaktieren. Auch für Nachfragen, Ergänzungen, Kritik sind wir gern für Sie ansprechbar. Nutzen Sie dafür die Möglichkeiten der elektronischen Kommunikation oder kommen Sie in unsere Berliner Sprechstunde.

Im folgenden Kapitel finden Sie eine Sammlung wesentlicher Fach- und Rechtsbegriffe zum Umgang. Viele Eltern berichten uns davon, dass sie sich im Dschungel rechtlicher Begriffe und Verordnungen oft verlaufen und daran verzweifeln, kurz und konkret die benötigte Information zu bekommen. Lassen Sie sich von uns an die Hand nehmen und Sie werden auch diese Herausforderung meistern.

6. Kapitel

Lexikon der Fach- und Rechtsbegriffe

Alle zuvor verwendeten Fach-Begriffe zum Thema Umgang (und noch einige mehr) werden an dieser Stelle alphabetisch aufgelistet und leicht verständlich erläutert.

Anhörungsrecht des Kindes: Ein gutes Umgangsmodell entspricht vor allem den Bedürfnissen des Kindes und dessen Wünsche können, je nach Alter, ein wichtiges Indiz dafür sein. Dies sieht auch der Gesetzgeber so. Ab dem vollendeten 14. Lebensjahr muss das Gericht daher das Kind anhören; davor ist es anzuhören, wenn davon ausgegangen werden kann, dass seine Neigungen/Bindungen oder sein Wille für die Entscheidung von Bedeutung sind (§ 159 FamFG). Abzusehen ist von einer persönlichen Anhörung nur aus schwerwiegenden Gründen, insbesondere wenn es konkrete Anhaltspunkte dafür gibt, dass die Anhörung das Kind emotional zu sehr belasten würde, beispielsweise weil es sich erkennbar in einem Loyalitätskonflikt befindet. Der →Verfahrensbeistand, 7. Kapitel soll der Anhörung hinzugezogen werden.

Aufenthaltsbestimmungsrecht (ABR): Das Aufenthaltsbestimmungsrechts ist ein Teil des Sorgerechts, → 6. Kapitel, genauer gesagt der Personensorge. Der Inhaber des ABR kann entscheiden, wo das Kind seinen gewöhnlichen Aufenthalt hat, also wo es dauerhaft lebt und seine alltägliche Erziehung und Pflege erfährt. Das ABR spielt dann als gesondertes Recht eine Rolle, wenn Eltern ein gemeinsames Sorgerecht haben, sich aber nicht darauf einigen können, wo das Kind leben soll, beispielsweise weil ein Elternteil mit dem Kind gegen den Willen des anderen Elternteils vom bisherigen gemeinsamen Wohnort wegziehen möchte. Dann kann einer von beiden oder beide beim zuständigen Familiengericht, → 5. und 7. Kapitel beantragen, dass alleinige ABR auf sich zu übertragen. Mithilfe des alleinigen ABRs kann dieser Elternteil dann alleine entscheiden, wo das Kind zukünftig leben wird. Das übrige gemeinsame Sorgerecht bleibt hiervon unberührt, Entscheidungen in Sachen Schulwahl, Gesundheit und Finanzen werden somit weiterhin einvernehmlich getroffen (werden müssen).

Auskunftsanspruch: Dieser gesetzlich garantierte Auskunftsanspruch in § 1686 BGB ist weder an das Sorgerecht noch an ein Umgangsrecht gekoppelt, sondern erwächst aus der reinen biologischen Elternschaft und richtig sich zunächst gegen den anderen Elternteil, nach der herrschenden Rechtsprechung auch gegen Pflegeeltern oder Vormund. Inhaltlich bezieht er sich auf die persönlichen Verhältnisse des Kindes, also auf alle Umstände, die für das Befinden und die Entwicklung des Kindes wesentlich sind. Umfasst sind hiervon auch Zeugnisse, Informationen zur Gesundheit sowie aktuelle Fotos. Umstritten ist, ob dieser Auskunftsanspruch auch umfasst, mit wem das Kind Umgang hat. Bejaht wird dies, wenn davon auszugehen ist, dass diese Person Einfluss auf das Kind hat. Der Anspruch setzt ein berechtigtes Interesse voraus, was in aller Regel vorliegt, wenn der Elternteil keine andere Möglichkeit hat, die Informationen zu erhalten, und gilt bis zur Volljährigkeit des Kindes. Er ist lediglich ausgeschlossen, wenn die Auskunft an sich dem Kindeswohl widersprechen würde, beispielsweise bei Gefahren für die Sicherheit des Kindes sowie bei älteren Kindern zum Schutz von deren Intim- und Privatsphäre. Der Anspruch gilt gegenseitig, also auch für den hauptbetreuenden Elternteil in der Zeit, wenn das Kind beim anderen Elternteil ist.

Beschleunigtes Familienverfahren: Dieses Verfahren vor dem Familiengericht, → 5. und 7. Kapitel wurde 1992 zunächst am Amtsgericht Cochem getestet und verfolgt zweierlei Ziele. Zum einen soll die Eigenverantwortung der Eltern gestärkt und zum anderen eine Klärung und Problemlösung von zentralen Themen rund um das Kind in kurzer Zeit ermöglicht werden. Nach Eingang des Antrages muss das zuständige Familiengericht innerhalb von einem Monat einen ersten Termin zur persönlichen Anhörung festsetzen. Neben dem Jugendamt, das zwingend angehört wird, kann eine Familienberatungsstelle einbezogen werden. Das Gericht hat in jedem Stadium des Verfahrens auf eine einvernehmliche Lösung hinzuwirken, da der Gesetzgeber davon ausgeht, dass die Eltern Experten für ihre Kinder und die gemeinsame Situation als Familie sind und die besten und passendsten Entscheidungen treffen können, die sie dann anschließend gemeinsam tragen. Dieses Einvernehmen kann direkt vor Gericht im Rahmen eines Vergleiches, also einer vor Gericht abgeschlossenen und protokollierten Vereinbarung, geschehen oder im Rahmen einer (außergerichtlichen oder gerichtsinternen) Mediation. Da Mediation freiwillig ist, kann das Gericht sie nicht vorschreiben, wohl aber die Teilnahme an einem kostenlosen Informationsgespräch über Mediation (§ 135 FamFG). Während die Eltern versuchen, eine einvernehmliche Lösung zu finden, können einstweilige Anordnungen ergehen, um belastende Situationen zumindest vorübergehend zu klären und Verschlimmerungen bzw. Eskalationen zu verhindern. Das Gericht kann außerdem einen Verfahrensbeistand, → 7. Kapitel, für das Kind bestellen (§ 158 FamFG). Im Fortsetzungstermin sollte dann auch gleich der Abschluss des Verfahrens stattfinden. Insgesamt haben die Gerichte mit dem beschleunigten Familienverfahren gute Erfahrungen zu berichten. Nicht immer, aber sehr häufig einigen sich die Eltern zügig vor Gericht. Richter und Jugendamt und andere Verfahrensbeteiligte sollen einerseits auf die Einigung hinwirken, andererseits aber auch erkennen, wenn diese momentan nicht möglich und sinnvoll ist. Dann entscheidet das Gericht hinsichtlich der anhängigen Streitpunkte mit einem Beschluss.

Betreuungsunterhalt: Unabhängig davon, ob die Eltern verheiratet waren oder sind, kann der hauptbetreuende Elternteil gegenüber dem anderen Elternteil einen Anspruch auf Unterhalt für sich selbst haben. Das ist dann der Fall, wenn er aufgrund der Betreuung des Kindes nicht oder nicht in vollem Umfang arbeiten und ausreichend Geld verdienen kann (§ 1570 BGB). Wichtig für uns hier in Sachen „Umgang" ist der Hinweis, dass zwischen Betreuungsunterhalt und

Umgangsregelung ein Zusammenhang hergestellt werden kann. Bei der Frage, inwieweit der hauptbetreuende Elternteil Betreuungsmöglichkeiten in Anspruch nehmen kann, wird auch berücksichtigt, wie umfangreich der Umgang beim anderen Elternteil ist, weil dies als externe Betreuung angesehen wird. Dies kann zur ungünstigen Situation führen, dass der Elternteil, der sich Betreuungsunterhalt wünscht, den Umgang des anderen Elternteils bewusst einschränkt, um seinen Anspruch auf Betreuungsunterhalt zu sichern. An dieser Stelle sind Eltern manchmal bedroht, ihre Kinder aus dem Blick zu verlieren. Einvernehmliche Lösungen haben hier den großen Vorteil, dass eine drohende Pattsituation „Umgang versus Geld" überwunden werden kann, beispielsweise indem der umgangssuchende Elternteil anbietet, den Betreuungsunterhalt nicht vom Umfang seines Umgangs abhängig zu machen.

Elternschaft: Elternschaft umfasst als Sammelbegriff die Rolle jeden Elternteils für sein Kind, also Mutterschaft und Vaterschaft. Die Mutter steht immer fest, hieß es früher, doch selbst bei leiblichen Kindern ist das heute nicht mehr zutreffend, man denke nur an die in Deutschland verbotenen Verfahren der Leihmutterschaft und Eizellenspende. Im Regelfall ist jedoch schon unverwechselbar, wer die leibliche Mutter ist, nämlich die Person, die das Kind zur Welt gebracht hat (§ 1591 BGB). Darüber hinaus gibt es Stiefmütter (moderner ausgedrückt: Soziale Mütter), Pflegemütter und Adoptivmütter. Bei Vätern gestaltet sich die Rechtslage ein wenig undurchsichtiger, man unterscheidet zwischen biologischen, rechtlichen und sozialen Vätern. Der biologische Vater ist derjenige, von dem das Kind genetisch abstammt, ob auf natürlichem Wege oder per künstlicher Befruchtung. Einen, gegebenenfalls davon abweichenden rechtlichen Vater gibt es dann, wenn entweder das Gesetz die Vaterschaft vermutet, wie in einer „intakten" Ehe, oder wenn ein Mann sie anerkannt hat (§ 1592 BGB). Da dies nur eine Vermutung ist, die widerlegt werden kann, haben rechtliche Väter die Möglichkeit, dagegen vorzugehen, durch Ehelichkeitsanfechtung bzw. Vaterschaftsanfechtung. Umgekehrt können biologische Väter, die nicht anerkannt sind, ein Vaterschaftsfeststellungsverfahren und somit eine Vaterschaftsanerkennung anstreben, was durch Antrag beim zuständigen Familiengericht, → 5. und 7. Kapitel, erfolgt. Stiefvater (moderner: Sozialer Vater) ist derjenige, bei dem das Kind aufwächst, in aller Regel, weil er in Partnerschaft und wohnlicher Lebensgemeinschaft mit der Mutter des Kindes lebt. Soziale Eltern haben auch nach der Trennung grundsätzlich ein Recht auf Umgang als „sonstige enge Bezugspersonen", wenn dies das Kindeswohl fördert. Davon ist für gewöhnlich auszugehen, wenn beide eine gewisse Zeit in einem Haushalt lebten und eine gute Beziehung zueinander haben und keine Gegenanzeichen erkennbar sind. Dagegen kann sprechen, dass das (noch recht kleine) Kind in einem neuen gefestigten Familienverbund lebt und ihm zu viele enge Bezugspersonen zugemutet werden soll. Hier eine gute Bewertung zu treffen, ist naturgemäß schwierig und sehr von den individuellen Umständen des Einzelfalles abhängig.

Kindesunterhalt, Düsseldorfer Tabelle: Unterhalt bedeutet, die Kosten für die Deckung des materiellen Lebensbedarfs zu tragen und man unterscheidet zwischen Geldunterhalt und Naturalunterhalt. Der Geldunterhalt wird vom unterhaltsverpflichteten Elternteil an den unterhaltsberechtigten Elternteil, meist der, bei dem das Kind überwiegend lebt, überwiesen. Es ist eine Zahlung für das Kind, um die Kosten zu decken, die das Kind durch das überwiegende Leben beim anderen Elternteil verursacht. Naturalunterhalt umfasst all die Aufwendungen die in einem Haushalt dadurch entstehen, dass ein Kind dort lebt, als Mietanteil, Heizung, Strom, Lebensmittel etc.

Der Unterhalt kann rechtlich mit dem Umgang zusammenhängen. Die Düsseldorfer Tabelle, eine ursprünglich vom Oberlandesgericht Düsseldorf für Richter erstellte Übersicht, geht vom früheren Normalfalls aus, dass Kinder beim einen Elternteil, meist der Mutter, leben und den anderen hauptsächlich an jedem zweiten Wochenende sowie in den Ferien sehen. Sobald dieser „Regelfall" nicht mehr gelebt wird, sondern eine Verschiebung in Richtung mehr Umgang beim anderen Elternteil erfolgt, entsteht dort ein Mehraufwand an Naturalunterhalt und somit eine geringere Zahlungspflicht. Je nach Einkommen der Eltern kann bei einem 50/50 Wechselmodell die Unterhaltspflicht als Zahlung ganz im Naturalunterhalt aufgehen. Nur bei großen Einkommensunterschieden kann weiterhin ein Unterhaltsanspruch des weniger Verdienenden gegenüber dem mehr Verdienenden bestehen. Ausnahmen von der Tabelle können sich außerdem aus besonderen Begabungen oder gesundheitlichen Beeinträchtigungen eines Kindes ergeben, die einen finanziellen Mehrbedarf mit sich bringen.

Mediation: Mithilfe eines allparteilichen Mittlers besprechen Trennungspaare alle Themen rund um ihre veränderte Familiensituation, zum Beispiel, um versöhnlich mit der Vergangenheit abschließen und gute Regelungen für die Zukunft, auch in Sachen Umgang finden. Eine Besonderheit der Mediation ist, dass nicht nur Positionen im Hinblick auf den Umgang (und andere Streitthemen) ausgetauscht werden, sondern ein gründlicher Blick auf die dahinterstehenden Bedürfnisse gerichtet wird. Hierdurch können Themen angesprochen werden, die noch mit der Paargeschichte zu tun haben und die heutigen Befindlichkeiten beeinträchtigen. Außerdem werden in der Mediation häufig umfassende individuelle Regelungen für alle Themen rund um Trennung und Scheidung besprochen, und Gesamtlösungen ermöglichen das Abwägen von Punkten miteinander, die rechtlich gar nicht in Zusammenhang stehen, praktisch aber durchaus für das Trennungspaar, um dessen Gesamtlebenssituation es geht. Auch ermöglicht ein Mediationsprozess, gefundene Regelungen zunächst auszuprobieren, sich anschließend wieder gemeinsam hinzusetzen und offen über die Erfahrungen auszutauschen, um somit eine weitere Verbesserung des Modells zu erreichen. Mediation geht davon aus, dass die Eltern Experten für ihre Lebenssituation und ihre Kinder sind; der Mediator leitet den Prozess und das Gespräch, die inhaltlichen Lösungen kommen ausschließlich von den Eltern. Mediation kann auch im Rahmen eines beschleunigten Familienverfahrens, → 6. Kapitel, empfohlen und das kostenlose Informationsgespräch angeordnet werden oder sogar gerichtsintern stattfinden. Durchgeführt wird die Mediation dann durch einen anderen Richter und die Rechtsanwälte der Eltern nehmen in diesem Fall am Mediationsgespräch teil. Auch ist in aller Regel die Anzahl der Sitzungen begrenzt. Der „frische" Blick eines weiteren Richters und der zusätzliche Raum für Austausch kann zu einvernehmlichen Lösungen führen.

Parental Alienation Syndrome (PAS): PAS wird auf Deutsch „elterliches Entfremdungssyndrom" genannt. Es gibt Untersuchungen, wonach mehr als ein Drittel aller Väter ein Jahr nach der Trennung kaum oder keinen Kontakt mehr zu ihren Kindern haben. Eine Ursache dafür kann sein, dass durch die hauptbetreuende Mutter das Kind dem Vater, durch bewusste oder unbewusste Beeinflussung, entfremdet wird, in dem Vorbehalte gegen den anderen Elternteil geschürt und an dessen Liebe und Interesse Zweifel gestreut werden. Das Kind verweigert anschließend aus Loyalität gegenüber der Mutter den Kontakt zum Vater oder umgekehrt. Durch ständige Herabsetzung des abwesenden Elternteils wird diesem der Kontakt derartig erschwert, dass Umgänge immer belastender und häufig schließlich fast unmöglich werden. Studien zeigen, dass die Zeit direkt nach der Trennung entscheidend sein kann für die spätere Qualität der Beziehung zwischen Kind und getrenntlebenden Elternteil. Stabile und belastbare Regelungen und deren kooperative Durchführung sind hierfür wichtig. Die Beeinflussung der Kinder widerspricht der gesetzlich verankerten Wohlverhaltensklausel, → 6. Kapitel, geschieht jedoch häufig unbewusst, beispielsweise in dem das Kind merkt, dass der hauptbetreuende Elternteil sehr traurig ist, wenn es beim anderen Elternteil ist oder die Eltern sich vor dem Kind streiten oder ihm gegenüber den anderen herabwürdigen und in seinen Elternqualitäten und anderen menschlichen Eigenschaften in Zweifel ziehen.

Parentalisierung von Kindern: Gerade bei alleinlebenden Eltern besteht die Gefahr, dass die eigenen Kinder vermehrt partnerschaftliche Verantwortungen übernehmen, beispielsweise Gespräche über die Trennungsgründe und aktuelle Liebessituation, Belastung mit Kummer und Sorgen, Übernahme von Begleitungspflichten bis zum Schlafen im gemeinsamen Bett. Kinder möchten gern für das Wohl des Elternteils sorgen, wenn sie merken, es geht ihm nicht gut, das steht aber nicht in ihrer Verantwortung, überfordert sie und führt häufig zu einer Abkehr vom anderen Elternteil.

Sexueller Missbrauch: Sexueller Missbrauch oder sexuelle Gewalt an Kindern sind alle sexuellen Handlungen, die an oder vor Mädchen und Jungen gegen deren Willen vorgenommen werden oder denen sie aufgrund körperlicher, seelischer, geistiger oder sprachlicher Unterlegenheit nicht wissentlich zustimmen können.

Diese sozialwissenschaftliche Definition bezieht alle minderjährigen Kinder ein. Bei unter 14-jährigen Kindern ist also grundsätzlich davon auszugehen, dass sie sexuellen Handlungen niemals zustimmen können. Sie sind somit immer als sexuelle Gewalt zu werten, selbst wenn das Kind damit einverstanden wäre.

Wer Kindern also sexuelle Handlungen aufdrängen will, ihnen diese abfordert oder ihnen auch deren Anblick zumutet, macht sich strafbar, denn für Kinder unter 14 Jahren gibt es einen besonderen Schutz durch den Gesetzgeber. Sie können gar nicht rechtlich wirksam in sexuelle Handlungen einwilligen, da sie ihre Fähigkeit zur sexuellen Selbstbestimmung noch entwickeln werden. Die entsprechenden Paragraphen finden sie im Strafgesetzbuch in den §§ 174 ff.

Auch Jugendliche und ihre Sexualität sind staatlich geschützt, wenn zum Beispiel ein Obhutsverhältnis besteht – wie zwischen Eltern und ihrem 15-jährigen Sohn, dieser Schutz besteht aber auch in der Schule oder in der Ausbildung.

Unter Umständen sind Jugendliche sogar bis zu ihrem 18. Lebensjahr geschützt, zum Beispiel bei leiblichen Kindern, wenn durch die Eltern oder andere Personen ihre Stellung im Obhutsverhältnis ausgenutzt wird oder wenn eine Zwangslage des Jugendlichen ausgenutzt wird.

Sorgerecht: Die Eltern haben das Recht, aber auch die Pflicht, für das minderjährige Kind zu sorgen (§ 1626 BGB). Eine Trennung oder Scheidung ändert daran zunächst einmal nichts; heutzutage wird nicht mehr im Rahmen eines Scheidungsverfahren zugleich über das Sorgerecht entschieden, vielmehr geht der Gesetzgeber nun im Regelfall davon aus, dass die gemeinsame elterliche Sorge auch nach Trennung und Scheidung fortbestehen wird, und dies gut für das Kind sei. Die elterliche Sorge umfasst die Personensorge, beispielsweise Entscheidungen über Schulwahl und Arztbesuche, und die Vermögenssorge, zum Beispiel gesetzliche Vertretung und Anlage von Vermögen. Das Kind hat zunächst einen Anspruch auf die Verantwortungsübernahme durch beide Eltern. Bei Meinungsverschiedenheiten schreibt das Gesetz daher vor, dass sie versuchen sollten, sich zu einigen (§ 1627 BGB), und wenn das nicht gelingt, kann das zuständige Familiengericht die Entscheidungsbefugnis für ein bestimmtes Thema auf einen Elternteil übertragen. Unabhängig vom Sorgerecht steht das Umgangsrecht, beide werden, wie bereits angedeutet, häufig vermischt. Beide Rechte stehen aber zunächst in keinem rechtlichen Zusammenhang. Eine Mutter kann ein Umgangsrecht ohne Sorgerecht haben, ein Vater kann das Sorgerecht behalten, obwohl der Umgang aus wichtigem Grund zum Schutze des Kindes aktuell ausgeschlossen wurde.

Kleines Sorgerecht während Umgang: Während sich ein Kind aufgrund des rechtmäßigen Umgangs bei einem Elternteil aufhält, hat dieser, unabhängig von der sonstigen Sorgerechtsverteilung, das sogenannte „kleine Sorgerecht", damit er über alltägliche Dinge, die das Zusammenleben mit sich bringen und die nicht zu unabänderlichen Folgen führen, frei entscheiden kann, beispielsweise Ernährung, Kleidung, Schlafenszeiten, Freizeitgestaltung, Kontakt mit anderen Personen (z. B. neuen Partnern).

Umgangspflegschaft: Das zuständige Familiengericht bestellt einen Umgangspfleger, → 7. Kapitel, zur Durchführung des Umgangs, wenn dies den Eltern aus unterschiedlichen Gründen nicht gut gelingt (§ 1684 Abs. 3 S. 3–6 BGB). Häufig liegt ein vor Gericht geschlossener Vergleich oder ein gerichtlicher Beschluss vor, mindestens ein Elternteil hält sich aber nicht daran oder die Übergaben eskalieren derart, dass das Kindeswohl beeinträchtigt wird. Dann findet der Umgang zwar anders als beim BU/KU ohne Begleitung statt, für die Übergaben ist aber der Umgangspfleger zuständig. Während dieser Zeit ist das ABR auf den Umgangspfleger übertragen, er hat als das Recht, den Aufenthalt des Kindes zu bestimmen, auch gegen den Willen eines oder beider Elternteile. Parallel führt er mit den Eltern, gemeinsam oder getrennt, Elterngespräche, durch die mittelfristig eine kindgerechte Durchführung des Umgangs erreicht werden soll.

Vormundschaft: Ein Vormund übernimmt die gesetzliche Fürsorge (also vollumfänglich das Sorgerecht) für eine minderjährige Person, also ein Kind, wenn diese Person keine Eltern hat oder wenn die

Eltern oder andere mit der minderjährigen Person verwandte Menschen nicht in der Lage gesehen werden, für die minderjährige Person zu sorgen. Die Bestimmungen dazu finden sich in den §§ 1773 bis 1895 im BGB. Der Vormund wird durch das Vormundschaftsgericht bestellt, nachdem das Jugendamt zur Sache angehört wurde. Sollten keine Verwandten für das Kind sorgen können, kann das Jugendamt als Amtsvormund bestellt werden. Das bedeutet, dass eine Person des Jugendamtes die Vormundschaft für ein Kind übernimmt. Bezogen auf eines unserer Fallbeispiele im Text: Der 1-jährige Hans aus unserem Beispiel → 5. Kapitel wird von seinen leiblichen Eltern weggenommen, weil der Verdacht besteht, dass er misshandelt wurde. Durch das Vormundschaftsgericht wird ein Amtsvormund bestellt, also eine Person des Jugendamtes, die die gesetzliche Fürsorge für Hans übernimmt. Der Vormund ist für Hans als Person (z. B. für dessen Gesundheit) und sein Vermögen verantwortlich. Der Vormund ist auch dafür verantwortlich, ob und in welche Pflegefamilie Hans kommt oder ob er in einer Heimeinrichtung untergebracht wird – diesen Teil der Sorge nennt man das Aufenthaltsbestimmungsrecht. Wird Hans in eine Pflegefamilie vermittelt (wie geschehen), dann gelten die §§ der Pflegschaft §§ 1909 bis 1921 BGB. Die Pflegeeltern von Hans bekommen im Rahmen und für die Dauer der Pflegschaft das Aufenthaltsbestimmungsrecht, → 6. Kapitel, für Hans sowie die Gesundheitssorge für ihn zugesprochen.

Wohlverhaltensklausel, § 1684 Abs. 2 S. 1 BGB: Ausdrücklich im Bürgerlichen Gesetzbuch steht geschrieben, dass beide Eltern alles zu unterlassen haben, was das Verhältnis des Kindes zum jeweils anderen Elternteil beeinträchtigt oder die Erziehung erschwert (§ 1684 Abs. 2 S. 1 BGB). Dies umfasst eine Pflicht beider Eltern, des hauptbetreuenden und des umgangssuchenden Elternteils, zu einem wechselseitigen loyalen Verhalten in Bezug auf Ermöglichung und Ausgestaltung des Umgangs. Dieser muss so ausgestaltet werden, dass er in erster Linie auf die persönlichen Bedürfnisse des Kindes zugeschnitten ist und zugleich eine gleichmäßige und ungestörte Erziehung gewährleistet. Konkret bedeutet dies, dass der hauptbetreuende Elternteil die Übergabe so zu gestalten hat, dass das Kind den Umgang als nicht belastend empfindet, die Herstellung des Umgangskontaktes mit dem anderen Elternteil also aktiv fördert. Erforderlichenfalls ist eindringlich darauf hinweisen, dass er mit den Umgangskontakten einverstanden ist und deren Durchführung wünscht. Dabei genügt es beispielsweise nicht, dem noch kleinen Kind freizustellen, ob es den anderen Elternteil sehen möchte. Übergaben müssen so gestaltet werden, dass sie wenig belastend sind, wiederholte Auseinandersetzungen und offensichtliche Feindseligkeiten sind dort fehl am Platz. Sollte, beispielsweise direkt nach einer schmerzhaften Trennung, ein entspanntes persönliches Aufeinandertreffen nicht möglich sein, dann können Übergabe in der Kita oder Schule oder durch Vertrauenspersonen hilfreich sein, ein wortloses Abstellen vor der Türe ist für Kinder hingegen belastend und lässt den Eindruck entstehen, der übergebende Elternteil gönnt ihm nicht die gute Zeit beim anderen Elternteil, was zu einem Loyalitätskonflikt führt. Die Übergaben sollten positiv so gestaltet werden, dass beim Kind der Eindruck entsteht, dass die Eltern wechselseitig den Umgang mit dem jeweils anderen wünschen und fördern. Auf der anderen Seite soll der umgangsberechtigte Elternteil sich an die Vereinbarungen halten und außerhalb seiner Umgangszeit nur solche Kontakte mit dem Kind pflegen, die mit dem anderen Elternteil abgesprochen sind.

Je nach den individuellen Umständen kann die Wohlverhaltensklausel weitere Unterstützung des Umgangs beinhalten. Hat ein Elternteil durch Wegzug vom bisherigen gemeinsamen Wohnort zu einer erheblichen räumlichen Distanz geführt, dann kann erwartet werden, dass er den anderen Elternteil bei der Wahrnehmung seines Umgangs tatkräftig unterstützt, beispielsweise das Kind zum Bahnhof oder Flughafen bringt, die eine oder andere Anreise übernimmt und möglicherweise sogar einen Teil der Kosten mitträgt, obwohl diese normalerweise vom umgangssuchenden Elternteil zu tragen sind. Dies ist dann der Fall, wenn dem umgangssuchenden Elternteil die Kostenbelastung nicht zuzumuten ist und ansonsten die Wahrnehmung des Umgangs praktisch unmöglich gemacht wird. Inhaltlich zwangsweise durchgesetzt werden kann die Wohlverhaltensklausel nicht, das Gericht kann aber begleitend geeignete Maßnahmen beschließen und die Nichteinhaltung schwerwiegende rechtliche und tatsächliche Konsequenzen haben. Zunächst kann sie, bei Verletzung durch den umgangssuchenden Elternteil, Grund dafür sein, den Umgang einzuschränken, vom Umfang her (nur noch stundenweise, nicht mehr über Nacht), oder nur als BU/KU (Kapitel 5). Umgekehrt, bei Verletzung durch den hauptbetreuenden Elternteil, kann die Beeinträchtigung oder Vereitelung von Umgang Auswirkungen auf den Betreuungsunterhalt oder Trennungsbzw. nachehelichen Unterhalt haben. Der Unterhaltsverpflichtete kann für die Zeit, in der der Umgang erschwert oder vereitelt wird, die Unterhaltszahlungen senken oder aussetzen. In schwerwiegenden Fällen kann die Verletzung der Wohlverhaltensklausel zur (vorübergehenden) Abänderung oder gar Entzug des Sorgerechts führen, wenn eine Kindeswohlgefährdung vorliegt (§ 1666 BGB). Das Gericht kann zusätzlich Anordnungen durch Durchsetzung des Wohlverhaltens treffen, da eine inhaltliche Vollstreckung nicht wirklich funktioniert insbesondere durch Einsetzung einer → Umgangspflegschaft, 5. und 6. Kapitel.

Wohnsitz: Im Falle des Residenzmodells ist es eindeutig, wo das Kind seinen Hauptwohnsitz hat, nämlich in der Wohnung desjenigen Elternteils, bei dem es die meiste Zeit lebt, also dem hauptbetreuenden Elternteil. Bei einem hälftigen Wechselmodell ist dies nicht so, wenn das Kind in beiden Wohnungen zu gleichen Teilen lebt; ein Hauptwohnsitz ist dann nicht erkennbar. Zwei Hauptwohnsitze sind melderechtlich jedoch unzulässig, so dass eine Festlegung für einen Wohnsitz getroffen werden muss. Das Bundesverwaltungsgericht hat entschieden, dass dann der „Schwerpunkt der Lebensbeziehungen" entscheidend ist, bei exakt gleichem Aufenthalt bei beiden Eltern können die Nähe zur Schule oder zu Freunden Indizien sein, häufig wird auch eher die ehemals gemeinsame Familienwohnung als fortbestehender Hauptwohnsitz angenommen, unabhängig von den tatsächlichen Umständen und nicht ganz gerecht gegenüber demjenigen Elternteil, der zwar ausgezogen ist, sich aber weiterhin hälftig ums Kind kümmert. Denn die Frage, wo das Kind seinen Hauptwohnsitz hat, ist nicht nur theoretischer Natur, sondern zieht rechtliche Konsequenzen nach sich. Bezug des Kindergelds, örtliche Einzugsschule sowie zuständiges Jugendamt sind nur einige Beispiele. Im Hinblick auf Leistungen mancher Arbeitgeber für (allein)erziehende Eltern sowie bei bestimmten Zusatzleistungen im Rahmen von Arbeitslosengeld II. Anders als von Oberlandesgericht München entschieden könnte man daher argumentieren, dass es sich hierbei um eine „Angelegenheit von wesentlicher Bedeutung" handelt und somit eine Anrufung des Familiengerichts bei Uneinigkeit der Eltern möglich sein müsste.

7. Kapitel

Beteiligte am Umgangsverfahren

Sämtliche im Buch aufgelisteten Beteiligten sind hier – analog wie im → 6. Kapitel – ausführlich in alphabetischer Reihenfolge beschrieben, sowie deren typische Zuständigkeit und Funktion erläutert:

Erziehungsberatungsstellen (EFB): Erziehungsberatung ist eine Leistung der Kinder- und Jugendhilfe und zählt zu den Hilfen zur Erziehung nach §§ 27 ff SGB VIII; sie erfolgt durch kommunale oder freie Träger. Bei kommunalen Anbietern sind die Angebote kostenfrei und bei freien Trägern übernimmt das Jugendamt auf Antrag die Kosten. Anders als Jugendämter sind Erziehungsberatungsstellen nicht Teil des gerichtlichen Verfahrens und geben dort keine Stellungnahmen ab, was die Beratung vertraulich macht. Sie greifen nicht in die Rechte der Eltern ein und haben lediglich Meldepflichten bei konkreten Anzeichen aktueller Kindeswohlgefährdungen. Etwaige Berichte, die an Jugendämter, → 5. und 7. Kapitel als Auftraggeber weitergeleitet werden, beispielsweise im Rahmen des Begleiteten Umgangs, → 5. Kapitel werden vorher mit den betroffenen Eltern inhaltlich abgesprochen.

Erziehungsberatungsstellen bieten Einzelberatung, Familien- und Paarberatung sowie Mediation an. Ziel ist die Unterstützung bei der Bewältigung der belastenden Folgen von Trennung und Scheidung zur Förderung der elterlichen Rolle im Trennungsprozess und damit Abmilderung der Folgen für das Kind. Manche Erziehungsberatungsstellen bieten auch Trennungskindergruppen an, wo Kinder vergleichbaren Alters gemeinsam mit ausgebildeten Kinderpsychologen spielend ihre Situation austauschen und so leichter bewältigen, sowie Kurse für Eltern, in denen sie lernen, trotz der belastenden persönlichen Paarsituation den Blick auf das Wohl des Kindes zu behalten (Kinder im Blick – KIB Kurse). Beide Eltern nehmen an diesem Kurs teil, jedoch an unterschiedlichen Kursabenden, zum einen, um die Betreuungssituation zu erleichtern und zum anderen, damit die Eltern nicht aufeinandertreffen, und damit sie sich frei und offen mit anderen Eltern austauschen können.

Erziehungsberatungsstellen bieten auch aufsuchende Jugendhilfemaßnahmen an, wie beispielsweise Begleiteten Umgang oder Kontrollierten Umgang, → 5. Kapitel, oder aufsuchende Familienhilfe, wo eine ausgebildete Person, meist Sozialarbeiter oder Erzieher, die alleinerziehenden Eltern nach der Trennung durch Besuche zu Hause intensiv betreut, individuell berät und im Alltag praktisch unterstützt.

Familiengerichte: Das Familiengericht ist zuständig für Familiensachen und Familienstreitsachen. In Bezug auf Kinder ist es zuständig in „Kindschaftssachen", was in § 151 FamFG gesetzlich definiert wird und mit drei für uns wesentlichen Beispielen veranschaulicht wird:

- die elterliche Sorge (§ 1626 BGB),

- das Umgangsrecht und das Recht auf Auskunft über die persönlichen Verhältnisse des Kindes, § 1686 BGB, → 6. Kapitel,

- die Kindesherausgabe

sowie nach § 152 FamFG bei anhängiger Scheidung als sogenannte Verbundsache, das heißt, dass die drei oben genannten Beispiele und die Scheidung zusammen von einem Richter verhandelt werden. Örtlich ist das Familiengericht ausschließlich zuständig, an dessen Sitz das Kind seinen gewöhnlichen Aufenthalt hat (§ 232 FamFG).

Können Eltern sich in Fragen des Umgangs nicht einigen, ebenso wegen des Sorgerechts, auch ABR oder Betreuungsunterhalts, dann rufen sie mit Unterstützung eines Rechtsanwalts das örtlich zuständige Familiengericht an. Das Gericht soll in jedem Stadium des Verfahrens auf ein Einvernehmen, also eine Einigung zwischen den Eltern hinwirken (§ 156 FamFG) und kann Mediation vorschlagen (§ 36a FamFG). Für alle Entscheidungen des Gerichts ist das Wohl des Kindes zentraler Maßstab, erst danach kommen die Interessen der Eltern.

Das Familiengericht ist auch zuständig, wenn Eltern, die das gemeinsame Sorgerecht haben, sich uneinig sind in wesentlichen Angelegenheiten in Bezug auf das Kind, beispielsweise eine gesundheitliche Maßnahme oder die Schulwahl. Das Gericht entscheidet dann nicht selbst inhaltlich, sondern überträgt auf Antrag die Entscheidungsbefugnis in diesem Punkt auf einen Elternteil. Im Übrigen bleibt die elterliche Sorge weiterhin bei beiden Eltern gemeinsam. In allen Streitigkeiten rund um Kinder gilt das beschleunigtes Verfahren nach § 155 FamFG, → 6. Kapitel.

Freie Träger der Jugendhilfe/Umgangsbegleiter: Freie Träger der Jugendhilfe sind privat organisiert, meist als gemeinnützige Vereine oder innerhalb von Kirchen/Stiftungen und leisten Hilfen zur Erziehung. Sie finanzieren sich durch öffentliche Gelder sowie Beauftragung und Kostenübernahme durch das Jugendamt. Oft sind sie gleichzeitig auch Familien- oder Erziehungsberatungsstellen. Nachdem das Jugendamt mit Eltern die Maßnahmen zur Erziehung besprochen hat und diese zustimmen, wird der freie Träger mit der Durchführung beauftragt. Im Rahmen einer sogenannten Hilfekonferenz, an der Eltern und Mitarbeiter des freien Trägers sowie die zuständige Person im Jugendamt teilnehmen, wird der Fall und seine Beteiligten (zunächst Eltern, ggf. bzw. später auch Kinder) vorgestellt und die Durchführung der Maßnahme detailliert besprochen.

Möglich ist außerdem, dass freie Träger direkt von Eltern beauftragt werden, die für die Kosten dann selbst aufkommen. Beispielsweise kann ein umgangssuchender Elternteil, um den Bedenken des anderen Elternteils bei Verdacht auf Kindesentführung oder sexuellen Mißbrauch, → 5. Kapitel, entgegenzukommen, einen freien Träger mit der Durchführung eines Kontrollierten Umgangs, → 5. Kapitel, beauftragen, wenn der andere Elternteil einverstanden ist, das Jugendamt aber aus bestimmten Gründen die Maßnahme für nicht sinnvoll hält.

Jugendämter: Laut repräsentativen Umfragen wissen fast 40% der Befragten nicht, welche Leistungen von Jugendämtern angeboten werden. Dies ist ein Grund, weshalb Eltern in schwierigen Lebenssituationen erst gar nicht auf die Idee kommen, sich ratsuchend an Jugendämter zu wenden. Der andere Grund liegt an der für Eltern nicht ganz unproblematischen **Doppelfunktion** der Jugendämter: Neben ihrer Funktion als **Beratungsstellen** sind die Jugendämter für das **Kindeswohl** zuständig und greifen bei Verdacht auf Gefährdung eines Kindes hoheitlich ein, beispielsweise, im dramatischen Fall, durch Beantragung der Herausnahme der Kinder aus der Familie (Interview mit Jens Feldt im → 5. Kapitel). Eltern, die in einer schwierigen Lebenssituation, zum Beispiel nach einer Trennung, am Rande ihrer Kräfte sind und zweifeln, ob sie sich momentan noch perfekt um ihr Kind kümmern, trauen sich daher oft nicht, beim Jugendamt nachzufragen, um keine „schlafenden Hunde zu wecken" und eventuell sanktioniert zu werden. Für Eltern hat dies oft zur Folge, dass sie es weiter versuchen, alleine hinzubekommen, zu Lasten ihrer Gesundheit und manchmal auch zu Lasten des Kindeswohls. Jugendämtern muss der Spagat gelingen, zwischen **Elternrechten** und **Kindeswohl abzuwägen**, ihnen fällt die schwierige Aufgabe zu, Gefährdungen der Kinder einzuschätzen, wenn die familiäre Situation undurchsichtig ist und Eltern nicht kooperieren. Greifen sie zu früh ein, schrecken sie hilfesuchende Eltern ab, greifen sie zu spät ein, kommt es zu Dramen, die Schlagzeilen machen. Arbeitsüberforderung und schlechte Bezahlung führen zu frustrierten Mitarbeitern, was teilweise auch hilfesuchende Eltern merken beziehungsweise aus den gerichtlichen Stellungnahmen herauslesbar ist, in denen von den Eltern berichtet wird. Das Jugendamt hat einen Anspruch auf Stellungnahme bei Gericht, wenn es in einem Verfahren um Kinder geht, also besteht hier auch kein Vertraulichkeitsschutz, wenn sich jemand hilfesuchend an das Jugendamt wendet. Die Stellungnahmen des Jugendamtes haben vor Gericht hohes Gewicht und großen Einfluss auf die Meinungsbildung und somit Entscheidungsfindung der Richter, da diese davon ausgehen, dass die Vertreter des Jugendamtes Experten sind und außerdem einen tieferen Einblick in die familiäre Situation des betroffenen Kindes erhalten als sie.

Kinderpsychologen: Zur Unterstützung des Kindes kann der Besuch eines Kinderpsychologen hilfreich sein. Er spricht (wenn sinnvoll und möglich gemeinsam) mit beiden Eltern, Kind und Eltern, und dann alleine mit dem Kind, auf altersgerecht spielerische Weise. Dies soll nicht zu einer Stigmatisierung des Kindes führen, denn dieses ist durch die Trennung nicht zwangsläufig krank und therapiebedürftig. Spielerische Gespräche führt zu einer großen **Entlastung**, da das Kind eine Person erhält, die nicht beteiligt ist, nur für es und seine Bedürfnisse da und bei dem es frei und ohne Rücksichtnahme reden kann. Insbesondere bei hochkonflikthaften Paaren und Kennzeichen für Loyalitätskonflikt auf Seiten des Kindes kann dies sehr **förderlich** fürs Kindeswohl sein.

Gutachter vor Gericht (Sachverständigengutachter): Psychologische Gutachten werden vom Gericht eingeholt, wenn entweder Zweifel an der Erziehungsfähigkeit eines Elternteils erkennbar sind oder gerichtlich festgestellt werden muss, bei welchem Elternteil das Kind zukünftig leben soll. In diesem Fall untersucht der Sachverständigengutachter die Umgangsfähigkeit des umgangssuchenden Elternteils und die Erziehungsfähigkeit des umgangsgewährenden Elternteils, Interview Uwe Schilling, → 5. Kapitel.

Rechtsanwälte: Aufgabe der Rechtsanwälte ist es, die Rechtspositionen und Interessen ihrer Mandanten wahrzunehmen. Bei Verfahren vor dem Familiengericht sind zum Schutze aller Beteiligten Rechtsanwälte Pflicht. Dies bedeutet, Eltern können sich nicht selbst vertreten und nicht selbst Anträge stellen, sondern benötigen die Vertretung durch einen zugelassenen Anwalt. Die Beziehung zum Anwalt ist Vertrauenssache und oft merkt man erst hinterher, wie gut man vertreten wurde. Idealerweise lassen Sie sich einen Anwalt von Freunden oder Kollegen empfehlen, die gute Erfahrung bei einer Vertretung in familiären Angelegenheiten gemacht haben. Ob Frau oder Mann, ob Fachanwalt oder nicht, all dies können nur Indizien sein. Wichtig ist, dass Sie sich von Ihrem Anwalt gut verstanden fühlen und den Eindruck haben, er nimmt sich für Ihre Angelegenheiten ausreichend Zeit.

Martina Wurl, Fachanwältin für Familienrecht, Mediatorin, Coach, Potsdam: Kindeswohl und Elternwohl sollte kein Gegensatz sein. Beratung und Vertretung des Elternteils, der Umgang zu gewähren hat, ist dennoch oft ein Spagat zwischen Kindeswohl und Parteivertretung. Für Anwälte, die auch die Interessen des Kindes im Blick haben, sind die Beratungen oft eine Herausforderung. „Auf welcher Seite stehen Sie eigentlich?" habe ich mehr als einmal gehört. Und dennoch: wenn alle Möglichkeiten der außergerichtlichen Regelung gescheitert sind, sehe ich es auch im gerichtlichen Verfahren als meine Pflicht, ebenfalls Vertreterin des betroffenen Kindes oder der betroffenen Kinder zu sein. Dazu hole ich die Kinder oder das Kind auch in der anwaltlichen Beratung schon einmal fiktiv an den Tisch. Im Fokus steht das Kind und ich versuche stets zu vermitteln, dass ich auch im Interesse des Elternwohls handele, wenn das Kindeswohl im Vordergrund steht.
www.fachanwaelte.de

Umgangspfleger: Das zuständige Familiengericht, → 5. und 7. Kapitel, bestellt für das Kind einen Umgangspfleger, wenn die Eltern die Wohlverhaltensklausel, → 6. Kapitel, dauerhaft oder wiederholt erheblich beeinträchtigen (§ 1684 Abs. 3 Satz 3 BGB) und die Durchführung des Umgangs gefährdet ist. Der Umgangspfleger, der vom Gericht bestellt wird, ist eine Art Organ zur Durchsetzung der Gerichtsbeschlüsse und wird durch die Landeskasse vergütet (§ 1684 Abs. 3 Satz 6 BGB). Insbesondere kommt der Umgangspfleger zum Einsatz, wenn eine gerichtlich beschlossene oder im Rahmen eines gerichtlichen Vergleichs einvernehmliche Umgangsregelung von mindestens einem Elternteil nicht eingehalten wird. Der Umgangspfleger kann die Umgangsregelung gegen den Willen eines Elternteils durchführen und insbesondere die Übergaben begleiten. Er kann die Herausgabe des Kindes beim hauptbetreuenden Elternteil verlangen und bei dessen Verweigerung beim Gericht einen entsprechenden Titel erwirken. Darüber hinaus kann er für die Dauer des Umgangs den Aufenthalt des Kindes bestimmen und somit auch auf die Art und Weise der Durchführung des Umgangs einwirken. Er kann zur Vorbereitung des Umgangs beim hauptbetreuenden Elternteil anwesend sein sowie die Übergabe und Rückübergabe begleiten.

Verfahrensbeistände: Der Verfahrensbeistand ist eine Art Anwalt für das minderjährige Kind und hat als Verfahrensbeteiligter die Aufgabe, in kindschaftsrechtlichen Verfahren dessen Interessen wahrzunehmen (§ 158 FamFG). Er ist offiziell Verfahrensbeteiligter und kann daher Anträge stellen, an Anhörungen teilnehmen und Rechtsmittel einlegen. Der Verfahrensbeistand wird durch das Gericht bestellt, wenn dies zur Wahrnehmung der Rechte des Kindes erforderlich ist, unter anderem bei Ausschluss oder wesentlicher Beschränkung des Umgangsrechts (§ 1684 BGB). Außerdem bestellt das Gericht einen Verfahrensbeistand, wenn erkennbar die Interessen des Kindes in erheblichem Gegensatz zu denen seinen gesetzlichen Vertretern stehen, was angenommen wird, wenn die Eltern jeweils widersprechende Ansprüche gegenüber dem Kind stellen, sich beispielsweise nach der Trennung nicht darüber einigen, wo das Kind leben und wann es den anderen Elternteil sehen soll. Ab dem 14. Lebensjahr kann das Kind selbst ein Verfahrensbeistand beantragen (§ 158 Abs. 5 FamFG).

Hauptaufgabe des Verfahrensbeistandes ist es, die Interessen des Kindes durch Gespräche mit diesem sowie der Eltern festzustellen und vor Gericht kundzutun. Er gibt Stellungnahmen ab, die vor Gericht Gehör finden, in denen sowohl die subjektiven Interessen des Kindes als auch das Kindeswohl aus Sicht des Verfahrensbeistands, sowie die Interessenlage der Eltern einbezogen werden. Zusätzlich hat er das Kind altersgerecht über das Verfahren zu informieren und, wenn vom Gericht als zusätzliche Aufgabe übertragen, Gespräche mit den Eltern und weiteren Bezugspersonen (Großeltern, neue Partner, Erzieher, Lehrer) zu führen und einer einvernehmlichen Regelung über die Streitpunkte, um die es vor Gericht geht, mitzuwirken. Eine spezifische Qualifikation als Verfahrensbeistand ist nicht erforderlich, sinnvoll sind Grundstudium in Fächern wie Sozialpädagogik, Psychologie oder Jura und Fortbildungen zum Verfahrensbeistand.

Die Bezahlung des Verfahrensbeistandes erfolgt zunächst durch die Staatskasse, pauschal vergütet pro Kind und Verfahren, nicht nach tatsächlichem Aufwand; im Rahmen der Kostenfestsetzung werden sie später den Verfahrensbeteiligten auferlegt.

8. Kapitel

Beigabe

I. Umgangsberichte

Hier finden Sie die kompletten Umgangsberichte der Eltern beziehungsweise der Kinder, aus denen wir an unterschiedlichen Stellen im Buch Zitate untergebracht haben.

Maria R., Berlin: Bei meiner Trennung von meinem Ex-Mann waren meine beiden Söhne 11 und 8 Jahre alt. Ich bin aus unserem gemeinsamen Haus ausgezogen, im Nachhinein würde ich sagen, dass das für die Jungs sicher sehr schwierig war, aber ich hatte damals das Gefühl, mich befreien zu müssen. Wir sind allerdings ganz bewusst in die Nähe gezogen, damit ein Treffen schnell gewährleistet sein konnte. Ich erinnere mich noch, dass die beiden immer mittwochs bei meinem Ex-Mann übernachtet haben, weil ich da abends zum Sport gehen wollte und sie ja noch zu klein waren, um sie allein zu lassen. Wir haben uns im Guten getrennt haben und ein Umgangsmodell so explizit gar nicht vereinbart. Am Wochenende konnten sie immer zu ihm, haben das aber gar nicht so wahrgenommen, denn mein Ex-Mann hatte eine neue Frau und mit ihr einen gemeinsamen Sohn. Das war aber auch in Ordnung, da mein Ex-Mann ständig bei uns war und den Jungs bei den Hausaufgaben geholfen hat. Am Anfang hatte er sogar noch einen Schlüssel für unsere Wohnung. Mir war es immer wichtig, dass meine Söhne ihren Lebensmittelpunkt bei mir haben, sie hätten aber jederzeit zu meinem Ex-Mann gehen oder sogar mit ihm in den Urlaub fahren können. Ich bedaure es sehr, dass die beiden so selten bei ihrem Vater waren und das Verhältnis zu der Freundin nicht gut ist. Heute sind meine Söhne 24 und 20 Jahre alt und gut gelungen. Zu Ihrem Vater haben sie nach wie vor ein sehr gutes Verhältnis.

Susanne G., Köln: Zum Zeitpunkt unserer Trennung war unser Sohn vier Jahre alt. Trotz unserer Trennung als Liebespaar verstanden wir uns in einigen Bereichen noch gut genug, um weiter in der gemeinsamen Wohnung zu leben – als Eltern-Team. Wir gingen davon aus, dass das ein paar erste Jahre gut gehen könnte, zumindest so lange keine neuen Partner im Spiel sind. Der Umgang mit unserem Kind war ein Grund für diesen Versuch. Wir waren also getrennt aber noch verheiratet. Mein damaliger Mann ist selbständig und arbeitet Vollzeit bis „Vollzeit Plus". Ich habe damals in Teilzeit gearbeitet, hatte aber gerade kurz vor der Trennung einen Studienplatz für ein Aufbaustudium bekommen. Der Konflikt über den Umgang entzündete sich an studienbedingten Terminen, die gelegentlich außerhalb der Kita-Betreuungszeiten lagen. Mein Interesse war es, an einer Auswahl der wichtigsten Uni-Termine teilnehmen zu können, sein Interesse war es, seine Arbeit nicht für das nachmittägliche Abholen von der Kita zu unterbrechen. Da ich nicht jeden Tag in der Woche das Abholen leisten konnte, war ich kurz entschlossen, das Studium im zweiten Semester abzubrechen, habe meine Entscheidung aber wieder zurückgezogen. Deswegen und wegen Unstimmigkeiten über die Zeiten die er damals mit seiner neuen Partnerin verbrachte, kam es dann zu der letztendlichen räumlichen Trennung und zu meinem Auszug aus der gemeinsamen Wohnung.

Die Betreuung rund um die Kitazeiten war de facto meine Aufgabe. Deshalb war unser Sohn zunächst mit mir in unserer neuen Wohnung. Jetzt wünschte sich mein Ex von sich aus klare Zeiten in denen unseren Sohn sehen konnte. Während ich zur Uni und zur Arbeit nur an Wochentagen gehen konnte, ließ sich seine selbständige Arbeit auch am Wochenende erledigen. Unserem Sohn wollten wir nicht mehr als vier Tage Trennung von einem seiner Elternteile zumuten. (Später habe ich auch von einer Faustregel als Empfehlung für Trennungseltern gehört: die Anzahl der getrennten Tage pro

Woche sollte dem Lebensalter des Kindes entsprechen). Wir kamen schnell zu folgender Einigung: Unser Sohn war Dienstagnachmittag bis Donnerstagmorgen – Tage mit Kitabetreuung – bei seinem Vater, Donnerstagnachmittag bis Dienstagmorgen – also über das Wochenende ohne Kitabetreuung – bei mir. Dass er so mehr Stunden pro Woche mit mir und weniger mit seinem Vater verbrachte, war eine Annäherung an das, was vor der Trennung gewohnt war, wobei er vor der Trennung noch mehr Zeit mit mir und weniger mit seinem Vater verbracht hatte. Nach etwa acht Monaten in diesem Modell wollte mein Exmann nicht mehr auf Wochenend-Tage mit seinem Sohn verzichten, ihn gleichzeitig aber auch nicht ganze Wochenenden betreuen. In meinem letzten Semester vor meinem Abschluss an der Uni schrieb ich neben meiner Teilzeitbeschäftigung an meiner Masterarbeit und musste nicht mehr zu Uni-Veranstaltungen anwesend sein. So konnte ich einen Werktag mehr mit meinem Kind verbringen und einen meiner Wochenend-Tage an den Vater abgeben. Die Übergabe an ihn zurück findet statt, indem er ihn am Donnerstagnachmittag von der Kita abholt. Wenn mein Exmann größere Aufträge hat, übernehme ich für mehrere Wochen auch wieder den Samstag, unser Übergabefrühstück findet dann schon am Samstagmorgen statt, nachdem unser Sohn seit Donnerstagnachmittag bei ihm war. Weil unser Sohn in diesen Phasen seinen Vater manchmal mehr vermisst, treffen wir uns in manchen Wochen einmal zwischendurch zu einem Abendessen zu dritt.

Als unser Sohn 5 Jahre alt war, kam das kleine Halbbrüderchen, der Sohn meines Ex aus der kurzzeitigen Verbindung zum Ende unserer Ehe, zur Welt. In den ersten Lebensmonaten des Kleinen war der Umgang unregelmäßig und zu den meisten der Treffen mit der jungen Mutter und dem Baby nahm er unseren Sohn mit. Mittlerweile ist das Baby acht Monate alt und es gibt einen festen Abend in der Woche, an dem mein Ex seinen zweiten Sohn betreut während unser gemeinsamer Sohn bei mir ist und an dem er die neue Mutter ein bisschen entlastet. Ich blicke auf diese Entwicklung überwiegend zufrieden zurück, weil sie eine Verbesserung darstellt. In der Zeit vor der Trennung war die Erziehungs- und Betreuungsarbeit de facto meine Aufgabe, während die geregelten Zeiten mit seinem Vater meinem Sohn offensichtlich guttun und mir Freiraum für eigene Pläne geben. Für die Zukunft wünsche ich mir, dass ein guter Umgang des Vaters mit seinen beiden Söhnen entsteht, damit die Kinder in einer guten Atmosphäre der Gerechtigkeit aufwachsen und eine starke Beziehung miteinander entwickeln können.

Michael K., Hamburg: Nach über 20 Jahren haben wir uns getrennt, als unsere Tochter acht Jahre alt war und wie ich fand, in einer Phase, wo sie mit beiden Eltern noch sehr verhaftet war. Und gleichzeitig die Eltern auch das Kind noch sehr brauchen und es lieber häufiger um sich haben. Unsere Trennung verlief einvernehmlich, und wie so oft, musste ich als Vater die gemeinsame Wohnung verlassen und – über Umwege (Hotels, Freunde, Zwischenwohnungen) in eine eigene, kleinere Wohnung ziehen und damit quasi bei Null anfangen. In dieser Zeit konnte ich unserer Tochter kein vernünftiges kindgerechtes Zuhause bieten. Für uns war damals sehr wichtig, die Auswirkungen der Trennung für unser Kind so sehr gering wie möglich zu halten. Mit Hilfe eines Trennungstherapeuten haben wir daher beschlossen, dass ich an 2–3 Tagen zurück in die ehemals gemeinsame Wohnung komme, um Zeit mit dem Kind zu verbringen, gemeinsam zu essen, die Mutter zu entlasten und gegebenenfalls im Arbeitszimmer zu übernachten, anstatt aus der gewohnten Umgebung zu reißen. um es in Übergangsquartiere mitzunehmen. Wir unternehmen, für das Kind, aber auch immer ein wenig für uns, weiterhin mehrmals im Jahr noch längere gemeinsame Reisen.

Das läuft seit vielen Jahren gut, zumal wir beide keine neuen Partner haben und über die lange Zeit und über das Kind noch miteinander verbunden, ja sogar befreundet sind. Das – und eine größere Wohnung mit mehreren Schlafgelegenheiten – sind Grundvoraussetzungen für so ein Modell. Wir haben es acht Jahre aufrechterhalten, bis unsere Tochter letztes Jahr für ein Jahr als Austauschschülerin nach USA ging. Nach ihrer Rückkehr fahren wir gemeinsam in den Urlaub und danach überlegen wir, wie der Umgang gestaltet wird, jetzt mit 16 Jahren, wo sie beinahe erwachsen ist. Sie bekommt einen Schlüssel für meine jetzige Wohnung und kann jederzeit kommen und gehen, wann sie möchte.

Das Besuchsmodell bietet vor allem Vorteile für das „kleinere" Kind, das sich an einem Ort zu Hause fühlt und dortbleiben kann und nicht hin- und hergereicht werden muss. Die Eltern sehen sich regelmäßig und sind oft auch gemeinsam für das Kind da, was für unser Kind von großer Bedeutung war. Für mich als Vater war es auch eine gute Situation, da ich an einigen Tagen in der Woche Familie hatte, an den anderen mein eigenes Leben. Für die Mutter, bei der das Kind wohnte, war es sicher schwieriger, aufgrund dieser Situation ein neues Leben zu beginnen, obwohl auch sie an den Tagen, an denen ich da war, mehr Zeit für sich hatte. Wem aber das Wohl des Kindes über dem eigenen Wohl steht, der kann sich mit so einem Modell anfreunden, da es für das Kind einfach eine viel bessere Situation war als bei anderen Trennungskindern, die oft zum Vater oder zur Mutter reisen müssen. Insbesondere für Einzelkinder halte ich dieses Modell auch für besser, da sich zumindest unsere Tochter in einer neuen, kleineren Wohnung des Vaters alleine und nicht wirklich zu Hause gefühlt hätte. Für mich war es nicht leicht, immer wieder in die alte Wohnung zu kommen, in der er sich weniger und weniger zu Hause fühlte, aber unter dem Strich würden wir es wahrscheinlich wieder so machen, da die Zufriedenheit und geringere Belastung für das Kind viele der eigenen Unannehmlichkeiten wett gemacht hat. Für uns Eltern war es durch dieses Modell schwieriger, sich wirklich voneinander zu trennen und vielleicht auch, sich auf einen neuen Partner einzulassen – aber wenn das nicht im Vordergrund steht, und vor allem wir uns heute noch in die Augen schauen oder sogar befreundet sein können, wiegt die für das Kind deutlich leichtere und angenehmere Situation persönlichen Befindlichkeiten der Eltern auf jeden Fall auf.

Esther C., Stuttgart: Meine Zwillingsschwester und ich waren vier Jahre alt, als sich unsere Eltern trennten. Ich bin mir gar nicht sicher, ob es feste Umgangsregeln gab. Unser Vater war aber regelmäßig da oder hat uns abgeholt. Wir freuten uns immer sehr, weil es bei ihm so anders war, weniger Regeln als bei Mutter. Er lernte während dieser Zeit auch seine 2. Frau kennen und stellte sie uns direkt vor. Wir mochten sie auf Anhieb (was bis heute so geblieben ist). Er war noch in der näheren Umgebung bis wir ca. 6–7 Jahre alt waren, danach ist er an den Bodensee gezogen, wo wir ihn dann in allen Ferien besucht haben. Dort sind wir mit dem Zug hingefahren oder unsere Mutter hat uns, gemeinsam mit ihrem neuen Partner, hingefahren. Ich fand es immer ausgesprochen schön, wenn alle vier „Elternteile" zusammensaßen und wie ganz normale Freunde/Bekannte miteinander redeten.

Unsere Eltern haben nie ein schlechtes Wort über den anderen in unserer Gegenwart verloren. Da es unser Vater mit dem Unterhalt nicht so genau genommen hat und unsere Mutter daher viel arbeiten musste um uns „durchzubringen", gab es ihrerseits schon mal Gespräche mit ihren Freundinnen, die nicht ganz freundlich waren, das haben wir aber nur am Rande mitbekommen. Unser Vater bekam in seiner neuen Ehen noch zwei Mädchen, die wir sofort als Schwestern akzeptierten. Wir wurden von allen Seiten sehr nett mit einbezogen, so dass uns dies auch leichtfiel. Im Teenie-Alter hatten wir dann andere Interesse und weniger Lust, zu unserem Vater zu fahren. In dieser Zeit ist er dann mit seiner neuen Familie nach Italien gezogen. Wir wurden zwar immer eingeladen dorthin zu kommen, hatten aber keine Lust und selbst entschieden, das nicht zu tun. Weil wir uns dann längere Zeit nicht gesehen hatten, litt die (Vater-Tochter)-Beziehung, gleichzeitig hatten wir uns mit dem neuen Mann unserer Mutter arrangiert und quasi eine neue Familie.

Nachdem wir mehrere Jahre keinen Kontakt mit unserem Vater hatten, sahen wir ihn mit Mitte Zwanzig wieder, es war erst fremd, dann aber sehr nett und seither war der Kontakt gut. Unser Vater ist vor 15 Jahren gestorben, er hat zuvor noch seine Enkeltochter, meine Tochter, kennengelernt. Zu seiner Familie haben wir nach wie vor Kontakt und besuchen sie in unregelmäßigen Abständen. Als Fazit kann ich sagen, dass meine Eltern alles richtig gemacht haben – dass bewerte ich heute so, als Mutter einer Tochter und in einer glücklichen Beziehung lebend. Ich habe mir fest vorgenommen, dass ich, sollte ich jemals in eine solche Situation kommen, mir ein großes Beispiel an meinen Eltern nehmen werde.

Sebastian F., Leipzig: Bei unserer Trennung war unsere Tochter acht Jahre alt. Meine damalige Frau hatte im Wesentlichen die Regeln vorgeschlagen, und ich zugestimmt. Zwei Grundsätze waren hierfür maßgebend. Es war uns wichtig, dass unsere Tochter in ihrer gewohnten Umgebung bleiben kann, ein Zuhause hat, wo sie den Großteil der Zeit verbringt und ihre Freunde in der Nähe sind. Nachdem wir uns darauf geeinigt hatten, dass ich ausziehe, konnte dies nur die bisherige Wohnung sein. Und weil meine damalige Frau nur in Teilzeit arbeitet und deutlich weniger verdient als ich, war eine solche Regelung nur durch einen angemessenen Unterhalt zu gewährleisten. Wir konnten uns auf eine Größe einigen, die ich tragen konnte und die ihr das dort wohnen bleiben ermöglichte. Als Umgangsregelung schlug meine damalige Frau vor, dass ich unsere Tochter immer dienstags und mittwochs sowie jedes zweite Wochenende bei mir habe. Diesen Vorschlag haben wir im Gespräch - insofern abgeändert, dass ich sie nur dienstags bis mittwochs und jedes zweite Wochenende von Freitagabend bis Sonntagabend habe. Hintergrund war meine Vollzeitberufstätigkeit, sowie die Notwendigkeit, dass ich abends an Veranstaltungen teilnehmen muss bzw. möchte. Da die Verteilung bei der von meiner Ex-Frau zuerst vorgeschlagenen Regelung fast pari-pari gewesen wäre, wären mir die Unterhaltszahlungen auch als zu hoch erschienen, zudem wäre die Festlegung auf einen Hauptaufenthaltsort unterlaufen worden. Wir einigten uns schnell ohne Konflikt auf diesen Kompromissvorschlag (jedes zweite Wochenende und dienstags). Anfangs holte ich meine Tochter dienstags früh bei meiner Ex-Frau ab, brachte sie zur Schule, holte sie abends nach der Arbeit ab, sie übernachtete bei mir und ich brachte sie mittwochs zur Schule. Seit etwa einem Jahr (mit zehn Jahren) fährt unsere Tochter selbständig (unser Schulweg ist etwas weiter). Seitdem holt sie sich dienstags nachmittags den Schlüssel oder kommt noch zu mir ins Büro. Bald wird sie einen eigenen Schlüssel bekommen. Mittwochs mache ich ihr Frühstück und sie fährt allein zur Schule. Die Regelung war auch darin begründet, dass meine Ex-Frau immer dienstags länger arbeitete und bis heute arbeitet. Ich konnte auf meiner Arbeit bisher immer gut durchsetzen, dass ich dienstags um 17 Uhr gehen und meine Tochter abholen muss. Anfangs gab es gelegentliche Tauschwünsche von mir, was zu Konflikten führte, nach ca. zwei Jahren trat eine gewisse Entspannung ein und war meine Ex-Frau immer häufiger auf mein Entgegenkommen angewiesen, so dass es immer besser lief. Wichtig sind langfristige Ankündigungen der Umplanungen. Die Ferien, sowie Weihnachten und Ostern sind natürlich besondere Herausforderungen, die wir vorab rechtzeitig besprechen. In den Ferien teilen wir die Zeit hälftig. Weihnachten schaffen wir es sogar, zusammen mit unserer Tochter zu meinen Eltern zu gehen.

Wir haben all dies konsensual und freihändig vereinbart. Die Zufriedenheit unserer Tochter stand für uns immer im Mittelpunkt. Bei Konflikten einigen wir uns schnell und in wichtigen Fragen wie Schulwahl wirken wir zusammen. Uns hilft, dass wir bei zentralen Themen ähnliche Ansichten haben. Wir vermeiden es, unseren früheren Konflikt über die Belange unserer Tochter auszutragen. Und wir sprechen vor ihr nicht schlecht über den anderen. Insgesamt muss ich festhalten, dass unsere Regelung sich bewährt hat. Sie ist stabil planbar und bietet auch mir die Möglichkeit eines engen Kontaktes, aber auch Zeit für meine Arbeit und mich. Ich sehe meine Tochter nie länger als eine Woche nicht. Der Rhythmus Di-Wochenende-Di-Di bietet mir Freiräume, aber auch – zusammen mit den Ferien – ausreichenden Kontakt. Meine Tochter hat bisher nicht den Wunsch geäußert, mehr zu mir zu wollen. Sie freut sich, wenn wir uns sehen. Aber sie geht auch gern wieder zurück zu ihrer Mutter.

Nina L., München: Bei der Trennung meiner Eltern war ich sechs Jahre alt. Meine Eltern wollten damals, dass ich ab und zu Wochenenden bei meinem Vater verbringe; er war 250 km weit weggezogen. Ich hatte Angst davor, alleine Zug zu fahren und meine Mutter wollte meinen Vater nicht sehen. So fanden oft „Übergaben" auf dem Autobahnparkplatz auf halber Strecke statt. Ich erinnere mich daran, dass ich bei meinem Vater Heimweh nach meiner Mutter hatte und mein Vater mich gelegentlich schon samstags heimfahren musste. Mein Vater war oft unpünktlich und hat bereits verabredete Termine kurzfristig verschoben. Als ich ein Teenager war, wollte ich am Wochenende lieber Zeit mit meinen Freundinnen verbringen, statt meinen Vater zu sehen. Mit zunehmendem Alter fand ich auch das Kennenlernen der oft wechselnden Partnerinnen meines Vaters etwas mühsam. Sie taten mir leid und ich konnte meinen Vater nicht mehr so gut respektieren. Es gab oft Phasen mit meinem Vater, in denen wir keinen Kontakt hatten, zum Beispiel nach einem abgebrochenen Skiurlaub für mehrere Monate. Auch gab es später zwei Jahre ohne jeglichen Kontakt. Heute telefonieren wir in etwa einmal im Monat und haben uns zuletzt vor einem Jahr gesehen. Rückblickend gesehen hat mein Vater während meiner Kindheit/Jugend keine so große Rolle für mich gespielt. Ich hatte oft das Gefühl, er ist nicht für mich da und ich bin dankbar dafür, dass meine Mutter das alles aufgefangen hat und ich so eine innige Beziehung zu ihr hatte.

Pero und Luca K., München (heute 19 Jahre alt): Bei der Trennung unserer Eltern waren wir vier Jahre alt. Unsere Eltern hatten einvernehmlich die Regelung gefunden, wonach wir jedes zweite Wochenende bei unserem Vater waren, sowie anfangs, vor Einschulung, noch jeden Montag. Diese Regelung wurde bis zu unserem 18. Lebensjahr praktiziert. Zwischen unseren Eltern haben wir keine Konflikte wahrgenommen, die Regelung wurde eingehalten, gelegentliche Verschiebungen von Wochenenden wurden rechtzeitig besprochen und einvernehmlich geregelt. Wir haben beide keine großen Erinnerungen an die Trennung unsere Eltern, sie war kein Problem für uns.

Katrin F., Bremen: Als mein Exmann und ich uns vor zwölf Jahren trennten, waren unsere beiden Söhne sechs und drei Jahre alt. Wir hatten uns zwar vor der Trennung, jedenfalls aus meiner Sicht, schon sehr weit auseinandergelebt, aber ich habe meinen Exmann immer als liebevollen und sehr engagierten Vater erlebt. Und mir war klar, dass er genauso an den Kindern hing wie ich. Da die Trennung von mir ausging, hatte ich ihm gegenüber ein schlechtes Gewissen und wollte ihm auf keinen Fall noch mehr wehtun. Die Trennung war ja schlimm genug und mehr wollte ich nicht. Nie im Leben wäre ich auf die Idee gekommen, ihm „die Kinder wegzunehmen". Hinzu kam, dass wir beide Schuldgefühle unseren Kindern gegenüber hatten, weil wir das Gefühl hatten, ihre Kindheit extrem zu belasten, indem wir die Familie kaputtmachen. Wir wollten nun alles so gut wie möglich hinbekommen. Es war völlig klar, dass wir jeden Rat annahmen, den uns verschiedene Psychologen, die uns in durch die schwere Trennungszeit halfen, und unter anderem auch die Erziehungsberatung im Elternzentrum, gaben. Und es war klar, dass nur das Wechselmodell infrage kommt, weil nur dieses den

Eltern wirklich gleich viel Zeit und Verantwortung für die Kinder schenkt und aufbürdet. Als Übersetzerin aus skandinavischen Sprachen habe ich einige schwedische Freundinnen und daher war mir dieses Modell vertraut. In Schweden gilt es als vollkommen normal. Der beste Ratschlag, den wir bekommen haben, war, sich niemals in die Angelegenheiten des anderen einzumischen. Wenn die Kinder beim anderen Elternteil sind, geht es mich nichts an, wie lange sie da fernsehen und was sie essen und so weiter. Ob der andere eine neue Partnerin hat oder mit den Kindern verreist, ist alles seine Sache. Schließlich ist der andere auch erwachsen und erziehungsberechtigt und genauso verantwortungs- und liebevoll wie ich. Davon muss ich einfach ausgehen. Schon aus Prinzip. Ich meine, es ist eine Haltung, die man sich bewusst zulegen sollte. Niemand ist perfekt, niemand macht alles richtig, nur eben auf seine eigene Weise. Ich habe mit Sicherheit einzelne Dinge nicht so gut gemacht wie der Vater. Mein Leben ist vielleicht fröhlicher und abwechslungsreicher, aber auch viel chaotischer verlaufen als seins und ich habe meinen Kindern noch zwei Trennungen zugemutet, die sie sehr traurig gemacht haben. Der Vater hat im Gegensatz zu mir immer allein gewohnt und die Jungs an erste Stelle gesetzt. Es war ganz klar, wenn sie bei ihm sind, leben sie zu dritt in einem Männerhaushalt. Das haben sie sehr genossen. Ich war froh, dass sich mein Exmann auch bei mir nie eingemischt und sich kein Urteil erlaubt hat. Ich bin schließlich die Mutter und lebe mein Leben, so gut ich kann. Das heißt nicht, dass wir nicht miteinander geredet hätten. Wir haben die „Übergabe" immer persönlich gemacht und die Kinder dem anderen gebracht. Mit all dem Krempel der Kinder, der im Laufe der Jahre immer mehr geworden ist. Bei der Gelegenheit haben wir einen Tee zusammen getrunken und die wichtigsten Dinge besprochen. Freundlich und kooperativ. Für die Kinder war es am angenehmsten so. Sie waren gleich drin im neuen Leben, und der Abschiedsschmerz lag bei dem Elternteil, der nun allein gehen musste. In den ersten Jahren war ich dann immer sehr traurig, aber nach zwei, drei Jahren hatte ich mich an die Woche ohne die Kinder gewöhnt und konnte sie dann immer mehr genießen. Finanziell haben wir gleich am Anfang ebenfalls einen sehr guten Rat bekommen. Da es das Wechselmodell eigentlich nicht richtig gibt, nimmt einfach jeder ein Kind. Also hat jeder von uns ein Kind bei sich angemeldet, erledigt Behördensache, hat ein Kind bei sich krankenversichert, bezieht einmal Kindergeld und einen Kinderzuschlag für die Riesterrente etc. und zahlt eben auch die Ausgaben für dieses Kind. Bei größeren Sachen (Klassenfahrten, Brillen) haben wir uns auch mal abgesprochen, da gab es nie Streit. Weil wir beide auch absolut keinen Streit wollten. Denn Streit und Misstrauen sind Gift. Also ist man im Zweifelsfall lieber mal großzügig und nicht kleinkariert. Weil unser jüngerer Sohn am Anfang erst drei war, haben wir uns zunächst nach dreieinhalb Tagen abgewechselt, aber da die Übergabesituation auch für uns emotional die belastendste war, waren wir sehr erleichtert, als wir nach etwa einem Jahr auf den wöchentlichen Wechsel umgestellt haben. Anfang des Jahres haben die Jungs, sie sind jetzt 14 und 18, angemeldet, dass sie jetzt einen vierzehntägigen Wechsel möchten. Ich finde es eigentlich schade, dass wir das nicht früher gemacht haben, es bringt irgendwie mehr Ruhe ins Leben. Aber der Vater war immer dagegen, weil er die Kinder sonst zu sehr vermisst hätte.

Daniel R., Berlin: Bei unserer Trennung vor zwei Jahren waren unsere drei Kinder sechs Jahre (Junge), neun Jahre (Mädchen) und 12 Jahre (Junge) alt. Das Wohlergehen der Kinder war meiner Frau und mir mit am wichtigsten. Wir entscheiden uns, den Familienmittelpunkt bestehen zu lassen und fanden uns in einer Eltern-WG wieder. Seit nunmehr zwei Jahren leben wir unverändert in dieser Situation zusammen, nehmen und geben Raum für die persönliche Neuorientierung. Die Eltern-WG erschien uns als folgerichtige Lösung in unserer Situation. Wenn irgendwie möglich, sollte die Trennung zu einem im Fundament positiven Verhältnis zum Ex-Partner führen. Streit lässt die ohnehin komplizierten Probleme noch mächtiger werden. Hier ist Verantwortung den Kindern gegenüber aber auch zum Leben, welches man mit dem Ex-Partner aufgebaut hatte, gefragt. Es ist wichtig, die gemeinsame Vergangenheit wert zu schätzen und auch nach der Trennung möglichst an einem Strang zu ziehen. Was vorher in langen Jahren zusammengewachsen ist, geht nicht mit einem großen Rums auseinander. Die vielen kleinen Verbindungen lösen sich nach und nach und entfernen einen vom alten

Leben sowie sie einen näher an das neue Leben bringen. Es dauert Zeit, Zeit in der die Veränderungen in Ruhe sortiert und verarbeitet werden können. Für die eigene persönliche und soziale Existenz, vor allem aber für die emotionale Entwicklung der Kinder. In der Ruhe, wenn die Schwaden der Gefechte sich auflösen, ist die Krise nicht der Untergang, sondern die Weiter-Entwicklung der Persönlichkeiten. Die Krise löst sich auf in einen positiven Veränderungs-Prozess, in Normalität. Die Angst entpuppt sich als reife, normale und nötige Arbeit an sich selbst.

II. Checklisten

1. Trennungsgespräch

a) Vorüberlegungen

- idealerweise gemeinsam
- inhaltlich und situativ gut vorbereiten
- mit jedem Kind, egal welchen Alters
- bei großem Altersunterschied separat, beginnend mit älteren Kindern
- guten Zeitpunkt finden
  - frühzeitig, wenn deutliche Anzeichen und andere Bescheid wissen,
  - wenn räumliche Veränderung bald ansteht (Alter der Kinder auch entscheidend)
  - ruhiger Moment (Wochenende)
- Redeanteile und -parts überlegen
- streitige Punkte weglassen
- Loyalitätskonflikte vermeiden
- Verlauf und Themen festlegen

b) Verlauf

- Trennung direkt ansprechen
- einvernehmliche Verständigung von beiden Eltern

- kindgerechte Begründung: nicht: lieben uns nicht mehr, besser: streiten viel
- Betonung auf das Verbindende
- Kontinuität verdeutlichen
- Versprechen, gemeinsam gute Eltern zu bleiben
- ausführlich über getroffene Umgangsregelungen informieren (wann sieht das Kind den ausziehenden Elternteil)
- je nach Alter bereits in Planung einbeziehen, eigene Bedürfnisse berücksichtigen
- Mitspracherecht, nach Meinung fragen, Wünsche äußern lassen

c) Nachbereitung
- beide Eltern bleiben, wenn möglich, in der Wohnung
- ausreichend Ruhe und Zeit
- die nächsten Tage für Fragen, Kummer Raum geben
- gemeinsame positive Erlebnisse einplanen

2. Kennzeichen guter Umgang
- Kontinuität
- Alltagstauglichkeit/Praktikabilität
  - Machbarkeit für Eltern: Wege, Zeiten, Kosten
  - Ausnahmeregelungen
  - Notfallregelungen
- Zeichen, dass es dem Kind gut geht:
  - Wechsel zwischen den Elternwelten fällt dem Kind leicht
  - Kind erzählt von Erlebnissen beim anderen Elternteil ohne Scheu

3. Übergaben

- Ort und Zeit konkret festlegen; eventuell schriftlich
- Kurz halten, mit Fokus aufs Kind
- Ausnahmen vorab klären für Kita/Schule, wenn geschlossen oder Kind krank
- Mitgeben:
  - Kleidung
  - Schulsachen
  - Lieblingsspielsachen
  - Sportkleidung/Badesachen
  - Umgangstagebuch
  - Gesundheitskarte
  - Reisepass
  - Ticket

4. Regelungspunkte Umgang

Grundregelung: Je komplizierter die Verständigung zwischen den Eltern ist, desto detaillierter sollte die Regelung zum Umgang sein und weniger Spielraum für Diskussionen und spontane Absprachen bieten.

- Alltagsregelung: Wochentage und Wochenenden
  - Hauptwohnsitz, Nebenwohnsitz
  - Ort Übergaben (Kita, Schule, Großmutter, Zuhause bei wem?)
  - konkrete Uhrzeiten
  - Kosten für Abholung und Zurückbringen
  - Kommunikation zwischen den Umgängen
  - Kontakt zum anderen Elternteil während der Umgänge
  - Schließung von Betreuungslücken
  - Kostenübernahme bei Fremdbetreuung

- Verdienstausfall bei Eigenbetreuung
- Notfallregelung
  - Eltern krank
  - Kind krank
- berufliche Verpflichtungen (erst anderen Elternteil fragen?)
- Ersatz/Konto für ausgefallene Termine (in beide Richtungen, Entlastung und Umgang)
- Sonderregelung
  - Feiertage (Familientraditionen beachten)
  - Ostern (Aufteilung? jährlicher Wechsel?)
  - Weihnachten (Aufteilung? jährlicher Wechsel?)
  - Silvester
  - 1. Mai
  - Himmelfahrt
  - sonstige Festtage und Jubiläen
  - Geburtstage Kinder
  - Geburtstage Eltern
  - Familienfeste
  - besondere Freizeitaktivitäten und Hobbies der Kinder
  - gemeinsame Erlebnisse als Familie
  - gemeinsame Verpflichtungen als Eltern, z. B. Elternabende
  - Ferien
    - Winterferien
    - Osterferien
    - Pfingstferien
    - Sommerferien
    - Herbstferien
    - Weihnachtsferien
    - Brückentage/lange Wochenenden

- andere umgangsberechtigte Personen
  - Großeltern
  - Halb/Stiefgeschwister
  - neue Partner
  - Babysitter/Au-pair
- Erziehungsgrundsätze
  - Tagestruktur
  - Ernährung
  - Kleidung
  - Medienkonsum
  - Haltung

5. Organisation Umgang

- Übergaben
  - Zeit und Ort
  - Ausnahmen (Feiertage/Schließzeiten bei Übergabe Kita/Schule)
- Umgangstagebuch
- Elternkalender (gegebenenfalls online)
- Kleidung
- Schulsachen
- Gesundheitskarte
- Ausweis
- ÖPNV Ticket

6. Regelungspunkte Elternvereinbarung

Eine Elternvereinbarung enthält neben dem Umgang noch weitere Punkte, die das Verhältnis der Eltern zum Kind regeln.

- Umgang (s.o.)
- Kindesunterhalt

- Betreuungsunterhalt
- Erziehungsgrundsätze
- Vorgehensweise bei Streitigkeiten
- Anpassung bei Veränderungen

7. Regelungspunkte Scheidungsfolgenvereinbarung

- Zugewinnausgleich
- Versorgungsausgleich
- Getrenntlebendunterhalt
- Nachehelichenunterhalt
- Kindesunterhalt
- Umgang
- Vorgehensweise bei Streitigkeiten
- Anpassung bei Veränderungen

III. Muster Umgangsvereinbarung

Faustregel: Je schlechter sich Eltern verstehen, desto klarer, detaillierter und strikter sollte die Regelung sein und desto weniger Spielraum für Diskussionen und spontane Absprachen bieten. Und sie sollte schriftlich verfasst sein, um Erinnerungslücken und spätere Auseinandersetzungen zu vermeiden. Sollte ein Elternteil weniger unzuverlässig erscheinen, dann sind feste Uhrzeiten sinnvoll, die Verlässlichkeit dokumentieren und Konflikte vermeiden.

Umgangsvereinbarung

zwischen

_____ _____ Name und Anschrift Mutter

_____ _____ Name und Anschrift Vater

für unsere Kinder[1]

_____ _____, geboren _____

_____ _____, geboren _____

_____ _____, geboren _____

Datum

---

1 Bei großen Altersunterschieden oder sehr unterschiedlichen Bedürfnissen mehrerer Kinder kann es sinnvoll sein, für jedes Kind eine eigene Umgangsregelung beschließen; und dabei nach Möglichkeit und Bedürfnis Zeit jedes Kindes alleine mit jeweils einem Elternteil einplanen. Auch hier gilt der Grundsatz der Kontinuität.

Präambel

Wir bedanken und für die gemeinsamen Jahre und sind froh über unsere wunderbaren Kinder…. aus dieser Beziehung. Uns ist bewusst, dass unsere Kinder beide Eltern lieben und brauchen und möchten auch nach unserer Trennung weiterhin gemeinsam und kooperativ Eltern bleiben. Wir sorgen dafür, dass es unseren Kindern bei beiden Elternteilen gut geht und ihr Aufwachsen von uns Beiden begleitet wird. Wir ermutigen unsere Kinder, mit beiden Eltern regelmäßigen und guten Umgang zu pflegen, sprechen respektvoll übereinander, akzeptieren Unterschiedlichkeiten und unterstützen uns gegenseitig in Planung und Durchführung der Umgänge.

I. Grundregelung

Residenzmodell

Unsere Kinder leben überwiegend bei _____ und sind dort mit ihrem Hauptwohnsitz gemeldet. Sie besuchen _____ wie folgt:
– jedes zweite Wochenende von Freitag 16 Uhr bis Sonntag 18 Uhr
– jeden Mittwoch von 14 Uhr bis 18 Uhr
– _____ wird vom Vater/Mutter am Montag zum Flötenunterricht gebracht und danach wieder der Mutter/dem Vater übergeben
_ _____ geht mit der Mutter/dem Vater einmal im Monat samstags zum Fußball ins Stadion…
– Dienstagnachmittag ab 14 Uhr bis 18 Uhr verbringen die Kinder mit ihrer Großmutter väterlicherseits (Umgang mit anderen Bezugspersonen, auch separat möglich, siehe unten)
Die Übergaben erfolgen in der Kita/Schule. An Feiertagen bzw. zu Schließzeiten erfolgen die Übergaben bei der Kindsmutter.
– Mittwoch und Freitag kann der Vater/die Mutter mit beiden Kindern zwischen 18 Uhr und 19 Uhr telefonieren. Hierzu ruft er auf dem Festnetztelefon an. Wir sind uns einig, dass beide Kinder ab dem Alter von ____ Jahren ein Mobiltelefon erhalten.

Wechselmodell

Unsere Kinder leben die Hälfte der Zeit bei der Mutter und die Hälfte der Zeit beim Vater, im wöchentlichen Wechsel. In den geraden Wochen sind die Kinder beim Vater und in den ungeraden Wochen bei der Mutter. Die Übergaben erfolgen am Freitagnachmittag um 16 Uhr.

Übergaben

Die Übergaben erfolgen in der Kita/Schule. An Feiertagen bzw. zu Schließzeiten erfolgen die Übergaben bei der Kindsmutter.

II. Notfallregelung

Kann ein Elternteil den Umgang aus wichtigen Gründen (Krankheit, unverschiebbare berufliche Verpflichtungen) nicht wahrnehmen, so
– organisiert er eine Fremdbetreuung und übernimmt hierfür etwaige Kosten. Bevor professionelle Hilfe eingeholt wird, fragt er beide Großeltern.

oder
– informiert er den anderen Elternteil so frühzeitig wie möglich, und fragt, ob dieser Zeit hat. Wenn ja, dann übernimmt der andere Elternteil die Kinder und bekommt eine Gutschrift (?) und im Gegenzug der verhinderte Elternteil ebenfalls (?)
Ansonsten organisiert er eine Fremdbetreuung und übernimmt hierfür etwaige Kosten. Bevor professionelle Hilfe eingeholt wird, fragt er beide Großeltern.
Kita/Schule kurzfristig geschlossen (*wenn Übergaben in Kita/Schule geplant*)
Sollten Kita/Schule kurzfristig geschlossen sein, so erfolgt die Übergabe um ____ Uhr. Der übergebende Elternteil bringt das Kind zum übernehmenden Elternteil *oder* vom übernehmenden Elternteil beim übergebenden Elternteil abgeholt beziehungsweise zu einer dritten Person (*wenn persönliche Übergaben noch nicht möglich*).

Kind krank

Sollte das Kind krank sein, dann beraten wir uns über die Transportfähigkeit des Kindes und finden eine kindgerechte Lösung. Ist das Kind nicht transportfähig, dann bleibt es bei dem Elternteil, bei dem es krank geworden ist. Ist es transportfähig, dann erfolgt die Übergabe um ____ Uhr und wird vom übergebenden Elternteil zum übernehmenden Elternteil gebracht *oder* vom übernehmenden Elternteil beim übergebenden Elternteil abgeholt beziehungsweise von einer dritten Person (*wenn persönliche Übergaben noch nicht möglich*).

Spontane Einladungen Kind

Sollte das Kind spontan bei Freunden oder Verwandten eingeladen sein und dies mit den Umgangzeiten eines Elternteils kollidieren, dann beraten wir uns und finden mit Blick auf das Kindeswohl eine einvernehmliche kurzfristige Lösung.

Hobbys und Aktivitäten des Kindes[2]

Wir unterstützen die Hobbys unserer Kinder und vereinbaren folgendes:
(Beispiel: Naomi wird unabhängig von der Umgangsregelung von der Mutter dienstags zum Basketball gebracht, Anton vom Vater am Freitag zum Klavier.

III. Ferienregelung

Die Ferien werden hälftig aufgeteilt.
– Die Aufteilung erfolgt jeweils im November für das gesamte folgende Jahr

oder

– 2018 verbringen die Kinder die Winterferien, Osterferien, zweite Hälfte der Sommerferien und die erste Woche der Weihnachtsferien beim Kindsvater und die erste Hälfte der Sommerferien, die Herbstferien und zweite Woche der Weihnachtsferien bei der Kindsmutter. 2019 wird gewechselt.

IV. Feiertage

1. Ostern
Verbringen die Kinder mit dem Vater bei dessen Eltern im Ferienhaus auf Mallorca.

2. Weihnachten
2018 verbringen die Kinder Heiligabend beim Vater und werden von ihm am ersten Weihnachtsfeiertag morgens um 10 Uhr zur Mutter gebracht, wo sie bis zum 26. Dezember 18 Uhr bleiben und dann von ihr zum Vater gebracht werden. 2019 umgekehrt.

3. Silvester
verbringen die Kinder abwechseln bei den Eltern, 2018 bei der Mutter, 2019 beim Vater.

3. weitere Feiertage
Eintägige Feiertage wie: Pfingstmontag, 1. Mai, Himmelfahrt, Allerheiligen werden jährlich gewechselt, in 2018 verbringen die Kinder Pfingstmontag und Himmelfahrt bei der Mutter und 1. Mai und Allerheiligen beim Vater; 2019 wird gewechselt. Etwaige Brückentage besprechen die Eltern separat, bei Nicht-Einigung gilt der Regelumgang.

---

2 Sport, Musik oder andere Freizeitaktivitäten sind für Kinder sehr wichtig und gerade in Umbruchszeiten bedeuten diese eine Kontinuität und somit ein stabilisierender Faktor. Sie sollten beibehalten werden, und sofern sie die Umgangskontakte eines Elternteils beeinträchtigen, muss hierfür eine klare Regelung gefunden werden, um Spannungen schon im Vorfeld zu verhindern und das Kind bei der Ausübung dieser Aktivität zu bestärken.

V. Erziehungsgrundsätze[3]

Über folgende Erziehungsgrundsätze treffen wir einvernehmliche Verabredungen. Ansonsten respektieren wir die Unterschiedlichkeiten des jeweils anderen und ermutigen unsere Kinder, diese zu respektieren und einzuhalten.

☐ Essenszeiten
☐ Ernährung
☐ Schlafenszeiten
☐ Schnuller
☐ Windel
☐ Mobiltelefon
☐ Medienkonsum
☐ Ausgehzeiten

VI. Überprüfung und Anpassung[4]

Die von uns getroffene Umgangsvereinbarung
– gilt bis zum (…)

oder

– wollen wir nach………… /………… Monaten/Jahr(en) gemeinsam überprüfen. Kann keine einvernehmliche Änderung getroffen werden, bleiben die bisherigen Vereinbarungen gültig

VII. Schlusserklärung

Wir haben die Umgangsvereinbarung gemeinsam erarbeitet und erklären uns mit den vereinbarten Regelungen einverstanden.

VIII. Vollstreckung der Regelung

Wir werden diese Vereinbarung dem Familiengericht mit der Bitte vorlegen, diese als gerichtlich gebilligten Vergleich zu protokollieren (§ 156 Abs. 2 S. 1 FamFG).[5]

---

3 Die Paarebene der Eltern hat sich aufgelöst. Die Elternebene nicht. Deshalb hilft es zur Aufrechterhaltung dieser bestehenden Ebene noch gemeinsame Ziele in Erziehungsfragen benennen zu können, um das kann Kind, zum einen nicht zu verunsichern und zum anderen das Kind nicht zu ermuntern die Eltern gegenseitig auszuspielen. Aus diesem Grund ist es ratsam, gemeinsame Erziehungsziele als Richtlinien zu benennen.

4 Die Lebensumstände können sich im Laufe der Zeit erheblich verändern. Gerade bei Kindern entwickeln sich mit zunehmendem Alter andere Interessen und Bedürfnisse. Deshalb ist es sinnvoll, die Umgangsvereinbarung zeitlich zu befristen oder in einem festgelegten Rhythmus zu überprüfen und anzupassen.

5 Private Umgangsvereinbarungen haben nicht die rechtliche Wirkung wie schuldrechtliche Verträge. Sie führen nicht zu einklagbaren Ansprüchen auf Vollzug der getroffenen Vereinbarung. Wer die Vollstreckung (zwangsweise Durchsetzung) einer Umgangsregelung wünscht, sollte bedenken, dass kein Elternteil – auch nicht über ein gerichtliches

IX. Handhabung von Konflikten

Im Interesse unserer Kinder versuchen wir uns zunächst zu einigen und werden sonst mithilfe einer dritten Person (Mediator, Coach, Berater) eine einvernehmliche Regelung finden.

IV. Anlaufstellen

Deutsche Liga für das Kind in Familie und Gesellschaft e.V.: *www.liga-kind.de*

Deutscher Kinderschutzbund Bundesverband e.V.: *www.kinderschutzsbund.de*

Verband alleinerziehender Mütter und Väter Bundesverband e.V.: *www.vamv.de*

Bundeskonferenz der Erziehungsberatung e.V.: *www.bke.de*

Deutsches Institut für Jugendhilfe und Familienrecht: *www.dijuf.de*

Verband binationaler Familien und Partnerschaften e.V.: *www.verband-binationaler.de*

Selbsthilfegruppe Alleinerziehender (SHIA): *www.shia.de*

Mein Papa kommt (bundesweites Besuchsprogramm): *www.mein-papa-kommt.info*

MIKK e.V. – Mediation bei internationalen Kindschaftskonflikten: *www.mikk-ev.de*

ZANK – Zentrale Anlaufstelle für grenzüberschreitende Kindschaftskonflikte und Mediation beim Internationalen Sozialdienst: *www.zank.de*

---

5 *(Fortsetzung)*
Verfahren zum Umgangsrecht nach § 151 Ziff. 2 FamFG – gegen seine Willen zum Umgang mit dem Kind gezwungen werden kann. Dagegen sind gerichtlich gebilligte Vergleiche nach § 86 Abs. 1 Ziff. 2 FamFG vollstreckungsfähig. Das Familiengericht wird die Umgangsregelung billigen, wenn sie dem Kindeswohl nicht widerspricht (§ 156 Abs. 1 S. 2 FamFG). Bei der Zuwiderhandlung gegen einen Vollstreckungstitel zur Regelung des Umgangs kann das Gericht gegenüber dem Verpflichteten Ordnungsgeld und für den Fall, dass dieses nicht beigetrieben werden kann, Ordnungshaft anordnen. Verspricht die Anordnung eines Ordnungsgelds keinen Erfolg, kann das Gericht Ordnungshaft anordnen (§ 89 Abs. 1 FamFG).

V. Literaturtipps

Zu den rechtlichen Fragen rund um Trennung, Scheidung, Unterhalt und Umgang finden sich jeweils aktuelle Titel in der Reihe *Beck-Rechtsberater im dtv*, in der auch dieses Buch erscheint.

Zu den übrigen Themen gefiel uns:

Carola Fuchs, Mama zwischen Sorge und Recht (Selbstverlag), 2014

Jesper Juul, Aggression. Warum sie für uns und unsere Kinder notwendig ist (S. Fischer), 2013

Gergely Kiss, Papa wohnt jetzt anderswo (Picus Verlag), 2015

Monika Klinkhammer (Hrsg.), Handbuch Begleiteter Umgang (Bundesanzeiger Verlag), 3. Auflage 2017

Claus Koch und Christoph Strecker, Kindern bei Trennung und Scheidung helfen (Beltz), 2. Auflage 2014

Remo H. Largo Monika Czernin, Glückliche Scheidungskinder: Trennungen und wie Kinder damit fertig werden (Piper), 12. Auflage 2004

Nele Maar, Papa wohnt jetzt in der Heinrichstrasse (Atlantis, Orell Füssli), 2002

Alexandra Maxeiner und Anke Kuhl, Alles Familie! Vom Kind der neuen Freundin vom Bruder von Papas früherer Frau und anderen Verwandten (Klett Kinderbuchverlag), 9. Auflage 2010

Friederun Reichenstetter, Wir sind trotzdem beide für dich da (Arena), 2006

Antje Steinbach, Mutter, Vater, Kind: Was heißt Familie heute? Essay (Bundeszentrale für politische Bildung), 2017

Julia Volmert, Wir bleiben eure Eltern! Auch wenn Mama und Papa sich trennen (Albarello Verlag), 4. Auflage 2007

Sachverzeichnis

Die Autoren

Isabell Lütkehaus ist Mediatorin (BAFM, BM) und promovierte Rechtsanwältin sowie Supervisorin und Coach (DGSv). Als Mitgründerin der Konsenskanzlei in Berlin Mitte arbeitet sie seit über zehn Jahren mit Paaren, die nach Trennung und Scheidung gemeinsam gute Eltern für ihre Kinder bleiben und dafür einvernehmliche Regelungen finden möchten. Nebenberuflich ist sie als Umgangspflegerin, Verfahrensbeistand und Umgangsbegleiterin tätig. Bei allen individuellen Unterschieden begegnet sie immer wieder denselben Fragestellungen, Ängsten und Unsicherheiten von Eltern sowie Sorgen, Belastungen und Herausforderungen der Kinder. Um Eltern hilfreiche Orientierung und praktische Unterstützung zu bieten sowie ihre Erfahrungen an Kollegen weiter zu geben, schrieb sie diesen Ratgeber. Sie dankt den Eltern und Kindern, die sich ihr in all den Jahren in ihrer Praxis anvertrauten. Und allen, die dieses Buch mit ihren Erfahrungsberichten und Expertenmeinungen beleben und bereichern. Außerdem dankt sie ihrem Co-Autoren Thomas Matthäus, dem wunderbaren Lektorat des C.H. Beck Verlages, insbesondere Herrn Lang, sowie ihrer Kollegin Katja Langenbucher für die freundschaftliche Unterstützung.

Thomas Matthäus ist systemischer Supervisor und Coach (DGSv), Sozialarbeiter und Lerntherapeut. Als Umgangsbegleiter arbeitet er seit knapp 20 Jahren mit Eltern, die sich getrennt haben und deren Kindern. Im Rahmen der Bachelorthesis seines Studiums hat er Interviews mit getrennten Eltern geführt, um die Nachhaltigkeit von Hilfemaßnahmen für den Umgang zu untersuchen. Erkenntnisse aus dieser Forschungsarbeit, die Bedarfe der Eltern, die ihm in seiner praktischen Tätigkeit als Umgangsbegleiter begegnet sind, sowie die Hinweise und Fragen, die er als Supervisor aus der Beratung von Teams zu dieser Thematik bekommt, motivierten ihn zur Autorenschaft für dieses Buch. Er dankt seiner Familie, ohne deren Geduld und Unterstützung dieses Buch nicht möglich gewesen wäre. Er dankt dem Träger SEHstern e.V. mit Ute Wilmes und Daniela und Ralf Ledebur an der Spitze für seine Ausbildung zum Umgangsbegleiter. Er dankt Uta Hildebrand-Liese sowie dem Träger Horizonte gGmbH mit Waltraud Viet an der Spitze für die Möglichkeit, seine Fähigkeiten als Umgangsbegleiter zu erweitern und vervollkommnen. Er dankt seiner Co-Autorin Isabell Lütkehaus, dem Lektor Herrn Lang sowie dem Verlag C.H. Beck für die konstruktive Zusammenarbeit. Allen Interviewpartnern dankt er für das entgegengebrachte Vertrauen. Ein besonderer Dank gilt Karla Reimert für die frühe und stetige Ermunterung zu diesem Buch und die kritischen Anmerkungen während der Entstehung.

Von der Jugend bis ins Alter

Recht in allen Lebenslagen

Jugend und Recht

JugR · Jugendrecht

SGB VIII – Kinder- und Jugendhilfe, AdoptionsvermittlungsG,
UnterhaltsvorschussG, JugendschutzG.

Textausgabe `Toptitel`
39. Aufl. 2018. 600 S.
€ 9,90. dtv 5008

AdoptionsvermittlungsG, BAföG,
Bayerisches StrafvollzugsG (Aus-
zug), BerufsbildungsG (Auszug),
Bürgerliches Gesetzbuch mit
EGBGB (Auszug), Bundes-
ImmissionsschutzG (Auszug),
FamFG (Auszug), Jugendar-
beitsschutzG, Jugendfreiwilli-
gendiensteG, JugendgerichtsG,
Jugendmedienschutz-Staatsver-
trag, JugendschutzG, Jugend-
strafvollzugsG NRW, Gesetz zur
Kooperation und Information
im Kinderschutz (KKG), SGB I:
Allgemeiner Teil (Auszug), SGB
II: Grundsicherung für Arbeit-
suchende (Auszug), SGB III:
Arbeitsförderung (Auszug), SGB
VIII: Kinder- und Jugendhilfe,
SGB XII: Sozialhilfe (Auszug),
Strafgesetzbuch (Auszug), Unter-
haltsvorschussG

Schule und Hochschule

*Brehm/Zimmerling/
Brehm-Kaiser/Zimmerling*
Erfolgreich zum
Wunschstudienplatz
Bewerbung · hochschulstart.de ·
NC · Auswahlverfahren und -tests ·
Rechtsschutz · Studienplatzklage.
Rechtsberater
2. Aufl. 2015. 300 S.
€ 16,90. dtv 50765

Macht mit Tipps und Hin-
weisen den Weg zum Wunsch-
studium frei.

BAföG · Bildungsförderung

Textausgabe
32. Aufl. 2016. 400 S.
€ 15,90. dtv 5033

BundesausbildungsförderungsG
mit DVO und Ausbil-
dungsförderungsgesetzen der
Länder, BerufsbildungsG,
StipendienprogrammG und
Meister-BAföG. Mit BAföG-
Änderungen zum 1. August
2016 (25. BAföGÄndG) und
den Änderungen des Meister-
BAföGs.

Theisen
ABC des wissenschaftlichen Arbeitens
Erfolgreich in Schule, Studium und Beruf.
Beck im dtv
1. Aufl. 2006. 263 S.
€ 9,50. dtv 50897

Gramm/Wolff
Jura – erfolgreich studieren
Für Schüler und Studenten.
Rechtsberater `Toptitel`
7. Aufl. 2015. 277 S.
€ 14,90. dtv 50770
Auch als ebook erhältlich.
Das Buch liefert detaillierte Informationen und Tipps zum Jurastudium. Ein Eignungstest für junge Juristen am Ende des Bandes bietet eine wichtige Entscheidungshilfe.

Ehe, Familie und Partnerschaft

FamR · Familienrecht
Zu Ehe, Scheidung, Unterhalt, Versorgungsausgleich, Lebenspartnerschaft und internationalem Recht.
Textausgabe `Toptitel`
18. Aufl. 2017. 950 S.
€ 14,90. dtv 5577
Die 18. Auflage der Textausgabe ist mit Stand 1. Juli 2017 umfassend aktualisiert und bietet ein ausführliches Sachverzeichnis für den schnellen, gezielten Zugriff sowie eine aktualisierte Einführung von Universitätsprofessorin Dr. Dagmar Coester-Waltjen.

von Münch/Backhaus
Ehe- und Familienrecht von A–Z
Über 500 Stichwörter zur aktuellen Rechtslage.
Rechtsberater
16. Aufl. 2010. 510 S.
€ 19,90. dtv 5042
Auch als ebook erhältlich.
Annahme als Kind, Betreuung, Ehe, elterliche Sorge, Güterstand, Kindschaftssachen, Nichtehelichkeit, Scheidung, Unterhalt, Zugewinn, Lebenspartnerschaft.

Klein
Eheverträge
Sicherheit für die Zukunft.
Rechtsberater `Toptitel`
5. Aufl. 2015. 260 S.
€ 15,90. dtv 50793
Auch als ebook erhältlich.
Kompakter Ratgeber für die Regelungen in Ihrem Ehevertrag – vor Schließung der Ehe, während der Ehe und im Fall von Trennung und Scheidung.

Dahmen-Lösche
Ehevertrag – Vorteil oder Falle?
So finden Sie Ihre perfekte Regelung.
Rechtsberater `Toptitel`
3. Aufl. 2017. 164 S.
€ 13,90. dtv 51216
Auch als ebook erhältlich.
Welche Klauseln vorteilhaft sind und wo die Fallen liegen erläutert ausführlich und mit zahlreichen Mustern und Beispielen versehen dieses Buch.

Peyerl
Ehevertrag und Scheidungsvereinbarung in Frage und Antwort
Güterstand, Unterhalt, Versorgungsausgleich und Zugewinn richtig regeln.
Rechtsberater
1. Aufl. 2011. 127 S.
€ 8,90. dtv 50681
Auch als ebook erhältlich.

Langenfeld
Ehevertrag und Scheidungsvereinbarung
Vertragsmuster mit Erläuterungen.
Rechtsberater
12. Aufl. 2012. 139 S.
€ 11,90. dtv 5226
Ausführliche Erläuterung der Grundlagen und typischen Konstellationen für vorsorgende Eheverträge und Scheidungsvereinbarungen.

Lütkehaus/Matthäus
Guter Umgang für Eltern und Kinder
Ein Ratgeber bei Trennung und Scheidung
2018. 249 S.   Neu
€ 18,90. dtv 51227
Neu im September
Auch als ebook erhältlich.
Behandelt den Umgang von Kindern getrennt lebender Eltern mit dem abwesenden Elternteil sowie den Umgang der oft im Streit liegenden Eltern miteinander zum Wohl der Kinder.
Mit Beispielsfällen aus der langjährigen Praxis der Autoren.

Schwab/Görtz-Leible
Meine Rechte bei Trennung und Scheidung
Unterhalt · Ehewohnung · Sorge · Zugewinn- und Versorgungsausgleich.
Rechtsberater   Toptitel
9. Aufl. 2017. 326 S.
€ 15,90. dtv 51208
Auch als ebook erhältlich.
Ratgeber zu allen Rechtsfragen bei Trennung und Scheidung.

Grziwotz/Kappler/Kappler
Trennung und Scheidung richtig gestalten
Getrenntleben, Scheidung, Lebenspartnerschaftsaufhebung, Vermögensauseinandersetzung und Unterhalt.
Rechtsberater   Toptitel
9. Aufl. 2018. 301 S.
€ 14,90. dtv 51229
Auch als ebook erhältlich.
Informiert über die gesetzlichen Regelungen und zeigt Vereinbarungsmöglichkeiten.

Dahmen-Lösche
Scheidungsberater für Frauen
Ihre Rechte und Ansprüche bei
Trennung und Scheidung.
Rechtsberater   `Toptitel`
3. Aufl. 2016. 166 S.
€ 11,90. dtv 50753
Auch als ebook erhältlich.
Dieses Buch berät umfassend
mit vielen Beispielen, Mustern
und Checklisten.

Schlickum
**Scheidungsberater
für Männer**
Meine Rechte und Ansprüche
bei Trennung und Scheidung.
Rechtsberater   `Toptitel`
4. Aufl. 2018. 194 S.
€ 14,90. dtv 51220
Auch als ebook erhältlich.
Der umfassende Rechtsberater
für Ehemänner und Väter, die
sich nicht aus ihrer Verantwortung drängen lassen wollen.

Peyerl
**Vermögensteilung
bei Scheidung**
So sichern Sie Ihre Ansprüche.
Rechtsberater
3. Aufl. 2016. 132 S.
€ 11,90. dtv 50786
Auch als ebook erhältlich.
Der bewährte Rechtsberater
beantwortet die wichtigen
rechtlichen und praktischen
Fragen rund um die Aufteilung
des Vermögens bei Trennung
und Scheidung. Mit zahl-
reichen Tipps und Beispielen.

Strecker
Versöhnliche Scheidung
Trennung, Scheidung und deren
Folgen einvernehmlich regeln.
Rechtsberater
5. Aufl. 2014. 349 S.
€ 16,90. dtv 50759
Auch als ebook erhältlich.
Bietet Hilfe bei der Suche nach
einvernehmlichen Lösungen
während Trennung und Scheidung. Berücksichtigt sind auch
psychologische Aspekte.

Heiß/Heiß
Die Höhe des Unterhalts von A–Z

Mehr als 400 Stichwörter zum aktuellen Unterhaltsrecht.
Rechtsberater **Toptitel**
12. Aufl. 2018. 536 S.
€ 21,90. dtv 51217
Auch als ebook erhältlich.
Dieser Rechtsberater bietet als umfassendes Lexikon Antwort auf alle Unterhaltsfragen.

Lindemann-Hinz
Elternunterhalt

Das müssen Kinder für ihre Eltern zahlen.
Rechtsberater
3. Aufl. 2016. 181 S.
€ 13,90. dtv 50780
Alles Wichtige zum Unterhalt für Eltern: Ansprüche, Höhe, Vermögen, Überleitung, Verfahren u.v.m.

Schulte/Heider
Eltern und Kinder

Elterliche Sorge · Umgang · Unterhalt.
Rechtsberater
3. Aufl. 2011. 255 S.
€ 15,90. dtv 5648
Rechte und Pflichten gegenüber Partnern und Kindern sowie alles zu Jugendamt, Familiengericht, Unterhaltsvorschuss und Sozialhilfe, Namensrecht sowie Erbrecht.

Wernitznig
Meine Rechte und Pflichten als Vater

Vaterschaft, Sorgerecht, Umgang, Namensrecht, Unterhaltsfragen, erbrechtliche und steuerrechtliche Fragen.
Rechtsberater
2. Aufl. 2014. 148 S.
€ 11,90. dtv 50756
Auch als ebook erhältlich.
Das Werk behandelt das Thema leicht und verständlich und erklärt es anhand von vielen Beispielen.

Behinderung

SGB IX · Rehabilitation und Teilhabe behinderter Menschen
Textausgabe
9. Aufl. 2018. 954 S.
€ 18,90. dtv 5755
SGB IX mit allen Schwerbehindertenverordnungen, Behindertengleichstellungsgesetz, Leitfaden zur Selbsthilfeförderung, Schwerbehinderten-Ausgleichsabgabeverordnung, Werkstättenverordnung, Versorgungsmedizinverordnung, Handlungsempfehlung 'Persönliches Budget', Kinderhilfebehandlung- und Chroniker- Richtlinie, Bundesversorgungsgesetz und weiteren wichtigen Vorschriften.

Greß
Recht und Förderung für mein behindertes Kind
Elternratgeber für alle Lebensphasen – Sozialleistungen, Betreuung und Behindertentestament.
Rechtsberater
3. Aufl. 2018. Rd. 330 S. **Neu**
ca. € 18,90. dtv 51232
Neu im Oktober 2018
Auch als ebook erhältlich.
Dieser Rechtsberater informiert über Sozialleistungen und Rechte, die Eltern mit behinderten Kindern zustehen.

Majerski-Pahlen/Pahlen
Mein Recht als Schwerbehinderter
Erwerbstätigkeit · Sozialleistungen · Steuern · Nachteilsausgleiche.
Rechtsberater
8. Aufl. 2010. 293 S.
€ 12,90. dtv 5252
Alles Wissenswerte für Betroffene, Angehörige und Betreuer. Mit den Neuerungen durch Hartz IV.

Betreuung und Alter

BtR · Betreuungsrecht
BetreuungsG, BetreuungsbehördenG, Vormünder- und BetreuervergütungsG.
Textausgabe **Toptitel**
14. Aufl. 2018. 170 S.
€ 6,90. dtv 5570

Zimmermann
Ratgeber Betreuungsrecht
Hilfe für Betreute und Betreuer.
Rechtsberater
10. Aufl. 2014. 317 S.
€ 18,90. dtv 50743
Auch als ebook erhältlich.
Der Ratgeber informiert umfassend und in verständlicher Sprache über alle Rechte und Pflichten der Beteiligten bei einer Betreuung. Alles Wissenswerte zur »Patientenverfügung« wird dargestellt.

Dankelmann
Mehr Geld für Rentner
So erhalten Sie alle Leistungen, die Ihnen zustehen.
Rechtsberater
1. Aufl. 2014. 239 S.
€ 11,90. dtv 50722
Auch als ebook erhältlich.
Der neue Band ist eine wertvolle Orientierungshilfe für Rentner, um alle Leistungen und Ansprüche durchzusetzen – ob Grundsicherung, Arbeitslosen-, Kranken-, Pflege-, Unfall- und Rentenversicherung oder Riester- und Rürup-Verträge.

Zimmermann
Betreuungsrecht von A–Z
Rund 470 Stichwörter zum aktuellen Recht.
Rechtsberater
5. Aufl. 2014. 389 S.
€ 19,90. dtv 50757
Auch als ebook erhältlich.
Der Ratgeber informiert lexikalisch umfassend und leicht verständlich über alle wesentlichen Fragen der Betreuung.